CIDADES EDUCADORAS
EXPERIÊNCIAS E POSSIBILIDADES

Editora Appris Ltda.
1.ª Edição - Copyright© 2025 dos autores
Direitos de Edição Reservados à Editora Appris Ltda.

Nenhuma parte desta obra poderá ser utilizada indevidamente, sem estar de acordo com a Lei nº 9.610/98. Se incorreções forem encontradas, serão de exclusiva responsabilidade de seus organizadores. Foi realizado o Depósito Legal na Fundação Biblioteca Nacional, de acordo com as Leis nos 10.994, de 14/12/2004, e 12.192, de 14/01/2010.

Catalogação na Fonte
Elaborado por: Dayanne Leal Souza
Bibliotecária CRB 9/2162

C568c 2025	Cidades educadoras: experiências e possibilidades / Aline Mara Gumz Eberspacher, Emerson Liomar Micaliski, Relly Amaral Ribeiro, Nelson Pereira Castanheira (orgs.). – 1. ed. – Curitiba: Appris, 2025. 261 p. ; 23 cm. – (Ciências sociais). Inclui bibliografias. ISBN 978-65-250-7593-8 1. Educação urbana. 2. Inovações educacionais. 3. Cidades e vilas – Qualidade de Vida. 4. Sustentabilidade. 5. Sociologia urbana I. Eberspacher, Aline Mara Gumz. II. Micaliski, Emerson Liomar. III. Ribeiro, Relly Amaral. IV. Castanheira, Nelson Pereira. V. Título. VI. Série. CDD – 307.76

Livro de acordo com a normalização técnica da ABNT

Appris editorial

Editora e Livraria Appris Ltda.
Av. Manoel Ribas, 2265 – Mercês
Curitiba/PR – CEP: 80810-002
Tel. (41) 3156 - 4731
www.editoraappris.com.br

Printed in Brazil
Impresso no Brasil

Aline Mara Gumz Eberspacher
Emerson Liomar Micaliski
Relly Amaral Ribeiro
Nelson Pereira Castanheira
(org.)

CIDADES EDUCADORAS

EXPERIÊNCIAS E POSSIBILIDADES

Appris
editora

Curitiba, PR
2025

FICHA TÉCNICA

EDITORIAL
Augusto Coelho
Sara C. de Andrade Coelho

COMITÊ EDITORIAL E CONSULTORIAS
Ana El Achkar (Universo/RJ)
Andréa Barbosa Gouveia (UFPR)
Antonio Evangelista de Souza Netto (PUC-SP)
Belinda Cunha (UFPB)
Délton Winter de Carvalho (FMP)
Edson da Silva (UFVJM)
Eliete Correia dos Santos (UEPB)
Erineu Foerste (Ufes)
Fabiano Santos (UERJ-IESP)
Francinete Fernandes de Sousa (UEPB)
Francisco Carlos Duarte (PUCPR)
Francisco de Assis (Fiam-Faam-SP-Brasil)
Gláucia Figueiredo (UNIPAMPA/ UDELAR)
Jacques de Lima Ferreira (UNOESC)
Jean Carlos Gonçalves (UFPR)
José Wálter Nunes (UnB)
Junia de Vilhena (PUC-RIO)

Lucas Mesquita (UNILA)
Márcia Gonçalves (Unitau)
Maria Margarida de Andrade (Umack)
Marilda A. Behrens (PUCPR)
Marília Andrade Torales Campos (UFPR)
Marli C. de Andrade
Patrícia L. Torres (PUCPR)
Paula Costa Mosca Macedo (UNIFESP)
Ramon Blanco (UNILA)
Roberta Ecleide Kelly (NEPE)
Roque Ismael da Costa Güllich (UFFS)
Sergio Gomes (UFRJ)
Tiago Gagliano Pinto Alberto (PUCPR)
Toni Reis (UP)
Valdomiro de Oliveira (UFPR)

SUPERVISORA EDITORIAL
Renata C. Lopes

PRODUÇÃO EDITORIAL
Bruna Holmen

REVISÃO
Pâmela Isabel Oliveira

DIAGRAMAÇÃO
Andrezza Libel

CAPA
Eneo Lage

REVISÃO DE PROVA
William Rodrigues

COMITÊ CIENTÍFICO DA COLEÇÃO CIÊNCIAS SOCIAIS

DIREÇÃO CIENTÍFICA
Fabiano Santos (UERJ-IESP)

CONSULTORES
Alícia Ferreira Gonçalves (UFPB)
Artur Perrusi (UFPB)
Carlos Xavier de Azevedo Netto (UFPB)
Charles Pessanha (UFRJ)
Flávio Munhoz Sofiati (UFG)
Elisandro Pires Frigo (UFPR-Palotina)
Gabriel Augusto Miranda Setti (UnB)
Helcimara de Souza Telles (UFMG)
Iraneide Soares da Silva (UFC-UFPI)
João Feres Junior (Uerj)

Jordão Horta Nunes (UFG)
José Henrique Artigas de Godoy (UFPB)
Josilene Pinheiro Mariz (UFCG)
Leticia Andrade (UEMS)
Luiz Gonzaga Teixeira (USP)
Marcelo Almeida Peloggio (UFC)
Maurício Novaes Souza (IF Sudeste-MG)
Michelle Sato Frigo (UFPR-Palotina)
Revalino Freitas (UFG)
Simone Wolff (UEL)

O Mapa
Olho o mapa da cidade
Como quem examinasse
A anatomia de um corpo...
[...]
Quando eu for, um dia desses,
Poeira ou folha levada
No vento da madrugada,
Serei um pouco do nada
Invisível, delicioso

Que faz com que o teu ar
Pareça mais um olhar,
Suave mistério amoroso,
Cidade de meu andar
(Deste já tão longo andar!)

E talvez de meu repouso...
Mario Quintana

AGRADECIMENTOS

Agradecemos aos colegas que, com dedicação e expertise, tornaram possível a realização deste trabalho. Em especial, ao Grupo de Pesquisa Cidades Educadoras Inteligentes e Sustentáveis (CEIS), cujo apoio foi fundamental para a publicação deste livro.

Agradecemos ao Centro Universitário Internacional – Uninter, instituição que valoriza a pesquisa e a inovação, na busca pelo conhecimento e na melhoria da qualidade de vida.

LISTA DE ABREVIATURAS OU SIGLAS

Abiogás	Associação Brasileira de Biogás e do Biometano
ABNT	Associação Brasileira de Normas Técnicas
Aice	Associação Internacional de Cidades Educadoras
Aids	Síndrome da Imunodeficiência Adquirida
AVA	Ambientes Virtuais de Aprendizagem
CAT	Comitê de Ajudas Técnicas
Cebri	Centro Brasileiro de Relações Internacionais
CNDSS	Comissão Nacional sobre os Determinantes Sociais de Saúde
Copel	Companhia Paranaense de Energia
Corde	Coordenadoria Nacional para a Integração da Pessoa Portadora de Deficiência
Diaee	Departamento de Inclusão e Atendimento Educacional Especializado
Diesporte	Diagnóstico Nacional do Esporte
DSS	Determinantes Sociais de Saúde
DTN	Doenças Tropicais Negligenciadas
EaD	Educação a Distância
EPE	Empresa de Pesquisa Energética
ESG	Ambiente, Social e Governança
ESG	Environmental, Social and Governance
GEE	Gases de Efeito Estufa
HIV	Vírus da Imunodeficiência Humana
IA	Inteligência Artificial

Icao	Organização Internacional de Aviação Civil
Inpe	Instituto Nacional de Pesquisas Espaciais
IoT	Internet das Coisas
ISU	Indicadores de Saúde Urbana
LDB	Lei de Diretrizes e Bases
LGE	Lei Geral do Esporte
NEE	Necessidades Educacionais Especiais
ODS	Objetivos de Desenvolvimento Sustentável
OIE	Organização Mundial de Saúde Animal
OMS	Organização Mundial de Saúde
OMT	Organização Mundial do Turismo
ONG	Organização Não Governamental
ONS	Operador Nacional do Sistemas
ONU	Organização das Nações Unidas
PNRS	Política Nacional de Resíduos Sólidos
Pops	Espaços Públicos de Propriedade Privada
PPA	Planos Plurianuais
PPPs	Parcerias Público-Privadas
Prodes	Programa de Monitoramento da Floresta Amazônica Brasileira por Satélite
RV	Realidade Virtual
SAASBlu	Serviço de Atendimento de Animais Silvestres de Blumenau
Sebrae	Serviço Brasileiro de Apoio às Micro e Pequenas Empresas
SEDH	Secretaria Especial dos Direitos Humanos
SEL	Aprendizagem Social e Emocional

SME	Secretaria Municipal da Educação
SMELJ	Secretaria Municipal de Esporte, Lazer e Juventude
SRM	Salas de Recursos Multifuncionais
TA	Tecnologia Assistiva
TD	Tecnologias Digitais
TICs	Tecnologias da Informação e Comunicação
Unesco	Organização das Nações Unidas para a Educação, a Ciência e a Cultura

SUMÁRIO

INTRODUÇÃO..17

1

O ONTEM, O HOJE E O AMANHÃ NA VIDA DAS CIDADES................ 23

Nelson Pereira Castanheira
Neliva Terezinha Tessaro

2

DO RESÍDUO À ENERGIA LIMPA..31

Caroline Vieira de Macedo Brasil
Cristiane Adriana Ripka
Gabriel Vergara
Marcelo Paranhos

3

EDUCAÇÃO EM SAÚDE: COMO AS CIDADES LIDAM COM VETORES
E PRAGAS URBANAS 47

Ana Paula Weinfurter Lima Coimbra de Oliveira
Daniel de Christo
Pricila de Souza
Willian Barbosa Sales

4

AS ORGANIZAÇÕES NA TRANSFORMAÇÃO DAS CIDADES............... 65

Aline Mara Gumz Eberspacher
Andressa Muñoz Slompo
Milena Silveira dos Santos

5

HORTA URBANA: ALTERNATIVA PARA UMA
SOCIEDADE SUSTENTÁVEL.. 81

Alvaro Crovador
Márcia Cristiane Kravetz Andrade
Sandra Maria Lopes de Souza

6

CIDADES EDUCADORAS: TECNOLOGIA ASSISTIVA COMO POSSIBILIDADE DE INCLUSÃO NA CIDADE DE CURITIBA/PR 101

Joice Martins Diaz
Luciana da Silva Rodrigues
Paloma Herginzer
Valentina Daldegan

7

O PAPEL IMPRESCINDÍVEL DA DOCÊNCIA COMO MEDIADORA DOS PROCESSOS DE RESSIGNIFICAÇÃO DA ESCOLA DO FUTURO E DE TRANSFORMAÇÃO DA CIDADE 119

Adriane da Silva Schmidt
Alceli Ribeiro Alves

8

O PAPEL DOS PROFISSIONAIS NA CONSTRUÇÃO DE CIDADES INTELIGENTES: DESAFIOS E OPORTUNIDADES 131

Cláudia Patrícia Garcia Pampolini
Celso Giancarlo Duarte de Mazo

9

INTERFACES ENTRE OS ESPAÇOS PÚBLICOS E AS PRÁTICAS DO ESPORTE E LAZER: UM DIALÓGO COM AS CIDADES EDUCADORAS 147

Emerson Liomar Micaliski
Willian Pereira Maia

10

ECONOMIA CIRCULAR: SUSTENTABILIDADE E DESENVOLVIMENTO ECONÔMICO 163

Paula Cristiane Oliveira Braz

11

ESPAÇOS PÚBLICOS DE PROPRIEDADE PRIVADA (POPS – PRIVATELY OWNED PUBLIC SPACES) COMO AGREGADORES SOCIAIS: RENOVAÇÃO URBANA E QUALIFICAÇÃO DA CONVIVÊNCIA 183

Andressa Muñoz Slompo

12

CIDADES EDUCADORAS: O PAPEL CRUCIAL DAS HABILIDADES SOCIOEMOCIONAIS NA FORMAÇÃO CIDADÃ 197

Viviane Oliveira de Melo

13

EDUCAÇÃO AMBIENTAL NA PROMOÇÃO DA ECONOMIA CIRCULAR 215

Alexandre Francisco de Andrade

14

CIDADES UBÍQUAS E INTELIGENTES: O CASO DE SONGDO............. 233

André Ricardo Antunes Ribeiro
Alex Rocha

CONSIDERAÇÕES FINAIS DA OBRA...................................... 249

SOBRE OS AUTORES... 251

INTRODUÇÃO

Em um mundo cada vez mais urbanizado e complexo, as cidades se tornam o ponto de convergência dos cidadãos. Dentro dessa delimitação geográfica e política chamada cidade, as pessoas buscam oportunidades, espaço, qualidade de vida, moradia, saúde, educação, entre as outras necessidades que se entrelaçam. No entanto, mais do que um simples aglomerado de indivíduos compartilhando o mesmo espaço geográfico, a cidade representa uma oportunidade de convivência, de transformação e de educação para o cidadão.

Esse é o propósito da obra *Cidades Educadoras: Experiências e Possibilidades*, composta de diversos autores, que oferece uma visão abrangente de como a educação pode transformar o ambiente urbano. Pesquisadores de várias áreas contribuíram com suas pesquisas, mostrando como a formação de uma cidade educadora, que molda o cidadão, é influenciada por diversos atores sociais, como as organizações, a escola, o poder público, entre outros.

O livro reúne um conjunto de estudos que exploram as múltiplas facetas das cidades educadoras. É válido lembrar que, ao longo da história, as cidades têm sido palco de profundas transformações, moldadas por fatores sociais, econômicos e tecnológicos. Desde a maneira como lidamos com resíduos, passando pela saúde pública, a atuação das organizações e a produção de alimentos, entre outros fatores, refletiram essas mudanças. No primeiro capítulo, "O ontem, o hoje e o amanhã na vida das cidades", os autores apresentam essa reflexão, explorando como o passado e o futuro se entrelaçam na cidade, que para ser educadora deve ser acolhedora, integradora e proporcionar oportunidades para o desenvolvimento pessoal.

No capítulo "Do Resíduo à Energia Limpa", os pesquisadores apresentam um estudo sobre o descarte de resíduos urbanos, um problema que gera impactos ambientais e afeta a saúde pública. Essa questão é uma preocupação central nas políticas públicas, impulsionada pela necessidade de preservar o meio ambiente e promover a sustentabilidade. A Política Nacional de Resíduos Sólidos (PNRS) é um marco importante nesse contexto, estabelecendo diretrizes para a gestão integrada e segura dos resíduos, desde a geração até a disposição final. A transformação de resíduos em energia limpa surge como uma das principais tendências, oferecendo uma solução inovadora para os desafios ambientais e contribuindo para a diversificação da matriz energética.

No terceiro capítulo, os autores discutem como a educação na área da saúde pode influenciar a construção de uma cidade educadora. O artigo "Educação em Saúde: Como as Cidades Lidam com Vetores e Pragas Urbanas" explora a relação entre saúde pública e o manejo de vetores e pragas nas cidades. A educação em saúde desempenha um papel crucial na prevenção de doenças transmitidas por esses agentes, como dengue, zika e chikungunya. Ao conscientizar a população sobre os riscos e as medidas de prevenção, é possível reduzir significativamente a incidência dessas doenças. Além disso, a gestão adequada do lixo e a manutenção de áreas verdes são essenciais para controlar a proliferação de vetores e pragas.

No capítulo 4, as autoras exploram como as organizações, dentro de uma sociedade capitalista movida pelo setor empresarial, podem influenciar a transformação das cidades. O artigo "As Organizações na Transformação das Cidades" destaca o papel fundamental que as organizações públicas e privadas desempenham nesse processo. Empresas comprometidas com a sustentabilidade e a responsabilidade social podem contribuir significativamente para a construção de cidades mais justas e equitativas, investindo em projetos sociais, promovendo a educação ambiental e adotando práticas de produção mais limpas, junto com os princípios da ODS e do ESG que servem como direcionamento para as ações empresariais.

A horta urbana se destaca como uma alternativa promissora para a produção de alimentos saudáveis e sustentáveis nas cidades. Ao cultivar alimentos em áreas urbanas, é possível reduzir a distância entre o produtor e o consumidor, diminuir a emissão de gases de efeito estufa associada ao transporte de alimentos e promover a segurança alimentar. Além disso, as hortas urbanas contribuem para a melhoria da qualidade do ar e do solo, ao mesmo tempo que incentivam a interação social e a educação ambiental. Essas questões são abordadas no capítulo 5, intitulado "Horta Urbana: Alternativa para uma Sociedade Sustentável".

No capítulo 6, a discussão se volta para a educação, destacando a importância da cidade educadora como um espaço onde todos se sentem parte integrante e responsáveis do processo. Os autores destacam os desafios de transformar a cidade em um ambiente inclusivo e acessível, enfatizando o papel central da educação na utilização de recursos que enriquecem o processo de ensino-aprendizagem. O capítulo "Cidades Educadoras: tecnologia assistiva como possibilidade de inclusão na cidade de Curitiba/Pr" cita a rede municipal de ensino de Curitiba como exemplo do uso de tecnologias assistivas em cidades educadoras.

O capítulo 7 também aborda a relevância da docência no processo de transformação de uma cidade educadora. No artigo "O Papel Imprescindível da Docência como Mediadora dos Processos de Ressignificação da Escola do Futuro e de Transformação da Cidade", o texto discute o papel essencial do professor na transformação da escola e da sociedade. O foco está em compreender como a figura do docente se adapta às novas demandas da educação contemporânea e quais são os aspectos cruciais para a formação de professores que atuem de forma eficaz nesse novo cenário. A pesquisa, baseada em um extenso levantamento bibliográfico e em diálogos com diversos teóricos da educação, sustenta a ideia de que o professor é um copromotor da formação do sujeito e um agente de transformação da realidade.

O capítulo 8 apresenta "O Papel dos Profissionais na Construção de Cidades Inteligentes: Desafios e Oportunidades". O texto enfatiza a necessidade de uma educação e formação inovadoras e interdisciplinares para acompanhar a evolução das cidades inteligentes e garantir seu sucesso. Essa transformação digital não apenas modifica a infraestrutura urbana, mas também impacta diretamente o mercado de trabalho, exigindo profissionais com habilidades mais qualificadas e multidisciplinares. Nesse contexto, a educação desempenha um papel crucial na construção de cidades que promovam qualidade de vida, equidade social e desenvolvimento sustentável.

No capítulo 9, a abordagem se volta para as atividades físicas, como esporte e lazer, nos espaços públicos das cidades educadoras. O artigo "Interfaces Entre os Espaços Públicos e as Práticas do Esporte e Lazer: Um Dialógo com as Cidades Educadoras" discute a importância dos espaços públicos para a prática de esportes e lazer como fatores essenciais na promoção de um estilo de vida saudável e ativo. Ao analisar a relação entre esses espaços e o movimento das cidades educadoras, o estudo destaca a necessidade de políticas públicas que garantam o acesso a esses locais para todos os cidadãos.

A economia circular também é um tema que permeia a formação de uma cidade educadora. No capítulo 10, o artigo "Economia Circular: Sustentabilidade e Desenvolvimento Econômico" explora os benefícios econômicos da economia circular, utilizando o reaproveitamento do óleo de cozinha como exemplo. Ao analisar o caso da empresa Preserve Ambiental, o estudo demonstra como a gestão circular de resíduos pode gerar empregos, reduzir custos e diminuir o impacto ambiental. A pesquisa ressalta a importância de adotar essa abordagem inovadora para promover a sustentabilidade e o desenvolvimento econômico, enfrentando os desafios socioambientais atuais. A economia circular surge como uma alternativa promissora para um futuro mais sustentável, conciliando a preservação do meio ambiente com o crescimento econômico.

A importância da convivência social por meio dos espaços públicos nas cidades educadoras também é abordada pelos pesquisadores. O capítulo 11, o artigo "Espaços Públicos de Propriedade Privada (POPS – Privately Owned Public Spaces) como Agregadores Sociais: Renovação Urbana e Qualificação da Convivência", destaca a relevância dos Espaços Públicos de Propriedade Privada (POPS) como uma estratégia para criar cidades inclusivas. Surgidos na década de 1960 em Nova York, os POPS envolvem uma colaboração entre o setor público e privado para oferecer áreas de lazer e convivência acessíveis a todos. Esses espaços enriquecem a experiência urbana em diversos países, proporcionando atividades culturais e áreas de encontro comunitário. A legislação brasileira regulamenta os POPS em grandes cidades.

O sistema educacional tradicional priorizava habilidades cognitivas, muitas vezes negligenciando o desenvolvimento socioemocional. Pesquisas recentes mostram que as habilidades socioemocionais são cruciais para o sucesso pessoal e profissional, além de serem fundamentais para a construção de uma sociedade mais justa e sustentável. A Carta das Cidades Educadoras defende um modelo educativo integral que desenvolva o ser cidadão. Ao incorporar essas habilidades ao currículo escolar, as escolas contribuem para a formação de indivíduos mais conscientes e engajados, capazes de construir um futuro mais sustentável e equitativo. Esse é o tema do capítulo 12, "Cidades Educadoras: O Papel Crucial das Habilidades Socioemocionais na Formação Cidadã".

A educação ambiental na promoção da economia circular é o foco do capítulo 13. O artigo "Educação ambiental na promoção da economia circular" argumenta que a educação ambiental vai além da simples conscientização, promovendo uma mudança cultural profunda. Ao conectar teoria e prática, ela forma cidadãos ativos e conscientes. A década da educação para o desenvolvimento sustentável é um passo positivo, mas construir um futuro sustentável requer aprendizado contínuo e o desenvolvimento de habilidades específicas tanto para educadores quanto para estudantes. Pensamento sistêmico, inteligência emocional e motivação intrínseca são fundamentais para entender as complexidades socioambientais e criar soluções inovadoras.

Por fim, o capítulo 14 apresenta os resultados de uma pesquisa qualitativa, incluindo uma revisão bibliográfica sobre "Cidades Ubíquas e Inteligentes: O Caso de Songdo". O estudo analisa os impactos positivos e negativos das inovações tecnológicas em cidades inteligentes, utilizando como exemplo Songdo, na Coreia do Sul. A pesquisa revela que, embora as tecnologias digitais contribuam para a construção de cidades mais eficientes e educacionais, elas também podem gerar desigualdades sociais, invasão de privacidade e exclusão digital. A adoção de um idioma diferente em Songdo, por exemplo, dificulta a inclusão de todos os cidadãos, demonstrando que os benefícios da tecnologia nem sempre são acessíveis a todos.

Em suma, o livro *Cidades Educadoras: Experiências e Possibilidades* oferece uma visão inspiradora sobre o potencial transformador da educação para construir um futuro mais justo e sustentável. É uma obra indicada para todos aqueles que se preocupam com o desenvolvimento das cidades e o bem-estar de seus habitantes. Convidamos você a embarcar nessa jornada e contribuir para a construção de cidades mais educadoras e inclusivas.

O ONTEM, O HOJE E O AMANHÃ NA VIDA DAS CIDADES

Nelson Pereira Castanheira
Neliva Terezinha Tessaro

A qualidade de vida nas cidades sempre foi objeto de estudo em áreas como Sociologia, Antropologia, Meio Ambiente, Saúde, entre tantas outras.

Estamos neste momento nos concentrando apenas em áreas urbanas de uma cidade de qualquer porte, onde as pessoas que ali vivem têm vários serviços em comum, tais como meio ambiente, saneamento, meios de transporte, educação, saúde, segurança, áreas de lazer, rede de abastecimento de água, rede elétrica e redes de comunicação em geral.

Para que todos esses serviços sejam desfrutados por todos os seus cidadãos de forma salutar, é importante que todos participem das decisões que dizem respeito à cidade. Lefèbvre (2008) já nos alertava, há mais de meio século, que têm direito à cidade todos os seus habitantes, das gerações presentes e das gerações futuras.

Cabe lembrar que o direito à cidade está previsto no Estatuto da Cidade (Lei n.º 10.257/2001), onde consta:

> Art. 2º A política urbana tem por objetivo ordenar o pleno desenvolvimento das funções sociais da cidade e da propriedade urbana, mediante as seguintes diretrizes gerais:
> I – garantia do direito a cidades sustentáveis, entendido como o direito à terra urbana, à moradia, ao saneamento ambiental, à infraestrutura urbana, ao transporte e aos serviços públicos, ao trabalho e ao lazer, para as presentes e futuras gerações;
> II – gestão democrática por meio da participação da população e de associações representativas dos vários segmentos da comunidade na formulação, execução e acompanhamento de planos, programas e projetos de desenvolvimento urbano;

Há cidades que são pacatas, com pouco trânsito e sem o barulho ensurdecedor dos grandes centros. Mas há aquelas que são demasiadamente agitadas, com dificuldade no deslocamento entre os diversos locais onde precisamos estar presentes, como o trabalho, a escola, o médico, o comércio, a área de lazer, enfim, onde desfrutamos dos prazeres da vida e nossas necessidades cotidianas.

Há determinados locais em algumas cidades nos quais a gentrificação é consequência de ações políticas que criam, naturalmente, uma desigualdade socioespacial, valorizando áreas que segregam aqueles menos favorecidos financeiramente, para beneficiar poucos dos seus moradores, com a supervalorização dos terrenos e dos imóveis.

Desde 1990 fala-se de cidades educadoras, mas somente em 1994 foi fundada a Associação Internacional de Cidades Educadoras – Aice, que tem hoje mais de 500 cidades associadas. Naquele ano foi divulgada a carta das cidades educadoras, que descreve a responsabilidade dos governos em desenvolver os potenciais das cidades de forma a torná-las cidades educadoras. Nesse documento (2004), está explícito que "Uma cidade educadora é aquela que, para além das suas funções tradicionais, reconhece, promove e exerce um papel educador na vida dos sujeitos, assumindo como desafio permanente a formação integral de seus habitantes". A primeira cidade do mundo a se declarar como cidade educadora foi Barcelona, na Espanha, tendo apostado que a educação de suas crianças e dos seus adolescentes poderia sair de dentro das quatro paredes da escola e se articular nos diversos setores da cidade.

Mas vamos voltar no tempo alguns poucos anos e, adiante, retomaremos o tema cidades educadoras.

Uma década antes de se pensar numa cidade educadora, foi pensado numa cidade onde a tecnologia estivesse massivamente presente, apoiada por tecnologias da informação e comunicação (TICs), como Internet das Coisas (IoT), redes móveis, *data centers*, entre outros, que dão autonomia às cidades. São as denominadas cidades inteligentes ou *smart cities*. Logicamente, são avanços tecnológicos que permitem melhorar a qualidade de vida nas cidades e que procuram dar aos cidadãos respostas às suas necessidades sociais e econômicas.

Segundo a União Europeia, *smart cities* são sistemas de pessoas interagindo e usando energia, materiais, serviços e financiamento para catalisar o desenvolvimento econômico e a melhoria da qualidade de vida.

Muitas são as cidades no mundo que receberam o título de cidades inteligentes, algumas delas no Brasil. Ao se analisar detalhadamente as características dessas cidades brasileiras, observamos que os requisitos para a obtenção desse título estão aquém do mínimo desejado. Várias dimensões indicam o nível de inteligência de uma cidade, como governança, administração pública, planejamento urbano, tecnologia, meio ambiente, conexões internacionais, coesão social, capital humano e economia.

Como o acesso à internet com qualidade é uma das premissas de uma cidade inteligente, esbarramos novamente na falta de infraestrutura de comunicação para um percentual expressivo dos cidadãos que vivem numa chamada cidade inteligente.

Verificamos, ainda, que nas cidades brasileiras denominadas de inteligentes não há uma combinação entre os aspectos econômicos e socioambientais que as tornem resilientes e sustentáveis. Não há, na prática, políticas públicas que garantam a essas cidades inteligentes o merecimento de receberem o título de cidades sustentáveis. A falta de sustentabilidade ocorre devido, novamente, à desigualdade social, o que se reflete na falta de informação dos seus cidadãos.

Percebe-se que uma cidade inteligente busca ser uma cidade sustentável e vice-versa. As cidades inteligentes no Brasil precisam adotar, politicamente, medidas sustentáveis que promovam, por exemplo, a educação ambiental, ou, caso contrário, as enchentes e os desmoronamentos de encostas se farão presentes no caso de fortes chuvas. Observa-se que não é dado o tratamento adequado ao lixo, seja ele orgânico ou reciclável. Há desperdício de água de qualidade, e não há o aproveitamento adequado das águas pluviais. As energias renováveis ainda são pouco exploradas.

Nesse ponto, temos outra designação dada às cidades e que precisa ser bem entendida: cidade resiliente. Uma cidade resiliente é aquela que tem a capacidade de resistir, absorver e se recuperar de forma eficiente dos efeitos de um desastre e de maneira organizada prevenir que vidas e bens sejam perdidos.

Segundo a Defesa Civil do Estado do Rio de Janeiro, para a construção de uma cidade resiliente há a necessidade de se observarem dez aspectos essenciais:

a. Organizar para a resiliência frente aos desastres;

b. Identificar, compreender e utilizar os cenários de riscos atuais e futuros;

c. Fortalecer a capacidade financeira para a resiliência;

d. Promover o desenho do desenvolvimento urbano resiliente;

e. Proteger as zonas de amortecimento naturais para melhorar a função de proteção proporcionada pelos ecossistemas;

f. Fortalecer a capacidade institucional para a resiliência;

g. Compreender e fortalecer a capacidade social para a resiliência;

h. Aumentar a resiliência da infraestrutura;

i. Assegurar a efetividade da preparação e uma resposta efetiva a desastres;

j. Acelerar a recuperação e reconstruir melhor, depois de qualquer desastre.

Não há, com nitidez, uma participação ativa dos cidadãos quando da elaboração de políticas públicas que promovam uma cidade ao status de inteligente ou de sustentável ou de resiliente.

Voltando, então, ao direito à cidade, informam-nos Gosdorf *et al.* (2016):

> É nesses espaços que os excluídos do processo de planejamento e construção da cidade, como os migrantes e refugiados, mulheres, jovens, idosos e pessoas com deficiência, além dos invisibilizados, a exemplo da população de rua, indígenas e população LGBT, exercem sua soberania e reivindicam direito à cidade.

Os autores nos alertam para o fato de que, no Brasil, o reconhecimento legal e institucional do direito à cidade contrasta com a realidade urbana cotidiana de negação de direitos.

A carta das cidades educadoras tem 20 princípios que devem estar simultaneamente presentes para que uma cidade tenha esse título. Já no primeiro princípio consta:

> 1. Educação inclusiva ao longo da vida.
> O direito à Cidade Educadora é proposto como uma extensão do direito fundamental de todas as pessoas à educação. Todas as pessoas que habitam a cidade terão direito a usufruir, em condições de liberdade e igualdade, dos meios e oportunidades de formação, diversão e desenvolvimento pessoal que esta oferece. A Cidade Educadora renova permanentemente o seu compromisso com a formação dos seus

habitantes ao longo da vida nos mais diversos aspectos. E, para que tal seja possível, é preciso ter em conta todos os grupos, com as suas necessidades específicas.

Ao mencionar todos os grupos, subentende-se que os meios e oportunidades de formação, desenvolvimento pessoal e entretenimento deverão evitar a exclusão motivada pela raça, sexo, cultura, idade, deficiência, condição econômica ou qualquer outro tipo de discriminação. Entretanto, ao mencionar "todas as pessoas que habitam a cidade", torna-se uma utopia.

Nesse ponto passamos a observar que os 20 princípios não apresentam uma forma para a sua mensuração individual. Como exemplo, o princípio número 13 – Sustentabilidade – menciona que: "A Cidade Educadora comprometer-se-á a satisfazer os direitos e as necessidades materiais que permitam viver uma vida digna — alimentação, água, habitação, saneamento, energia, mobilidade, ambiente seguro e saudável".

A pergunta que se faz é: como isso será possível?

Uma proposta razoável é que se estabeleça, para cada um dos 20 princípios, indicadores que permitam mensurar se ele foi ou não alcançado. Por exemplo, para esse princípio número 13, precisaríamos, ainda, separar cada um dos itens mencionados e mensurá-los individualmente. Poder-se-ia ter um indicador para alimentação, outro para água, outra para habitação, outro para saneamento e assim por diante.

Um indicador para energia poderá ser "cem por cento das residências da área urbana deverão ter acesso à energia elétrica". Um indicador para água poderá ser "cem por cento das residências da área urbana deverão ter captação de água potável em casa ininterruptamente". Um indicador para saneamento poderá ser "oitenta por cento das residências deverão ter acesso à rede de esgoto".

Tendo em vista que as populações crescem, cada indicador deverá ser reavaliado periodicamente, por exemplo, a cada dez anos.

Ontem, não havia preocupação com a qualidade de vida nas cidades. O crescimento ocorria de forma desorganizada, com aumento sempre crescente da taxa de urbanização. Enquanto em 1960 essa taxa no Brasil não chegava a 50%, hoje ela passou dos 80% devido ao êxodo rural. Isso não significa que o campo esteja sendo mal utilizado ou produzindo menos. Pelo contrário. O que acontece é que há um crescimento muito grande da mecanização no campo, o que faz com que menos mão de obra seja absorvida.

Hoje, devido a esse fenômeno socioespacial, a preocupação com a qualidade de vida nas cidades é grande. Projetos precisam ser pensados pelo poder público e colocados em prática, com a participação ativa dos cidadãos. A relação da escola com a vida tornou-se uma das premissas de todos os projetos inovadores, e a educação passou a ser vista de maneira ampla, como permanente, presente em todos os aspectos cotidianos (Carbonell, 2016).

Está na carta das cidades educadoras que "a educação transcende as paredes da escola para impregnar toda a cidade, na qual todas as administrações assumem a sua responsabilidade na educação e na transformação da cidade num espaço de respeito pela vida e pela diversidade".

Para Libâneo (2010), a educação ocorre em diferentes espaços frequentados pelos cidadãos sendo a educação informal resultado das ações e influências que permeiam a vida dos indivíduos, o ambiente sociocultural. Na sequência das análises feitas por esse estudioso da educação, diz que a educação informal "ocorre na família, no trabalho, na rua, na fábrica, nos meios de comunicação, na política".

Pode a escola educar? Numa citação de Paulo Freire (1991), é defendida a ideia de que a cidade, por si só, é um espaço permanente, espontâneo e não formal de aprendizagem.

Segundo Gadotti (2006), uma cidade pode ser considerada com uma cidade que educa, quando, além de suas funções tradicionais, ela exerce uma nova função cujo objetivo é a formação para e pela cidadania.

Alves e Brandenburg (2018) ressaltam que "A cidade educadora não considera os diferentes espaços de educação (formal, não formal e informal) como mutuamente exclusivos no processo educativo". Acrescentam que a mídia é relevante na formação do indivíduo e da sociedade, pois influenciam na formação de opinião dos grupos.

O pedagogo deve atuar além dos muros escolares. Isso já está previsto da Lei de Diretrizes e Bases (Lei n.º 9394/1996), que prevê que as escolas se estruturem além de seus muros e ampliem cada vez mais o processo democrático, por meio da participação representativa de todos os segmentos que compõem a comunidade escolar.

E amanhã, como serão as cidades? Como será a Educação nas cidades? A resposta a essas perguntas depende de como cada cidadão, na sua cidade, estará disposto a participar e a colaborar na proposta e na execução de políticas públicas que transformem cada cidade em um ambiente educativo e que possa transformar as pessoas para a prática da cidadania.

REFERÊNCIAS

ALVES, A.R; BRANDENBURG, E. **Cidades educadoras**: um olhar acerca da cidade que educa. Curitiba: Intersaberes, 2018.

CARBONELL, J. **Pedagogias do século XXI**. 3. ed. Porto Alegre: Penso, 2016.

CIDADES RESILIENTES. Disponível em: https://defesacivil.rj.gov.br/index.php/cidades-resilientes. Acesso em: 26 mar. 2024.

FREIRE, P. **A educação na cidade**. São Paulo: Cortez; 1991.

GADOTTI, M. A escola na cidade que educa. **Cadernos Cenpec: educação, cultura e ação comunitária**. v. 1, p. 133-139, jan./jun. 2006.

GÊNOVA: Associação Internacional das Cidades Educadoras, 2004. Disponível em: http://www.pitangui.uepg.br/nep/documentos/Cartadascidadeseducadoras. Acesso em: 22 mar. 2024.

GORSDORF, L.F; COELHO, L.X. P.; TROMBINI, Maria Eugenia; HOSHINO, T. A. P. Os silêncios da Nova Agenda Urbana da ONU. **Jornal Gazeta do Povo,** 6 jul. 2016. Disponível em: https://goo.gl/xAtvqG. Acesso em: 22 mar. 2024.

LEFEBVRE, H. **O direito à cidade**. 5. ed. São Paulo: Editora Centauro, 2008.

BRASIL. **Lei n.º 9.394, de 20 de dezembro de 1996**. Estabelece as diretrizes e bases da educação nacional. Disponível em: https://www.planalto.gov.br/ccivil_03/leis/l9394.htm. Acesso em: 26 mar. 2024.

BRASIL. **Lei n.º 10.257, de 10 de julho de 2001**. Regulamenta os arts. 182 e 183 da Constituição Federal, estabelece diretrizes gerais da política urbana e dá outras providências. Disponível em: https://www.planalto.gov.br/ccivil_03/leis/leis_2001/l10257.htm. Acesso em: 25 mar. 2024.

LIBÂNEO, J. C. **Pedagogia e pedagogos, para quê?** 12. ed. São Paulo: Cortez, 2010.

2

DO RESÍDUO À ENERGIA LIMPA

Caroline Vieira de Macedo Brasil
Cristiane Adriana Ripka
Gabriel Vergara
Marcelo Paranhos

INTRODUÇÃO

Seguindo uma tendência mundial, o Brasil concentra 61% de sua população em concentrações urbanas (Brasil, 2022a). Esse número representa mais de 124 milhões de pessoas e, consequentemente, maior consumo e, posteriormente, maior geração de resíduos. Sendo que as duas áreas passam a ser um desafio para os gestores públicos: fornecimento de energia suficiente para a execução de todas as atividades, sejam elas indústrias ou residenciais, e lidar com os resíduos de forma a não gerar contaminação ou degradação ambiental.

De acordo com o Panorama de Resíduos Sólidos no Brasil 2022 (Abrema, 2023), em 2022, cada habitante gerou uma média de 380 kg de resíduos sólidos, sendo que o país passou de 77 milhões de toneladas naquele ano. Esses números permaneceram relativamente estáveis entre o comparativo com 2021. Porém, de todo esse resíduo, apenas 93% são coletados, o equivalente a pouco mais de 76 milhões de toneladas.

Dentro desse cenário, a Abrema (2023) ressalta que, dentre os resíduos coletados, 61% são destinados a um aterro sanitário, considerado uma disposição final adequada. Contudo mais de 30 milhões de toneladas estão sendo descartados em lixões ou aterros controlados, considerados inadequados, inclusive de acordo com a Política Nacional de Resíduos Sólidos (PNRS) (Brasil, 2010).

Esses números são surpreendentes e merecem atenção para a correta destinação e tratamento. Por meio dos Objetivos de Desenvolvimento Sustentável (ODS), a Organização das Nações Unidas (ONU) propõe metas para auxiliar nesses aspectos, como o número 12 (Consumo e Produção Responsáveis), com a meta 12.5. "Até 2030, reduzir substancialmente a geração de resíduos por meio da prevenção, redução, reciclagem e reuso" (UN, 2024).

Uma das soluções é utilizar esses resíduos sólido urbano para a geração de energia, por exemplo, como biogás (Cavalcanti; Leite; Oliveira, 2023), hoje representando um percentual baixo na matriz energética brasileira. Este capítulo trata de como a logística reversa pode contribuir nesse cenário e está estruturado de maneira a demonstrar os principais aspectos da geração de resíduo sólido urbano no Brasil, a atuação da logística reversa, aspectos da biomassa e bioenergia para a geração a partir dos resíduos sólidos.

O DESAFIO DOS RESÍDUOS SÓLIDOS URBANOS

A Política Nacional de Resíduos Sólidos classifica o resíduo sólido como:

> Material, substância, objeto ou bem descartado resultante de atividades humanas em sociedade, a cuja destinação final se procede, se propõe proceder ou se está obrigado a proceder, nos estados sólido ou semissólido, bem como gases contidos em recipientes e líquidos cujas particularidades tornem inviável o seu lançamento na rede pública de esgotos ou em corpos d'água, ou exijam para isso soluções técnica ou economicamente inviáveis em face da melhor tecnologia disponível (Brasil, 2010).

A partir dessa definição, outras classificações em relação aos resíduos sólidos podem ser realizadas, principalmente em dois blocos: origem e periculosidade. Essa divisão pode ser acompanhada na Tabela 1.

Tabela 1 – Classificação dos Resíduos Sólidos

Origem	Periculosidade
Domiciliares	Perigosos
Limpeza Urbana	Não perigosos
Sólidos Urbanos	
Estabelecimentos comerciais e prestadores de serviços	

Origem	Periculosidade
Serviços Públicos de Saneamento	
Industriais	
Serviços de Saúde	
Construção Civil	
Agrossilvopastoris	
Serviços de Transportes	
Mineração	

Fonte: os autores (2024)

Cabe destacar que cada um deles envolve um volume diferenciado, uma destinação apropriada e o engajamento da participação da comunidade. Este é um dos aspectos que o Decreto° n.º 10.936/2022, o qual regulamentou a Política Nacional de Resíduos Sólidos, trouxe: a responsabilidade de cada um dos envolvidos na gestão dos resíduos sólidos e, inclusive, do cidadão (Brasil, 2022b).

É importante que todos estejam envolvidos no mesmo objetivo que praticar a correta destinação de cada um deles, inclusive para que a prática de utilizar esses resíduos para a geração de energia seja possível e viável. Um dos pressupostos para isso será a concentração dos resíduos sólidos em locais apropriados e sem que haja a necessidade de uma nova conferência ou separação.

É nesse ponto que a logística reversa pode auxiliar às comunidades, principalmente em consideração aos resíduos pós-consumo, que representam um percentual elevado da composição.

A ATUAÇÃO DA LOGÍSTICA REVERSA

A logística reversa refere-se ao processo de planejamento, implementação e controle do fluxo de materiais, desde o ponto de consumo até o ponto de origem, com o objetivo de recapturar valor ou realizar o descarte adequado. Ela envolve coleta, triagem, desmontagem, recondicionamento e reciclagem de produtos, componentes e materiais descartados. A crescente preocupação com o meio ambiente e a necessidade de buscar soluções sustentáveis para lidar com os resíduos gerados pela sociedade têm impulsionado a adoção de práticas de logística reversa. No contexto da gestão de resíduos, a logística reversa desempenha um papel fundamental na transformação desses materiais em fontes de energia limpa, contribuindo para a redução do impacto ambiental e para o desenvolvimento de uma economia circular.

Segundo Corrêa (2010), a logística reversa é compreendida como o fluxo de materiais no sentido contrário àquele que vai dos fornecedores de matérias-primas para o usuário.

Rogers *et al.* (2010) afirmam que a logística reversa envolve o gerenciamento do fluxo de bens do consumidor de volta ao ponto de origem para fins de recuperação de valor ou descarte apropriado.

A gestão inadequada de resíduos representa um dos maiores desafios ambientais enfrentados pela sociedade contemporânea. O aumento da urbanização e do consumo resultou em um crescimento exponencial na geração de resíduos, sobrecarregando os sistemas de coleta, tratamento e disposição final. Além disso, muitos materiais descartados contêm recursos potencialmente aproveitáveis, que podem ser recuperados e reintroduzidos na cadeia produtiva.

Os desafios da gestão de resíduos estão intrinsecamente ligados à complexidade dos sistemas de produção e consumo contemporâneos, exigindo abordagens integradas que considerem não apenas aspectos técnicos, mas também econômicos, sociais e ambientais (Tavares; Samuel, 2018).

Nesse contexto, a implementação de sistemas eficientes de logística reversa emerge como uma solução sustentável para lidar com os resíduos, promovendo a sua recuperação e valorização. A logística reversa permite não apenas a coleta seletiva de materiais descartados, mas também o seu transporte, triagem, reciclagem e, quando viável, a sua transformação em fontes de energia limpa.

A transformação de resíduos em energia limpa envolve diversos processos e tecnologias, tais como a produção de biogás a partir de resíduos orgânicos, a incineração controlada para geração de eletricidade e a produção de combustíveis sólidos a partir de resíduos sólidos urbanos. Essas tecnologias não apenas permitem a redução da quantidade de resíduos destinados a aterros sanitários, mas também contribuem para a diversificação da matriz energética e para a mitigação das emissões de gases de efeito estufa.

CIDADES EDUCADORAS: EXPERIÊNCIAS E POSSIBILIDADES

Outrossim, para a reciclagem de materiais orgânicos, como resíduos agrícolas e de alimentos, pode ser utilizada na produção de biogás por meio da digestão anaeróbica. Esse processo envolve a decomposição controlada da matéria orgânica por microrganismos em condições anaeróbicas, resultando na produção de metano, um combustível que pode ser utilizado para gerar eletricidade e calor de forma limpa e renovável. Além disso, a recuperação de resíduos sólidos urbanos, como plásticos, papel e vidro, também pode ser integrada a sistemas de geração de energia limpa, como a incineração de resíduos para produção de energia térmica ou a queima de biocombustíveis sólidos. Essas tecnologias permitem aproveitar o potencial energético dos resíduos que de outra forma seriam enviados para aterros sanitários, reduzindo a dependência de combustíveis fósseis e mitigando os impactos ambientais associados à sua disposição inadequada.

Para Chaves e Batalha (2006), com a preocupação ambiental impulsionada na década de 90, novas abordagens foram introduzidas no conceito de Logística Reversa. Empresas de processamento e distribuição enxergaram na Logística Reversa uma fonte de redução de perdas.

Diversos países têm adotado estratégias bem-sucedidas de logística reversa para a transformação de resíduos em energia limpa. Segundo o *Jornal Oficial da União Europeia* (2008), na União Europeia, por exemplo, a Diretiva 2008/98/CE estabeleceu metas ambiciosas para a gestão de resíduos, incentivando a implementação de sistemas de logística reversa e a adoção de tecnologias avançadas de reciclagem e valorização energética. No Brasil, a Política Nacional de Resíduos Sólidos (Lei n.º 12.305/2010) também estabeleceu diretrizes para a gestão integrada de resíduos, promovendo a adoção de práticas sustentáveis, incluindo a logística reversa.

A logística reversa desempenha um papel crucial na transformação de resíduos em energia limpa, contribuindo para a mitigação dos impactos ambientais associados à geração e disposição de resíduos. A geração de energia a partir de resíduos pode ajudar a diversificar a matriz energética, reduzindo a dependência de fontes não renováveis. A implementação de sistemas eficientes de logística reversa requer a colaboração de diversos atores, incluindo governos, empresas, organizações da sociedade civil e consumidores. Ao promover a transição para uma economia circular e de baixo carbono, a logística reversa não apenas minimiza a geração de resíduos, mas também gera oportunidades econômicas e sociais, contribuindo para o desenvolvimento sustentável das comunidades, podendo gerar receitas adicionais e criar empregos em setores relacionados, promovendo também um desenvolvimento econômico, podendo avançar em direção a um futuro mais sustentável e resiliente, no qual os recursos serão utilizados de forma eficiente e responsável.

Considerando o potencial de participação da logística para a geração de energia por meio da correta operação de resíduos, reduzindo perdas, é importante destacar a situação atual da matriz energética e elétrica brasileira. Dessa forma, percebe-se o potencial de crescimento da bioenergia e como novas formas de produção energética precisam e devem ser utilizadas, tornando a nossa matriz mais sustentável e de energia mais limpa.

MATRIZ ENERGÉTICA E ELÉTRICA BRASILEIRA

Quando se fala das matrizes energética e elétrica, o primeiro passo é saber diferenciá-las no intuito de interpretar os dados de Balanço Energético Nacional corretamente, além de compreender quais são as expectativas do Plano Decenal de Expansão de Energia.

A matriz energética, segundo a Empresa de Pesquisa Energética (EPE) (2021), leva em consideração todas as fontes de energia utilizadas para abastecer indústrias, residências, comércios, automóveis etc. Por sua vez, a matriz elétrica se refere apenas às fontes de energia utilização para geração de eletricidade. Em suma, a matriz elétrica é um subconjunto da matriz energética.

Figura 1 – Matriz energética brasileira (oferta interna de energia)

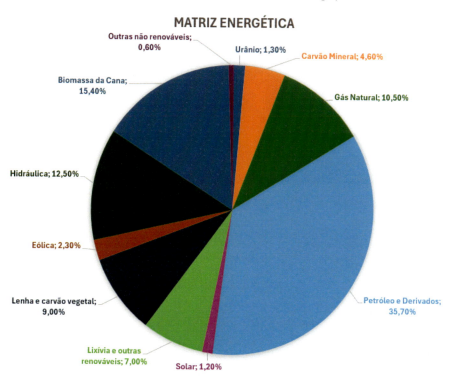

Fonte: os autores com base em Balanço Energético de 2023 – Ministério de Minas e Energia

Segundo a Figura 1, com base no Balanço Energético de 2023 do Ministério de Minas e Energias, 47,4% da oferta interna de energia é oriunda de fontes renováveis, enquanto 52,6% ainda provêm de fontes não renováveis. Conforme o EPE, tais dados refletem uma matriz muito mais limpa que a média mundial que, em 2021, era de apenas 15% de renováveis versus 85% de fontes não renováveis. Por sua vez, quando se observa a matriz elétrica brasileira, constata-se que o país possui uma parcela ainda maior de fontes renováveis.

Figura 2 – Matriz elétrica brasileira

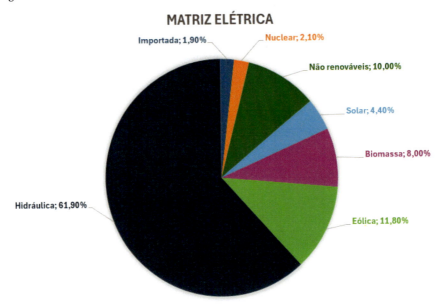

Fonte: os autores com base em Balanço Energético de 2023 – Ministério de Minas e Energia

Aliado aos dados provenientes do Operador Nacional do Sistemas (ONS) (2024), nota-se uma redução percentual de hidrelétricas até 2028, enquanto as usinas de energia solar devem ganhar mais destaque nos próximos anos. Em linhas gerais, a diversificação da matriz elétrica é de grande importância para atender às diferentes demandas do mercado de energia, reforçada, hoje, pelos veículos elétricos. Uma boa alternativa a ser explorada no Brasil, que já é utilizada em outros países, é o uso mais acentuado da geração de energia elétrica advinda da biomassa por utilizar resíduos que automaticamente serão gerados pelos mais diversos segmentos, sendo os centros urbanos fontes deles.

FONTES DE ENERGIA LIMPA: BIOMASSA E BIOENERGIA

A biomassa representa 8% da matriz elétrica brasileira, e, segundo Klass (1998), biomassa é um termo que engloba todos os materiais orgânicos originados de organismos vivos ou que tenham morrido recentemente. Isso inclui vegetais, árvores e resíduos biológicos como esterco e restos agrícolas. A biomassa é considerada uma fonte de energia renovável, pois é derivada de processos biológicos naturais e pode ser reposta ao longo do tempo por meio de métodos sustentáveis.

Por sua vez, segundo Nogueira *et al.* (2021), biomassa é um termo que pode ter várias definições, mas geralmente se refere a qualquer recurso renovável derivado de matéria orgânica, seja animal ou vegetal, que pode ser usado para gerar energia. A biomassa tem sido usada como fonte de energia desde tempos antigos, como lenha para queimar. No entanto essas práticas muitas vezes não eram sustentáveis, o que levou a uma associação entre biomassa e desmatamento.

Em relação aos tipos de biomassa, Santos *et al.* (2017), considerando o contexto da geração de energia elétrica, classificam da seguinte forma: biomassa de origem florestal, biomassa de origem agrícola e biomassa de rejeitos urbanos sólidos e líquidos e rejeitos industriais sólidos e líquidos. A primeira delas faz referência principalmente à biomassa lenhosa, sendo esta produzida de forma sustentável em vários municípios do Brasil, o que facilita a redução de gastos com linhas de transmissão. Por sua vez, a biomassa de origem agrícola, na qual o país se destaca devido ao solo fértil e clima favorável, os destaques ficam por conta da cana-de-açúcar, arroz, soja e milho. Tem-se também a biomassa oriunda de rejeitos urbanos sólidos e líquidos, sendo esta representada por um conjunto de materiais como plástico, metais, vidros, matéria orgânica, entre outros. Por último, mas não menos importante, a biomassa de rejeitos industriais sólidos e líquidos. Pode-se ter como exemplos os rejeitos de criadouros, abatedouros, destilarias, indústria de processamentos de carnes, entre outras frentes.

Segundo Cortez *et al.* (2008), ao se analisarem as diferentes fontes de energias renováveis, somente a biomassa utilizada em processos modernos de alta eficiência energética possui a flexibilidade de atender de forma satisfatória à demanda de produção de energia elétrica e para mover o setor de transportes.

Nogueira *et al.* (2021) e De Brito *et al.* (2024) destacam o importante potencial bioenergético do Brasil, que se deve, principalmente, à disponibilidade de grande quantidade de resíduos de biomassa, considerando também a extensa área de terras cultiváveis, bem como o clima favorável. As principais tendências tecnológicas na conversão de bioenergia citadas pelo autor, cuja perspectiva está alinhada com os mercados que atualmente precisam ser atendidos no Brasil, podem ser observadas a seguir.

a. Biocombustíveis líquidos convencionais

A produção e o uso de biocombustível superam a maioria dos países e consistem basicamente em etanol de cana-de-açúcar e biodiesel. De acordo com De Brito *et al.* (2024), o Brasil é o segundo maior produtor de etanol do mundo, ficando atrás apenas dos Estados Unidos (Vidal, 2020), e possui a matéria-prima mais competitiva do mercado. Segundo os mesmos autores, as razões para isso se devem ao baixo custo de produção de etanol a partir de cana-de-açúcar, que é menor do que outras matérias-primas. Além disso, a produtividade por hectare é maior com o uso da cana-de-açúcar e também a emissão de gases de efeito estufa é menor (GEE).

O etanol pode ser utilizado como biocombustível para veículos; também pode ser utilizado na indústria química como matéria-prima e na produção de plásticos. Além desses biocombustíveis, ainda pode-se citar alguns alternativos como o Biobutanol, Biometal, Bio-hidrogênio e Biogasolina.

b. Biocombustíveis de aviação

O querosene fóssil utilizado na aviação também entrou no radar da Organização Internacional de Aviação Civil (Icao), que estabeleceu metas desafiadoras para a redução da emissão de gases de efeito estufa em voos internacionais (Nogueira *et al.*, 2021). Para alcançar as metas, a ICAO vem promovendo a substituição do combustível fóssil por biocombustível alternativo. Entretanto existe uma preocupação legítima com o controle de qualidade já existente no setor de aviação, que deve ser estendido também para os combustíveis alternativos autorizados. O mercado de biocombustíveis ainda está em fase inicial de desenvolvimento, e o Brasil tem um potencial significativo para se tornar líder nessa indústria.

c. Biocombustíveis marítimos

Nogueira *et al.* (2021) também destacam que, assim como no setor de aviação, o setor marítimo internacional também está focado na descarbonização. Metas e estratégias para a redução de gases de efeito estufa e emissões de óxidos de enxofre já estão em vigor, e o uso de biocombustíveis desempenha um papel estratégico em todas as iniciativas.

d. Hidrogênio

A produção e uso do hidrogênio como vetor energético têm recebido incentivos significativos, sendo considerado crucial para a descarbonização da economia global até 2070. O potencial de redução da emissão de gases de efeito estufa tem relação direta com a tecnologia e matéria-prima, considerando a biomassa fortemente promissora. Nogueira *et al* (2021) ainda comentam que a partir dos resíduos agroflorestais estima-se um potencial de produção de 45,7 bilhões de m³ de hidrogênio.

e. Biogás

Segundo Nogueira *et al.* (2021) a Abiogás (Associação Brasileira de Biogás e do Biometano) vem estimando anualmente, desde 2015, o potencial da produção de biogás no Brasil a partir de diferentes biomassas residuais, considerando dados regionais de biomassa passíveis de biodigestão anaeróbia, cenários de aproveitamento e produtividade de efluentes líquidos e resíduos sólidos. Ainda de acordo com o autor em 2019, o potencial técnico total estimado alcançou 81,8 bilhões de m³ de biogás por ano, capaz de gerar 173 TWh de eletricidade, quase um terço do consumo brasileiro de eletricidade naquele ano.

f. Bioeletricidade

A Bioeletricidade pode ser definida como a energia elétrica gerada a partir da queima da biomassa, como exemplo o bagaço de cana-de-açúcar (Santos *et al.*, 2020). Por sua vez, Medeiros (2023) dizem que o processo de geração de energia elétrica a partir da biomassa é um dos mais importantes e utiliza o mesmo princípio das termelétricas, operando por meio da termeletricidade, trocando os combustíveis fósseis pelo material da biomassa, como o bagaço de cana-de-açúcar. A seguir, é possível ilustrar o processo destacado pelos autores por meio da Figura 3.

Figura 3 – Indústria de energia elétrica a partir de biomassa

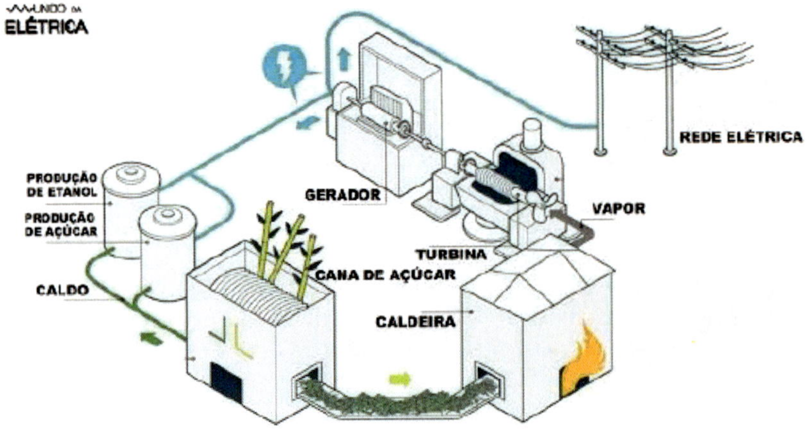

Fonte: os autores, com base em Medeiros (2023).

De acordo com Medeiros (2023), o processo de geração de energia elétrica a partir da biomassa consiste em aquecer a água, cujo vapor movimenta as turbinas e gera energia mecânica. As turbinas estão conectadas aos geradores, onde por fim é gerada a energia elétrica. Além do bagaço e palha da cana, o autor comenta que outros materiais de biomassa também podem ser utilizados para alimentar as caldeiras, por exemplo, a lenha, o capim-elefante, os lixos sólidos e líquidos, a palha do milho, entre outros.

Segundo Nogueira *et al.* (2021), a geração de eletricidade a partir da biomassa, conhecida como bioeletricidade, não só contribui para a oferta total de eletricidade na rede, mas também se complementa de forma significativa com a geração hidrelétrica. Isso ocorre devido à sinergia entre os períodos de escassez hídrica e a safra da cana-de-açúcar. O autor ainda comenta que nos próximos anos haverá uma expansão de 8,6% na capacidade instalada das termelétricas a biomassa, alcançando 15,1 GW até 2030.

CONSIDERAÇÕES FINAIS

A gestão eficaz de resíduos sólidos é um desafio crucial para a sustentabilidade ambiental e o desenvolvimento socioeconômico nos centros urbanos. A definição clara e a classificação dos resíduos sólidos, como estabelecido pela Política Nacional de Resíduos Sólidos (PNRS), proporciona uma base fundamental para abordar esse desafio de forma abrangente e estruturada. O Decreto n.º 10.936/2022, que regulamentou a PNRS, reforçou a importância da responsabilidade compartilhada na gestão de resíduos sólidos, englobando desde os estabelecimentos comerciais até os cidadãos e evidenciou a necessidade de um esforço conjunto para garantir a destinação adequada dos resíduos sólidos.

A logística reversa emerge como uma ferramenta essencial nesse contexto, permitindo não apenas a coleta seletiva e o tratamento adequado dos resíduos. A crescente preocupação ambiental e a busca por soluções sustentáveis têm impulsionado a adoção de práticas de logística reversa em todo o mundo, contribuindo para a redução do impacto ambiental e para o desenvolvimento de uma economia circular.

A transformação de resíduos em energia limpa, por meio de tecnologias como a produção de biogás, a incineração controlada e a geração de bioeletricidade, oferece uma oportunidade única para diversificar a matriz energética e reduzir a dependência de combustíveis fósseis. No Brasil, o potencial bioenergético é significativo, impulsionado pela abundância de biomassa e pelo desenvolvimento de tecnologias avançadas de conversão de energia.

A diversificação da matriz energética brasileira, com um foco crescente em fontes renováveis como a biomassa, representa não apenas uma resposta aos desafios ambientais globais, mas também uma oportunidade para impulsionar o crescimento econômico e criar empregos em setores relacionados. Ao promover a transição para uma economia mais sustentável e resiliente, a geração de energia a partir de resíduos sólidos pode desempenhar um papel crucial na construção de um futuro mais limpo, mais seguro e mais próspero para todos.

REFERÊNCIAS

ABREMA, Associação Brasileira de Resíduos e Meio Ambiente. **Panorama 2023.** 2023. Disponível em: https://www.abrema.org.br/panorama/. Acesso em: 4 jul.2024.

BRASIL. **Censo 2022 indica que o Brasil totaliza 203 milhões de habitantes.** 2022a. Disponível em: https://www.gov.br/pt-br/noticias/financas-impostos-e-gestao-publica/2023/06/censo-2022-indica-que-o-brasil-totaliza-203-milhoes-de-habitantes. Acesso em 4 jul. 2024.

BRASIL. **Decreto n.º 10.936, de 12 de janeiro de 2022**. Regulamenta a Lei n.º 12.305, de 2 de agosto de 2010, que institui a Política Nacional de Resíduos Sólidos. 2022b. Brasília, DF. Disponível em: https://www.planalto.gov.br/ccivil_03/_ato2019-2022/2022/decreto/D10936.htm. Acesso em 4 jul. 2024.

BRASIL. Lei n.º 12.305, de 2 de agosto de 2010. Institui a Política Nacional de Resíduos Sólidos. **Diário Oficial da União**, Brasília, 2010. Disponível em: https://www.planalto.gov.br/ccivil_03/_ato2007-2010/2010/lei/l12305.htm. Acesso em 4 jul. 2024.

CAVALCANTI, I. L. R.; LEITE, V. D.; OLIVEIRA, R. A. de. Bibliometric analysis on the applicability of anaerobic digestion in organic solid waste. **Revista Ambiente & Água**, v. 18, p. e2891, 2023.

CHAVES, G de L. D; BATALHA, M. O. Os consumidores valorizam a coleta de embalagens recicláveis? Um estudo de caso da logística reversa em uma rede de hipermercados. **Gestão & Produção**, v. 13, n. 3, p. 423-435, 2006.

CORRÊA, H. L. **Gestão da rede de suprimentos**: integrando cadeias de suprimento. 3. ed. São Paulo: Atlas, 2010.

CORTEZ, L. A. B.; LORA, E.E.S; GÓMEZ, E. O. (org.) **Biomassa para energia.** Campinas, SP: Editora da Unicamp, 2008.

DE BRITO, J. L. R; DOS SANTOS MATAI, P. H. L.; DOS SANTOS, M. R. Inovação e a produção do etanol de cana-de-açúcar. **Revista de Gestão e Secretariado**, v. 15, n. 3, p. e3537-e3537, 2024.

EPE, Empresa de Pesquisa Energética. **Matriz energética e elétrica**, 2021. Disponível em: https://www.epe.gov.br/pt/. Acesso em 3 jul. 2024.

EPE, Empresa de Pesquisa Energética. **Balanço Energético Nacional 2023**, 2023. Disponível em: https://www.epe.gov.br/pt/. Acesso em 3 jul. 2024.

EUROPEAN PARLIAMENT. DIRECTIVE 2008/98/EC of the European Parliament and of the Council of 19 November 2008 on waste and repealing certain Directives. **Official Journal of the European Union**, 2008.

KLASS, D. L. **Biomass for Renewable Energy, Fuels, and Chemicals**. San Diego: Academic Press, CA, 1998.

NAÇÕES UNIDAS BRASIL. **ODS 12 – Consumo e produção responsáveis.** 2024. Disponível em: https://brasil.un.org/pt-br/sdgs/12. Acesso em: 22 mar. 2024.

NOGUEIRA, L. A. H.; CAPAZ, R. S.; LORA, E. S. Bioenergia no Brasil: onde estamos e quais nossos horizontes. **Revista Brasileira de Energia**, v. 27, 2021.

ONS, Operador Nacional do Sistema Elétrico. **O sistema em números**, 2024. Disponível em: https://www.ons.org.br/paginas/sobre-o-sin/o-sistema-em--numeros. Acesso em 3 jul. 2024.

ROGERS, D. S. *et al*. **Supply Chain Management**: Processes, Partnerships, Performance. Mason, Ohio: South-Western College Pub, 2010.

SANTOS, G. H. F.; NASCIMENTO, R. F. do; ALVES, G. M. Biomassa como Energia Renovável no Brasil. **Revista UNINGÁ Review,** v. 29, n. 2, p. 6-13, 2017.

TAVARES, M. I. T.; SAMUEL, M. J. **Gestão de Resíduos Sólidos**: Desafios e Perspectivas. São Paulo: Atlas, 2018.

3

EDUCAÇÃO EM SAÚDE: COMO AS CIDADES LIDAM COM VETORES E PRAGAS URBANAS

Ana Paula Weinfurter Lima Coimbra de Oliveira
Daniel de Christo
Pricila de Souza
Willian Barbosa Sales

INTRODUÇÃO

As relações que perpassam as interações intrínsecas entre saúde e urbanização são um campo de estudo crucial no contexto contemporâneo para o crescimento de cidades saudáveis sob a ótica da saúde única. As correlações existentes entre a saúde humana, saúde animal e saúde ambiental refletem diretamente em como as cidades lidam com seus problemas, ou seja, a quebra de qualquer um dos pilares da Saúde Única coaduna para o surgimento de doenças emergentes e reemergentes que são propagadas e transmitidas por vetores e pragas urbanas.

O Brasil enfrenta fortemente as consequências da quebra de um dos pilares da Saúde Única, a saúde ambiental, o que se reflete no aumento e na distribuição da população de vetores e pragas urbanas em áreas de alto tráfego humano como os grandes centros urbanos. A epidemiologia das principais doenças emergentes e reemergentes de cunho zoonótico que possuem a interação de vetores e pragas urbanas está diretamente relacionada ao impacto das mudanças ambientais e climáticas induzidas pelo homem promovendo a retroalimentação de ciclos de doenças zoonóticas de cunho silvestre e urbano.

A ampla distribuição de vetores, principalmente aliada a perturbações ambientais antropogênicas e extensas viagens humanas e animais, destaca o potencial da propagação dessas doenças em diferentes cidades localizadas ao longo de todo território tropical brasileiro. As principais características comuns das áreas afetadas são: clima tropical, alta frequência de chuvas, urbanização não planejada e padrões de vida muito baixos, características presentes em muitas cidades brasileiras e evidenciadas nos Determinantes Sociais de Saúde (DSS). Conforme preconizado pela Comissão Nacional sobre os Determinantes Sociais de Saúde (CNDSS), estes estão relacionados aos fatores sociais, econômicos, culturais, étnicos/raciais, psicológicos e comportamentais que influenciam diretamente na ocorrência de problemas de saúde e seus fatores de risco na população.

Este capítulo se propõe a explorar a complexidade da temática sobre a "Educação em Saúde: Como as cidades lidam com vetores e pragas urbanas" sob o olhar da Saúde Única. Esse recorte se justifica pela alta incidência e prevalência de diferentes doenças emergentes e reemergentes de cunho zoonótico com interações diretas entre vetores e pragas urbanas, notificadas em diferentes cidades brasileiras nas últimas décadas. O objetivo central é promover uma reflexão sobre as principais causas que levam ao surgimento de grandes epidemias causadas por vetores e pragas urbanas e seu impacto na propagação de doenças.

FUNDAMENTAÇÃO TEÓRICA

A URBANIZAÇÃO E SUAS RELAÇÕES COM A SAÚDE ÚNICA DE SUA POPULAÇÃO

A tendência global de urbanização não apresentará redução em um futuro próximo, e os desafios correlatos são consideráveis. Países de baixa e média renda, como o Brasil, testemunham uma expansão contínua de assentamentos informais, segregação residencial, uma carga dual de condições de vida e a presença de doenças infecciosas emergentes e reemergentes de origem zoonótica. Desafios socioecológicos relevantes estão atrelados à expansão urbana desordenada, atividades econômicas não regulamentadas, poluição e degradação ambiental, configurando, assim, uma clara ruptura de um dos pilares da saúde única.

Nossa abordagem à urbanização e saúde fundamenta-se na concepção das cidades como ecossistemas multidimensionais. As cidades são delineadas pelas interações entre indivíduos e comunidades, e tais relações entrelaçam-se com a saúde humana, a saúde animal e a saúde ambiental (Saúde Única). As cidades são compreendidas melhor como entidades complexas, intrinsecamente envolvidas em problemas multifacetados e interconectados que permeiam diversos setores, influenciando diretamente a saúde coletiva. Analisar os aspectos de saúde sem incorporar esses elementos seria inadequado. O ambiente construído, arranjos institucionais, atividades econômicas e sistemas socioecológicos nos quais indivíduos e grupos estão inseridos e conectados são cruciais.

As dinâmicas que ocorrem e impactam diretamente na saúde e no bem-estar configuram a capacidade de resposta às necessidades e podem restringir o acesso a serviços de saúde e recursos para grupos específicos. Compreender as vias complexas que moldam a saúde e o bem-estar dos residentes urbanos é vital na formulação de sistemas de saúde urbanos responsivos, assegurando uma distribuição equitativa de serviços.

Desvendar as relações entre determinantes sociais, políticos, econômicos, de infraestrutura e ecológicos da saúde nas cidades é crucial. Isso demanda abordagens multidisciplinares e geração de conhecimento por multiatores, pois as cidades são fronteiras permeáveis através das quais as pessoas migram constantemente. As cidades também desempenham papéis em mercados globais interligados, sendo centros de transmissão global de doenças zoonóticas.

Em 2023 a entrada de turistas internacionais no Brasil sofreu uma equiparação ao que havia sido verificado no período pré-pandemia. Circularam no país aproximadamente 6 milhões de turistas, um número 3% superior às estimativas da Organização Mundial do Turismo (OMT) (Brasil, 2024).

Os Indicadores de Saúde Urbana (ISU) são métricas utilizadas para avaliar e monitorar diversos aspectos da saúde em ambientes urbanos. Esses indicadores abrangem uma gama variada de fatores que influenciam a saúde das populações em contextos urbanos. Exemplos comuns incluem poluição do ar, acesso a espaços verdes, infraestrutura de transporte, habitação, segurança alimentar, desigualdades sociais e econômicas, taxa de criminalidade, acesso a serviços de saúde, expectativa de vida saudável e demografia (Campestrini *et al.*, 2021).

Esses são apenas exemplos de ISU, e a seleção de indicadores pode variar conforme os objetivos específicos de pesquisa, características da população e prioridades de saúde pública em uma área urbana específica. A coleta e a análise desses indicadores fornecem informações valiosas para orientar políticas e intervenções destinadas à melhoria da saúde nas cidades (Campestrini *et al.*, 2021).

Os ISU dialogam com os Determinantes Sociais de Saúde (DSS), fornecendo conjuntamente dados para auxiliar na formulação de políticas públicas de saúde única, orientando decisões para monitorar impactos relacionados ao ambiente construído e revelando desigualdades de saúde dentro das cidades (Campestrini *et al.*, 2021).

Entretanto os principais desafios da saúde urbana envolvem encontrar governos comprometidos com a melhoria da saúde nas cidades, priorizando o acesso equitativo e a prestação adaptada de serviços de saúde para os menos favorecidos, incluindo os classificados como residentes não legais. Estes, frequentemente, compõem o setor de emprego informal, estando ausentes durante os horários regulares das unidades básicas de saúde. Adaptar os horários de atendimento é crucial para atingir essa população, embora essa prática ocorra em algumas cidades brasileiras, não sendo a norma e, muito menos, a realidade para a maioria dessas comunidades.

Outro desafio é a inclusão de indicadores e metas no 11.º Objetivo de Desenvolvimento Sustentável, relacionado a cidades sustentáveis e assentamentos humanos, que diretamente beneficiem a saúde da população, especialmente a saúde única. O aumento do investimento em alternativas de transporte seguro e acessível, como transporte público, ou oportunidades para ciclismo/caminhada, deve ser promovido no novo planejamento urbano. A qualidade do ar e da água em algumas cidades representa riscos ainda não quantificados para a saúde em todas as suas dimensões. Melhorar a qualidade do ar e da água é imperativo para todos, mas especialmente para os menos favorecidos e para as populações em risco.

Problemas ambientais urbanos, como poluição do ar, poluição da água, geração de resíduos sólidos, desmatamento e perda de áreas verdes, ilhas de calor urbanas, escassez e/ou excesso de água, poluição do solo, crescimento desordenado, fragmentação de habitats e a ameaça à biodiversidade local, são situações características para o surgimento e proliferação de diferentes espécies de vetores e pragas urbanas que podem veicular alguma forma de doença de origem zoonótica. É importante destacar que esses problemas ocorrem, em sua maioria, nas periferias das grandes cidades brasileiras.

Os vertebrados selvagens estão envolvidos nos ciclos de transmissão de numerosos microrganismos em ambientes urbanos. Além disso, podem afetar a abundância de vetores artrópodes que encontram um ambiente propício para crescerem e se reproduzirem em ambientes urbanos degradados. A urbanização, mudanças na paisagem e no clima, e a adaptação de vetores e vida selvagem aos habitats humanos representam cenários complexos e em evolução constante, afetando a interface entre vetores, vida selvagem e populações humanas, frequentemente resultando em um aumento no risco de zoonoses. Essa interface é um claro indicativo do comprometimento da Saúde Única.

PERTURBAÇÕES ECOLÓGICAS URBANAS E A PROPAGAÇÃO DE DOENÇAS ZOONÓTICAS

Os ambientes urbanos representam ecossistemas únicos nos quais populações humanas densas podem entrar em contato com espécies de animais silvestres que precisam se adaptar e coabitar com os humanos. No entanto alguns desses animais silvestres, também conhecidos como fauna sinantrópica e popularmente chamados de pragas urbanas, são reservatórios estabelecidos ou potenciais para microrganismos de origem zoonótica que podem desencadear doenças emergentes e reemergentes em humanos. Encontrar maneiras práticas de monitorar a presença e/ou quantidade de doenças zoonóticas é crucial para estimar o risco de transmissão para humanos nos grandes centros urbanos.

As pressões e perturbações ecológicas causadas pelo ser humano estão colocando os patógenos animais cada vez mais em contato com populações humanas, enquanto nossa tecnologia e nossos comportamentos propagam esses patógenos de maneira abrangente e rápida. Analisemos sob a ótica da saúde única três elementos: ações humanas, microrganismos e perturbações ecológicas.

A maioria das doenças infecciosas emergentes humanas tem origem em animais não humanos, e os distúrbios ambientais relacionados ao homem são as forças motrizes do surgimento de novos patógenos humanos. Sintetizar a sequência de eventos básicos envolvidos no surgimento de novos patógenos humanos é crucial para orientar a compreensão, identificação e descrição dos principais aspectos das atividades humanas que podem ser modificados para prevenir novos surtos, epidemias e pandemias.

As atividades humanas estão promovendo a desintegração de ecossistemas naturais em um ritmo cataclísmico. Extração de madeira, construção de estradas, queimadas na agricultura, caça e consumo de animais silvestres, derrubada de florestas para dar lugar a pastagens, extração de minérios, urbanização, expansão suburbana, poluição química, escoamento de nutrientes nos oceanos, sobrepesca oceânica, mudanças climáticas e comercialização internacional de produtos cuja produção envolve práticas ou consequências acima mencionadas, tudo isso está contribuindo para a desintegração dos ecossistemas.

Há muito tempo o ser humano se dedica a essas atividades, inicialmente com ferramentas simples. No entanto, agora, com 7 bilhões de pessoas habitando o planeta e a tecnologia moderna à disposição, os impactos cumulativos tornam-se críticos. As florestas tropicais não são os únicos ecossistemas ameaçados, mas são os mais ricos e complexos. Nesses ecossistemas, vivem milhões de espécies, a maioria delas desconhecida pela ciência, não classificada ou identificada precariamente e mal compreendida, com alto potencial para desencadear surtos, epidemias e pandemias nas grandes cidades.

Entre essas inúmeras espécies desconhecidas, estão vírus, bactérias, fungos, protistas e outros organismos, muitos dos quais são parasitas. Hoje, os virologistas falam em "virosfera": um vasto reino de organismos que provavelmente é muitas vezes mais numeroso do que qualquer outro grupo. Muitos vírus habitam, por exemplo, a Floresta Amazônica, cada um como parasita de um tipo específico de bactéria, animal, fungo, protista ou planta, todos eles entrelaçados em relações ecológicas que limitam sua abundância e alcance geográfico.

A unidade do Instituto Nacional de Pesquisas Espaciais (Inpe), que é vinculada ao Ministério de Ciência, Tecnologia e Inovação, realizou uma estimativa do desmatamento na região conhecida como Amazônia Legal e chegou a um valor de cerca de 9 mil quilômetros quadrados, considerando o período de 1 de agosto de 2022 a 31 de julho de 2023. E, embora tenha sido registrada uma queda em relação aos dados consolidados para o ano anterior, ainda precisamos avançar nas ações do Programa de Monitoramento da Floresta Amazônica Brasileira por Satélite (Prodes) (Brasil, 2022).

A perturbação dos ecossistemas naturais parece liberar esses microrganismos em um mundo mais amplo, com frequência crescente. Quando as árvores caem e os animais nativos são abatidos, os microrganismos nativos espalham-se como poeira de um armazém demolido. Um microrganismo parasita, assim deslocado e privado de seu hospedeiro habitual, tem duas opções: encontrar um novo hospedeiro, um novo tipo de hospedeiro, ou extinguir-se. Eles não nos escolhem intencionalmente como alvos.

CIDADES EDUCADORAS: EXPERIÊNCIAS E POSSIBILIDADES

Acontece que nos colocamos amplamente à disposição deles. Imagine o mundo do ponto de vista de um vírus faminto, ou mesmo de uma bactéria; constituímos uma esplêndida pastagem com nossos bilhões de corpos humanos, onde, em um passado muito recente, havia apenas metade desse número. Em cerca de 50 anos, a população humana terá triplicado, tornando-se um alvo magnífico para qualquer organismo que consiga adaptar-se para nos invadir.

Os vírus, especialmente aqueles cujos genomas consistem em RNA em vez de DNA, sendo, assim, mais propensos a mutações, são altamente capazes de adaptar-se rapidamente. Todos esses fatores não apenas propiciam novas infecções e pequenos surtos dramáticos, mas também epidemias e pandemias, sendo a mais notável e temida aquela causada por uma linhagem de vírus conhecida pelos cientistas como grupo M do HIV-1.

Uma doença emergente é aquela cuja incidência cresce após sua introdução em uma nova população hospedeira. Uma doença reemergente é aquela cuja incidência aumenta em uma população hospedeira existente, devido às mudanças de longo prazo em sua epidemiologia básica.

A tuberculose está reemergindo como um problema sério, principalmente na África, à medida que a bactéria da tuberculose explora uma nova oportunidade: infectar pacientes com Aids, cujo sistema imunológico está comprometido. A febre amarela ressurge entre seres humanos sempre que mosquitos *Aedes aegypti* voltam a transmitir o vírus de macacos infectados para pessoas não infectadas. A dengue, também dependente de picadas de mosquito e macacos ativos como reservatório, ressurgiu no Sudeste Asiático após a Segunda Guerra Mundial, como resultado, em parte, da urbanização crescente, aumento das viagens, gestão inadequada do sistema de esgoto, controle ineficaz de mosquitos e outros fatores. E atualmente no Brasil tem ganhado terreno e destaque em números de infecções e mortes em diferentes estados brasileiros.

A compreensão desses complexos inter-relacionamentos entre ecossistemas, atividades humanas e saúde é crucial para desenvolver estratégias eficazes de prevenção e controle. Isso requer colaboração entre disciplinas e setores, bem como uma abordagem integrada para abordar os desafios emergentes e reemergentes relacionados à saúde global.

EMERGÊNCIA E *SPILLOVER* NA DINÂMICA DAS DOENÇAS URBANAS

Os conceitos de emergência e *spillover*, embora distintos, estão intrinsecamente ligados. *Spillover*, utilizado por ecologistas focados em doenças, descreve o momento em que um patógeno transita de uma espécie hospedeira para membros de outra espécie.

Em 2005, cientistas da Universidade de Edimburgo analisaram 1407 espécies reconhecidas de patógenos humanos, concluindo que 58% eram microrganismos zoonóticos. Do total, apenas 177 eram considerados emergentes ou reemergentes, sendo três quartos destes de natureza zoonótica. A emergência de novas doenças está intimamente vinculada às zoonoses.

O estudo de Kate E. Jones, da Sociedade Zoológica de Londres, publicado na revista *Nature* em 2008, analisou mais de 300 eventos de doenças infecciosas emergentes entre 1940 e 2004. Constatou-se que 60,3% tinham origem zoonótica, sendo que 71,8% desses eventos foram causados por patógenos provenientes de animais selvagens, não domésticos (Jones *et. al.*, 2008; Gibb *et. al.*, 2020).

Entre todas as doenças infecciosas emergentes, as zoonoses originadas de animais selvagens representam a ameaça mais significativa e crescente à saúde global. A necessidade de monitorar e predizer reflete não apenas a urgência do problema, mas também a frustrante realidade do quanto ainda desconhecemos.

O termo "zoonose" deriva de "Zoon", grego para animal, e "oses", significando doença. Segundo a Organização Mundial de Saúde (OMS), qualquer doença ou infecção naturalmente transmissível de animais vertebrados para humanos é classificada como zoonose. Elas podem ser categorizadas como bacterianas (tuberculose), virais (raiva), parasitárias (toxoplasmose), fúngicas (esporotricose), por riquétsias (febre Q), por clamídia (psitacose), por micoplasma (*Mycoplasma pneumoniae*), protozoárias (giardíase) e doenças causadas por agentes patogênicos não virais acelulares (encefalopatia espongiforme, "mal da vaca louca") (WHO, 2019).

Doenças zoonóticas são transmitidas de animais para humanos por meio direto ou indireto, ocorrendo via alimentos, água ou meio ambiente, contribuindo com 61% dos organismos infecciosos em humanos. Desde a criação da Organização Mundial de Saúde Animal (OIE) em 1924, sua missão principal tem sido garantir transparência na situação global da saúde animal e melhorar o conhecimento das doenças animais, incluindo aquelas transmissíveis a humanos, ou seja, as zoonoses.

A transmissão de patógenos entre diferentes espécies, o cruzamento de barreiras entre espécies, é um fenômeno ecológico denominado salto do hospedeiro, transmissão zoonótica ou transbordamento de patógenos. Sendo mais específico, "*spillover*" pode ser definido como a transmissão entre espécies de um microrganismo em uma população hospedeira não infectada anteriormente. Normalmente, o termo *transbordamento zoonótico* ou *spillover* refere-se à transmissão entre espécies de microrganismos de vida selvagem (animais vertebrados) para os seres humanos.

De acordo com o *Sustainable Development Report* (2023), o Brasil se encontra na 39ª posição no ranking de performance de *spillover* em um total de 193 países. Uma posição bastante preocupante quando comparada com a 132ª de Portugal ou 165ª dos Emirados Árabes Unidos (SDG, 2023).

Embora o transbordamento zoonótico que resulta em uma nova doença humana não seja comum, quando ocorre, os impactos podem ser significativos, seja pelo aparecimento de uma doença emergente humana ou pela capacidade de disseminação dessa nova doença em um mundo altamente globalizado, como já observamos anteriormente.

Os determinantes ambientais da saúde são heterogêneos e não distribuídos uniformemente. Muitas vezes, não são medidos e modelados de forma abrangente e não são geridos de acordo com um plano comum para garantir ambientes saudáveis para toda a população. Condições e estados ambientais em grande escala, como desastres naturais e mudanças climáticas, têm influências e impactos ambientais globalmente significativos e visíveis na saúde, recebendo atenção em níveis mais amplos e superiores.

Por outro lado, existem determinantes ambientais mais sutis e locais que impulsionam a ocorrência de doenças infecciosas e não transmissíveis. Esses fatores são frequentemente mal compreendidos e subestimados, levando a ações sociais que têm mais probabilidades de exacerbar essas influências ambientais negativas do que prevenir. Exemplos desses determinantes incluem a qualidade do ar, segurança e proteção hídrica/alimentar.

Doenças infecciosas são responsáveis por uma carga significativa de doenças em países e territórios. A transmissão e os surtos são fortemente impulsionados por múltiplos fatores ambientais e sociodemográficos, como complexas interações entre humanos, animais e meio ambiente, encontradas em grandes centros urbanos.

Entre os exemplos, podemos citar alguns destaques do relatório de 2023 da Organização Mundial da Saúde a respeito dos Objetivos de Desenvolvimento Sustentável. A incidência global de tuberculose cresceu 3,6% entre 2020 e 2021, revertendo a redução de aproximadamente 2% ao ano que vinha ocorrendo nas duas décadas anteriores. Em 2019, cerca de 290 milhões de pessoas estavam vivendo com hepatite B crônica, incluindo um milhão e meio de novas infecções, o que resultou em 820 mil mortes principalmente por cirrose e câncer de fígado primário. Nos países menos desenvolvidos, no ano de 2021, 505 milhões de pessoas precisaram de tratamento para doenças tropicais negligenciadas (DTN) e mais de 1 bilhão de pessoas foram tratadas para pelo menos uma DTN a cada ano entre 2016 e 2019 (WHO, 2023).

A vulnerabilidade às doenças, a exposição ambiental e seus efeitos sobre a saúde distribuem-se de maneira diferente dependendo dos indivíduos, regiões e grupos sociais aos quais pertencem, relacionando-se com a pobreza, modelo de desenvolvimento social e econômico, cultura, organização do território e nível educacional. Por outro lado, as atividades produtivas alteram o ambiente de maneira mais significativa, gerando exposição humana a possíveis efeitos negativos à saúde.

As condições de vulnerabilidade resultam de processos sociais e mudanças ambientais, denominados vulnerabilidade socioambiental, combinando processos sociais relacionados à precariedade das condições de vida e proteção social influenciados pelo trabalho, renda, saúde e educação. Aspectos ligados à infraestrutura, como habitações saudáveis e seguras, estradas e saneamento, tornam determinados grupos populacionais vulneráveis, principalmente mulheres, crianças e pessoas de baixa renda.

Mudanças ambientais resultantes da degradação ambiental, como áreas de proteção ambiental ocupadas, desmatamento de encostas e leitos de rios, poluição de águas, solos e atmosfera, tornam determinadas áreas mais vulneráveis. A vulnerabilidade socioambiental resulta de estruturas socioeconômicas que produzem simultaneamente condições de vida precárias e ambientes deteriorados.

A vulnerabilidade ambiental refere-se à suscetibilidade de um sistema, seja natural ou humano, a sofrer danos, perturbações ou impactos negativos devido a mudanças ou pressões ambientais. Essas perturbações podem incluir fatores como mudanças climáticas, poluição, degradação ambiental, desastres naturais e outras ameaças que afetam a capacidade do sistema de se adaptar ou se recuperar.

A avaliação da vulnerabilidade ambiental é crucial para desenvolver estratégias de adaptação e resiliência, tanto em níveis individuais quanto de políticas públicas. Ao entender os fatores que tornam um sistema mais vulnerável, é possível implementar medidas para reduzir os riscos e proteger a saúde das pessoas, a biodiversidade e a sustentabilidade ambiental.

Atualmente, não é incomum noticiar a presença de animais como onças, sucuris e macacos em áreas urbanas, bem como casos de atropelamentos nas estradas.

O Serviço de Atendimento de Animais Silvestres de Blumenau (SAAS-Blu) registrou 500 ocorrências entre outubro de 2022 e outubro e 2023. Foram atendidos 787 animais de 81 espécies diferentes em 25 municípios da região. A maior parte dos atendimentos envolvia aves, seguidos por mamíferos e répteis. No Distrito Federal, foram atendidas mais de 40 denúncias de contato com fauna silvestre em 2023, sendo que os saruês lideraram o ranking de resgates realizados. E esses são apenas dois exemplos em uma realidade de um país de dimensões continentais (FURB, 2024).

Esses eventos estão diretamente relacionados aos fatores predisponentes mencionados anteriormente (água, alimento, abrigo e acesso), essenciais para a sobrevivência desses animais. Animais que coexistem com os seres humanos, mesmo contra a vontade destes, são chamados sinantrópicos, e alguns, quando relacionados negativamente, formam a fauna sinantrópica nociva.

Dada sua capacidade de causar prejuízos econômicos, à saúde e ao ambiente nas áreas urbanas, esses animais são considerados pragas urbanas. Abelhas, vespas, aranhas, escorpiões, baratas, carrapatos, formigas, cupins, brocas, pulgas, moscas, mosquitos, pombos, ratos, ratazanas e morcegos são exemplos de pragas urbanas que encontram água, alimento, abrigo e acesso nas cidades. Artrópodes como abelhas, vespas, aranhas, escorpiões, baratas, carrapatos, formigas, cupins, brocas, pulgas, moscas e mosquitos aproveitam a estrutura das moradias e indústrias para encontrar o acesso e o abrigo necessários para sua sobrevivência.

FAUNA URBANA E DESAFIOS NA CONVIVÊNCIA PACÍFICA

Os animais se aproveitam dos alimentos que são armazenados e dos resíduos são descartados de forma inadequada para encontrarem os alimentos e a água essenciais para sua sobrevivência. A vegetação presente em parques, praças, margens de rios e terrenos baldios também é utilizada por eles como abrigo e fonte de alimentação.

Artrópodes, como abelhas, vespas, aranhas, escorpiões, baratas, carrapatos, formigas, cupins, brocas, pulgas, moscas, mosquitos, pombos, ratos, ratazanas e morcegos, representam parte da fauna urbana. Além desses, animais silvestres como morcegos, capivaras, gambás, onças e diversas aves também aproveitam a disponibilidade de água, alimento, abrigo e acesso para se instalarem em áreas urbanas.

O odor liberado pelo lixo em decomposição nas lixeiras é um forte atrativo para diversas espécies, enquanto a flora presente em parques, praças e margens de rios serve como abrigo e fonte de alimento. A fauna urbana, portanto, não se limita apenas às pragas urbanas, mas inclui representantes da fauna silvestre que se adaptaram às condições do ambiente urbano.

Essa adaptação é favorecida pela ausência de predadores naturais, resultando na coexistência de diferentes microecossistemas. Esses microecossistemas não surgem apenas pelo esgotamento da fauna original devido à urbanização, mas também pela introdução de novas espécies ao ambiente.

Considerando isso, humanos e animais domésticos convivem com representantes da fauna silvestre em áreas urbanas e rurais. No entanto essa convivência harmoniosa pode se tornar desarmônica com o aumento populacional ou mudanças no comportamento das espécies. Essa ocorrência é mais comum com o aumento da densidade populacional humana, ocupando áreas naturais antes habitadas por espécies silvestres.

Os hábitos dos animais silvestres têm gerado situações problemáticas nas cidades, como os cantos de aves, ataques de aves defendendo ninhos, entrada de animais em residências e indústrias, atropelamentos de mamíferos de grande porte e captura de animais para tráfico ou criação. Animais transmissores de doenças, como morcegos, também geram preocupações, sendo caçados indiscriminadamente. No entanto é crucial lembrar que esses animais desempenham papéis importantes no equilíbrio ambiental, contribuindo para a polinização e controle de insetos.

Diante desses desafios, a mensuração e o manejo da fauna silvestre devem ser conduzidos por órgãos ou empresas com profissionais qualificados. A legislação que regula esse manejo deve ser respeitada, garantindo a segurança e a eficácia das atividades realizadas. Os Programas de Manejo Integrado de Pragas buscam reduzir a densidade populacional de pragas, minimizando o uso de pesticidas. Envolve a identificação da espécie, compreensão de sua biologia e comportamento, avaliação do nível de infestação, uso de medidas de controle apropriadas e avaliação contínua da eficácia das técnicas implementadas.

A padronização na elaboração desses programas é essencial. A Associação Brasileira de Normas Técnicas (ABNT) publicou a NBR 15584-2, que estabelece princípios para o manejo de vetores e pragas urbanas. O planejamento, reconhecimento do local, identificação de espécies e determinação de objetivos são etapas cruciais, seguidas pela execução, descrevendo medidas de controle, monitoramento e avaliação de resultados (ABNT, 2008; Brasil, 2022). Em resumo, a convivência entre seres humanos, animais domésticos e fauna silvestre nas áreas urbanas requer uma abordagem integrada, considerando tanto a preservação da biodiversidade quanto a proteção da saúde pública e a mitigação de doenças de cunho zoonótico

CONSIDERAÇÕES FINAIS

No cenário contemporâneo, as interações intrínsecas entre saúde e urbanização tornam-se uma esfera de estudo crucial, especialmente no contexto do crescimento das cidades em busca de uma perspectiva de saúde única. A correlação entre saúde humana, saúde animal e saúde ambiental evidencia-se como um fator determinante na forma como as cidades enfrentam desafios, sendo a quebra de qualquer pilar da Saúde Única propícia ao surgimento de doenças emergentes e reemergentes, propagadas por vetores e pragas urbanas. O Brasil, imerso nas consequências da deficiência na saúde ambiental, observa um aumento expressivo na população de vetores e pragas urbanas, particularmente nos centros urbanos de grande movimentação. A epidemiologia das principais doenças zoonóticas reflete não apenas a interação de vetores e pragas, mas também o impacto das mudanças ambientais induzidas pelo homem, promovendo a retroalimentação de ciclos de doenças tanto em ambientes silvestres quanto urbanos.

REFERÊNCIAS

ADEGBOYE, O. A.; OLELE, F.O.; CASTELLANOS, M.E.; PAK, A.; EMETO, T.I. Editorial: Environmental stressors, multi-hazards and their impact on health. **Frontiers in Public Health**, editorial, v.11, 2023.

ASSOCIAÇÃO BRASILEIRA DE NORMAS TÉCNICAS – ABNT. NBR 15584-1 Controle de vetores e pragas urbanas Parte 1: Terminologia, 2008.

ANTWI, E. K. *et al.* A global review of cumulative effects assessments of disturbances on forest ecosystems. **Journal of Environmental Management**, v. 317, 2022.

BADALONI, C. *et al.* A spatial indicator of environmental and climatic vulnerability in Rome. **Environment International**, v. 176, 2023.

BRASIL. Ministério de Ciência, Tecnologia e Inovação. **Nota Técnica PRODES Amazônia 2023**. Disponível em: https://www.gov.br/inpe/pt-br/ assuntos/ultimas-noticias/estimativa-de- desmatamento-na-amazonia-legal-para-2023-e--de-9-001-km2. Acesso em: 22 mar. 2024.

BRASIL. Ministério do Turismo. Brasil supera estimativa da OMT com chegada de cerca de 6 milhões de turistas em 2023. **Gov.br**, 18 jan. 2024. Disponível em: https://www.gov.br/turismo/ pt-br/assuntos/noticias/brasil-supera- estimativa-da-omt-com-chegada-de-cerca-de-6-milhoes-de-turistas-em-2023. Acesso em: 12 jun. 2024.

BRASIL. Ministério de Ciência, Tecnologia e Inovação. Instituto Nacional de Pesquisas Espaciais. Estimativa de desmatamento na Amazônia Legal para 2022 é de 11.568 Km2. **Gov.br**, 30 nov. 2022. Disponível em: https://www.gov.br/inpe/pt-br/assuntos/ultimas-noticias/estimativa-de- desmatamento-na-amazonia--legal-para-2022-e-de-11-568-km2. Acesso em: 12 jun. 2024.

BRASIL. Ministério da Saúde. Agência Nacional de Vigilância Sanitária. Diretoria Colegiada. Resolução RDC n.º 622, de 9 de Março de 2022. Dispõe sobre o funcionamento de empresas especializadas na prestação de serviço de controle de vetores e pragas urbanas e dá outras providências. **Diário Oficial da União**, Brasília, edição 51, seção 1, p. 118, 2022.

BURDON, F. J. Understanding the connectivity of ecosystems in the anthropocene. **Journal of Animal Ecology**, n. 90, p. 1600-1604, 2021.

CAMP, J. V. *et al.* Monitoring urban zoonotic virus activity: Are city rats a promising surveillance tool for emerging viruses? **Viruses**, v. 14, p. 1516, 2022. Disponível em: https://pubmed.ncbi.nlm.nih.gov/35891496/. Acesso em: 27 fev. 2024.

CAMPESTRINI, J. B.; SILVA, T. L. D.; RIBEIRO, L. A. Indicadores urbanos de saúde e sua relação com a pandemia: Uma análise da cidade de Guaporé/RS. **Anais [...]** IV Euro Elecs, seção 1, p. 93-96, 2021.

CHAI, H. Analysis of the Coordination Relationship between the Green Principle of Civil Law and Environmental Law in Environmental Pollution and Ecological Destruction. **Journal of Environmental and Public Health**, v. 2022, Special Issues, 2022.

CHALA, B.; HAMDE, F. Emerging and Re-emerging vector-borne infectious diseases and the challenges for control: A review. **Frontiers in Public Health**, v. 9, 2021.

CROSS, A. R. *et al.* Zoonoses under our noses. **Microbes and infection**, v. 21, n. 1, p. 10-19, 2019.

CROWLEY, R.; MATHEW, S.; HILDEN, D. Environmental Health: A position paper from the American College of Physicians. **Annals of Internal Medicine**, v. 175, n. 11, 2022.

ELLWANGER, J. H. *et al.* Synthesizing the connections between environmental disturbances and zoonotic spillover. **Anais [...]**, Academia Brasileira de Ciências, v. 94, n. 3, 2022.

ELLWAGER, J. H.; CHIES, J. A. B. Zoonotic spillover: Understanding basic aspects for better prevention. **Genetics and Molecular Biology**, v. 44, n. 1, 2021.

EMBRATUR, Agência Brasileira de Promoção Internacional do Turismo. Recorde histórico: turismo internacional injeta R$ 34,5 bilhões na economia brasileira em 2023. **Agência Gov**, 5 fev. 2024. Disponível em: https://agenciagov.ebc.com.br/noticias/202402/recorde-historico-turismo-internacional-injeta-r-34--5-bilhoes-na-economia-brasileira-em-2023#:~:text=Em%202023%2C%20%C3%A9%20o%20de,)%2C%20ag%C3%AAncia%20especializada%20da%20ONU. Acesso em: 8 mar. 2024.

ESCUDERO-PÉREZ, B. *et al.* Host-Pathogen Interactions Influencing Zoonotic Spillover Potential and Transmission in Humans. **Viruses**, v. 15, 2023.

EL-SAYED, A.; KAMEL, M. Climatic changes and their role in emergence and re-emergence of diseases. **Environmental Science and Pollution Research**, v. 27, 2020.

FAO, OIE, and WHO launch a guide for countries on taking a One Health approach to addressing zoonotic diseases. **World Health Organization**, 11 mar. 2019. Disponível em: https://www.who.int/news/item/11-03-2019-fao-oie-and-who-

-launch-a-guide-for-countries-on-taking-a-one-health-approach-to-addressing-zoonotic-diseases. Acesso em 12 jun. 2024.

FIEDLER, N. C. *et al*. Environmental vulnerability evolution in the Brazilian Amazon. **Anais [...]**, Academia Brasileira de Ciências, v. 95, n. 2, 2023.

GIATTI, L. L.; RIBEIRO, R. A.; NAVA, A. F. D.; GUTBERLET, J. Emerging complexities and rising omission: Contrasts among socio-ecological contexts of infectious diseases, research and policy in Brazil. **Genetics and Molecular Biology**, v. 44, n. 1, 2021.

GIBB, R.; REDDING, D. W. *et al*. Zoonotic host diversity increases in human-dominated ecosystems. **Nature**, v. 584, p. 398-402, 2020.

GORBALENYA, A. E. *et al*. The new scope of virus taxonomy: partitioning the virosphere into 15 hierarchical ranks. **Nature microbiology**, v. 5, p. 668-674, 2020.

HALLIDAY, J. E. B. *et al*. A framework for evaluating animals as sentinels for infectious disease surveillance. **J. R. Soc. Interface**, v. 4, p. 973-984, 2007.

JAGALS, P.; KIM, I.; BRERETON, C.; LAU, C. L. Assesment of environmental impacts on Health: Examples from the Pacific Basin. **Annals of Global Health**, v. 88, n. 1, p. 1-9, 2022.

JONES, K. E. *et al*. Global trends in emerging infectious diseases. **Nature**, 451, p. 990-993, 2008. Disponível em: https://www.nature.com/articles/nature06536. Acesso em: 12 jun. 2024.

LI, A. M. L. Ecological determinants of health: food and environment on human health. **Environ Sci. Pollut Res**, v. 24, p. 9002-9015, 2017.

LEEUWEN, P. V. *et al*. Zoos as Sentinels? A Meta-Analysis of Seroprevalence of Terrestrial Mammalian Viruses in Zoos. **EcoHealth**, v. 20, n. 43-52, 2023.

MARCHAL, B. *et al*. Editorial: Urban health: the next frontier for health policy and systems research. **Frontiers in Public Health**, 2023. Disponível em: https://pubmed.ncbi.nlm.nih.gov/37397769/. Acesso em: 26 fev. 2024.

MAEDA, K. Globalization and Zoonosis. **Nihon Rinsho**, v. 74, n. 12, p. 1948-1955, 2016.

MAZZOTTA, E. *et al*. Synanthropic and Wild Animals as Sentinels of Zoonotic Agents: A Study of Leptospira Genotypes Circulating in Northeastern Italy.

International Journal of Environmental Research and Public Health, v. 20, p. 1-14, 2023.

MILBANK, C.; VIRA, B. Wildmeat consumption and zoonotic spillover: contextualising disease emergence and policy responses. **Lancet Planet Health**, v. 6, 2022.

PINEO, H. *et al.* Urban health indicator tools of the physical environment: a systematic review. **Journal Urban Health**, v. 95, p. 613-646, 2018. Disponível em: https://pubmed.ncbi.nlm.nih.gov/29663118/ Acesso em: 26 fev. 2024.

PLOWRIGHT, R. K. *et al.* Pathways to zoonotic spillover. **Nature**, v. 15, 2017.

PRANGISHVILI, D. *et al.* The enigmatic archeal virosphere. **Nature reviews microbiology**, n. 15, p. 724-739, 2017.

PROGRESS on the triple billion targets and the sustainable development goals. End of Biennium Results Report 2022-2023. **World Health Organization**, 2023. Disponível em: https://www.who.int/about/accountability/results/who-results-report-2022-2023/executive-summary. Acesso em: 12 jun. 2024.

RABINOWITZ, P. M.; SCOTCH, M. L.; CONTI, L. A. Animals as Sentinels: Using Comparative Medicine To Move Beyond the Laboratory. **ILAR Journal**, v. 51, n. 3, 2010.

ROTHENBERG, Richard; STAUBER, Christine; WEAVER, Scott; DAI, Dajun; PRASAD, Amit; KANO, Megumi. Urban health indicators and indices – current status. **BMC Public Health**, v. 15, p. 494, 2015. Disponível em: https://pubmed.ncbi.nlm.nih.gov/25981640/. Acesso em: 26 fev. 2024.

ROUX, S.; EMERSON, J. B. Diversity in the soil virosphere: to infinity and beyond? **Trends in Microbiology**, v. 30, n. 11, 2022.

SAASBLU divulga relatório técnico com dados sobre os atendimentos prestados em 2023. **Universidade de Blumenau – FURB**, 25 jan. 2024. Disponível em: https://www.furb.br/pt/noticias/saasblu-divulga-relatorio-tecnico-com-dados-sobre-os-atendimentos-prestados-em-2023. Acesso em: 12 jun. 2024.

SÁNCHEZ, C. A.; VENKATACHALAM-VAZ, J.; DRAKE, J. M. Spillover of zoonotic pathogens: A review of reviews. **Zoonoses Public Health**, v. 24, p. 1-15, 2021.

SCHMIDT, P. L. Companion Animals as Sentinels for Public Health. **Vet. Clin. Small. Anim.**, v. 39, p. 241-250, 2009.

SDG Index e Dashboards – Sustainable Development Report. **Spillover Rankings: The spillover performance of all 193 UN Member States**. 2023. Disponível em: https://dashboards.sdgindex.org/rankings/spillovers. Acesso em: 22 mar. 2024.

SHAH, M. I. *et al*. Inequality consequences of natural resources, environmental vulnerability, and monetary-fiscal stability: a global evidence. **Environmental Science and Pollution Research**, v. 30, p. 10329-10345, 2023.

TOMASSONE, L. *et al*. Neglected vector-borne zoonoses in Europe: Into the wild. **Vet. Parasitol**., v. 251, p. 17-26, 2018. Disponível em: https://www.sciencedirect.com/science/article/abs/pii/S0304401717305307?via%3Dihub Acesso em: 27 fev. 2024.

WANG, L. F.; CRAMERI, G. Emerging zoonotic viral diseases. **Rev. Sci. Tech. Off. Int. Epiz**., v. 33, n. 2, p. 569-581, 2014.

WILLIAMS, E. P. *et al*. Common Themes in Zoonotic Spillover and Disease Emergence: Lessons Learned from Bat-and Rodent-Borne RNA Viruses. **Viruses**, v. 13, 2021.

WORLD HEALTH ORGANIZATION. **World health statistics 2023**: monitoring health for the SDGs, Sustainable Development Goals. Genebra: World Health Organization, 2023.

ZENG, Y.; TWANG, F.; CARRASCO, R. Threats to land and environmental defenders in nature´s last strongholds. **Ambio**, v. 51, p. 269-279, 2022.

4

AS ORGANIZAÇÕES NA TRANSFORMAÇÃO DAS CIDADES

Aline Mara Gumz Eberspacher
Andressa Muñoz Slompo
Milena Silveira dos Santos

INTRODUÇÃO

A vida humana acontece por meio de interações sociais, na sociedade, no compartilhar e no conviver com os outros. Essas relações ocorrem na cidade é um espaço físico, delimitado, que possibilita as diversas formas de interação humana, permitindo agregar a diversidade populacional, integrando um multiculturalismo, por meio de uma concentração de pessoas de diferentes origens étnicas, culturais e socioeconômicas.

Uma cidade é um organismo vivo e complexo, onde aspectos técnicos e sociológicos se inter-relacionam continuamente, e seu desenvolvimento urbano depende tanto da infraestrutura física quanto das dinâmicas sociais que promovem a coesão e a diversidade. A gestão eficaz de uma cidade requer um planejamento que considere ambos os aspectos, promovendo um ambiente sustentável e inclusivo para todos os seus habitantes (Carlos, 2021).

As diferentes interpretações das cidades

A palavra "cidade" vem do latim "*civitate*", noção próxima de "*civitas*", que deu origem às palavras cidadão e civilização (Vasconcelos, 2015). Segundo o *Dicionário Online de Português*, define-se "cidade" como:

> Povoação de maior amplitude e importância. Aglomerado de pessoas que, situado numa área geograficamente delimitada, possui muitas casas, indústrias, áreas agrícolas; urbe. A vida urbana, por oposição à rural: comportamentos da

cidade. Conjunto dos habitantes, do poder administrativo e do governo da cidade. Grande centro industrial e comercial (em oposição ao campo) (Cidade, 2024).

Além desses conceitos linguísticos básicos, a cidade possui diversas conceituações. Segundo Carlos (2021), a cidade pode ser definida como um amontoado de edificações, ou ainda uma série de carros com um barulho ensurdecedor. A autora ainda caracteriza uma cidade por meio de aspectos visuais e geométricos como um conjunto de formas, de traçados de vias e de construções, que são resultado da produção da arquitetura e do urbanismo. O agrupamento dessas edificações pode se integrar com o espaço da cidade em si, mas também pode segregar espaços e comunidades. Esse processo de construções, arquiteturas e agrupamentos representa a estrutura física da cidade, que se apresenta por meio de casas, edifícios, colégios, hospitais, empresas, indústrias, escritórios entre tantos outros.

Haja vista a multiplicidade de fatores que interferem na formação de uma cidade, este capítulo tem como objetivo fazer uma análise relacionando a importância da arquitetura, das organizações e da pedagogia empresarial na formação de uma cidade educadora. A metodologia utilizada para este trabalho foi a pesquisa bibliográfica, segundo Chizzotti (2006), a pesquisa bibliográfica pode oferecer uma compreensão aprofundada e abrangente de diversos fatores. No caso da formação das cidades, possibilita uma interpretação pelo viés da arquitetura, das organizações e da pedagogia empresarial, analisando a integração dos diferentes elementos do contexto urbano.

Cidade educadora: conceitos e características

O conceito de cidades educadoras surgiu na década de 1990, durante o 1.º Congresso Internacional de Cidades Educadoras em Barcelona, na Espanha. Barcelona, pioneira nesse movimento, abraçou a missão de nutrir e capacitar seus cidadãos, impulsionando o desenvolvimento contínuo da cidade (Aice, 2004). A Carta de Cidades Educadoras, fruto dessa união, tornou-se um guia fundamental para cidades que aspiram a esse ideal. Ela estabelece um rico conjunto de conceitos, princípios e objetivos que orientam a educação da cidade e a formação integral de seus habitantes. Segundo o documento:

> A cidade educadora tem personalidade própria, integrada no país onde se situa é, por consequência, interdependente do território do qual faz parte. É igualmente uma cidade que se

> relaciona com o seu meio envolvente, outros centros urbanos do seu território e cidades de outros países. O seu objetivo permanente será o de aprender, trocar, partilhar e, por consequência, enriquecer a vida dos seus habitantes (Aice, 2004, p. 2).

Para além dos objetivos centrais, as cidades educadoras se distinguem por um compromisso fundamental: a inclusão e a participação ativa de todos os cidadãos, independentemente de idade ou faixa etária. Crianças, jovens, adultos e idosos, cada um com suas perspectivas e experiências únicas, representam peças essenciais no contexto da cidade educadora. A cidade "deve ocupar-se prioritariamente com as crianças e jovens, mas com a vontade decidida de incorporar pessoas de todas as idades, numa formação ao longo da vida" (Aice, 2004, p. 2).

O conceito de cidade educadora surgiu como um meio de educar seus habitantes, visto que ela vive em constante transformação, iluminando o caminho para o desenvolvimento integral dos seus cidadãos, instituições e empresas. Mais do que um espaço físico, a cidade educadora se configura como um organismo vivo, em constante mutação, impulsionado pela busca incessante por um futuro mais próspero e sustentável.

Quando falamos em educação, pensamos que somente em salas de aulas há transmissão de conhecimento, mas as cidades educadoras não se limitam a isso. Elas transformam seus espaços públicos em ambientes vibrantes de aprendizado, onde o conhecimento flui livremente. Segundo a Carta das Cidades Educadoras:

> As cidades educadoras, com suas instituições educativas formais, suas intervenções não formais (de uma intencionalidade educadora para além da educação formal) e informais (não intencionais ou planificadas), deverão colaborar, bilateral ou multilateralmente, tornando realidade a troca de experiências. Com espírito de cooperação, apoiarão mutuamente os projectos de estudo e investimento, seja sob a forma de colaboração directa ou em colaboração com organismos internacionais (Aice, 2004, p. 3).

As instituições, pilares fundamentais da vida urbana, também são protagonistas nas cidades educadoras. Escolas, universidades, hospitais, empresas e órgãos públicos se reinventam, adotando metodologias inovadoras, abraçando a colaboração para o sucesso. A educação formal e informal se entrelaça, criando oportunidades de aprendizado para todas as idades e perfis.

O papel do arquiteto e urbanista na construção da cidade

A relação da arquitetura com a cidade é intrínseca, está diretamente relacionada com o cotidiano dos moradores. Essa relação acontece por meio da conexão visual e/ou física dos espaços internos e externos, unindo os ambientes e as pessoas. Por outro lado, a arquitetura também pode segregar pessoas e espaços, como ocorre no caso de grandes condomínios horizontais em que os terrenos geralmente são todos murados, com altas barreiras visuais para a rua, tornando-a mais insegura para os pedestres. É o que Jacobs (2011) denomina de "os olhos da rua", fenômeno que explica o fato de as pessoas se sentirem mais seguras nas cidades quando existem outras pessoas no mesmo local, como se uma vigiasse a outra; em contrapartida, um espaço muito vazio na cidade, sem muitos pedestres, traz a sensação de insegurança.

A cidade também pode ser caracterizada como um palco de grandes acontecimentos históricos e de relações sociais, pois é heterogênea e dinâmica, possui contrastes no espaço urbano que se modifica por meio das forças produtivas, das relações econômicas, sociais e de trabalho. Subjugada ao capital, a cidade possui um ritmo acelerado e é influenciada pelo preço das terras (terrenos), das localizações (zoneamento) e da diferença de classes (Carlos, 2021). Por meio dessas caracterizações da cidade, nota-se a relação direta do profissional arquiteto e urbanista com as organizações.

O dinamismo da cidade é acompanhado pelo arquiteto e urbanista por meio das mudanças de traçados de vias ao longo da história, de estilos arquitetônicos, de espaços urbanos e de uso do solo. Além da estética que os desenhos de vias e de edificações somam na cidade, também existem as dinâmicas sociais e econômicas que causam impacto por meio das estratégias urbanas.

Se utilizarmos o exemplo citado anteriormente, dos grandes condomínios horizontais murados, e compararmos com prédios elevados com térreo em pilotis, percebe-se como a escolha arquitetônica de uma edificação pode modificar a dinâmica social do espaço urbano por meio da segregação ou inclusão das pessoas com o ambiente interno e o ambiente externo da cidade.

O zoneamento e uso do solo, papel a cargo do urbanista, também impacta diretamente as dinâmicas da cidade. O planejamento urbano direciona quais regiões da cidade serão residenciais, comerciais, industriais e a densidade de ocupação desses locais definindo as alturas médias das edificações. Dessa forma, as dinâmicas sociais e econômicas giram em torno dessas definições, modificando os fluxos das pessoas, o que Jacobs (2011) nomeia de "balé das ruas".

Ainda de acordo com a autora, indivíduos diferentes possuem um ritmo de acordo com suas atribuições, sejam as crianças que vão para as escolas ou os adultos que vão ao trabalho, todos seguem os horários determinados. Esse movimento gerado pelo planejamento urbano cria um fluxo de interação social entre diversos atores que realizam diversas atividades e que interagem entre si.

A relação do arquiteto e urbanista com a cidade ainda permite a criação de espaços urbanos e arquitetônicos e auxilia o desenvolvimento de regiões específicas, como zonas residenciais, comerciais e industriais. Além de caracterizar visualmente a cidade, essas definições direcionam os fluxos sociais e econômicos dos municípios.

Ao analisarmos as regiões onde existem maiores concentrações de empresas nas cidades, nota-se um fluxo social das pessoas que chegam e saem dos seus trabalhos, o que também ocorre geralmente em horários similares no início da manhã e no final da tarde, e no horário do almoço, em que muitos colaboradores vão almoçar nas regiões próximas ao local de trabalho, o que causa um fluxo de economia local voltada a restaurantes, por exemplo.

Essas movimentações geram relações sociais, trânsito, demandas por meios de transporte, entre outros. Considerando esses fluxos básicos de residências e locais de trabalho, percebe-se a influência que as edificações arquitetônicas, o zoneamento urbano e as organizações causam na dinâmica das cidades.

As empresas na formação da cidade

A história da sociedade moderna revela que várias ideologias e tendências organizacionais surgiram, cada uma acreditando ser capaz de implementar mudanças significativas no mundo. Após o período da Idade Média, com o fim do Feudalismo, passando pelo Iluminismo (séculos 17 e 18), chegando à Revolução Industrial (séc. 19), observaram-se diversas crenças que moldariam e ditariam o modo de vida da sociedade. No entanto Jaime e Lucio (2017) destacam que somente as empresas assumiram destaque mundial sobre a sociedade, influenciando a humanidade de modo inigualável sobre o modo de pensar, agir e viver.

Uma empresa é uma entidade econômica que visa produzir bens ou serviços para atender às necessidades e demandas do mercado. Ela é uma organização formal que reúne recursos como capital, trabalho, matéria-prima e conhecimento para realizar atividades produtivas com o objetivo de gerar lucro (Chiavenato, 2021).

Em termos mais específicos, uma empresa é uma unidade econômica que opera sob uma única gestão, geralmente com um objetivo claro de lucro, mas também pode ter objetivos sociais, espirituais ou comunitários. Ela pode se apresentar para a sociedade sob diferentes formas legais, como: sociedades limitadas, sociedades anônimas, empresas individuais, cooperativas, fundações, associações, institutos, entre outras. Além disso, as empresas desempenham um papel fundamental na economia de um país, gerando empregos, contribuindo para o desenvolvimento tecnológico, pagando impostos e participando do comércio, tanto em nível nacional quanto internacional (Maximiano; Terentim, 2024).

Em suma, uma empresa é uma organização de um grupo de pessoas que agem em coletividade, com um objetivo em comum.

As empresas tiveram sua origem com o surgimento das fábricas durante a Revolução Industrial e, desde então, têm ganhado destaque e poder de influência, especialmente no início do século 20. Filmes e livros de ficção frequentemente retratam um futuro próximo no qual poucas empresas controlam a humanidade. Embora não possamos prever exatamente esse cenário, a realidade é que existem milhares de empresas que oferecem produtos ou serviços à sociedade e desempenham papéis políticos, sociais e culturais influenciando diretamente o ambiente no qual estão inseridos.

De uma forma abrangente, podemos entender que empresas são organizações, ao mesmo tempo que as organizações são muito mais do que somente empresas. A vida em sociedade, e na cidade, transpassa pelas organizações — igrejas, comunidades, clubes, saneamento, escola, comunicação, organização não governamental (ONG), entre outras —, visando atender às diversas necessidades do ser humano. Assim sendo, uma vez que a vida em comunidade se desenrola por meio das estruturas organizacionais, são estas que influenciam a configuração da cidade e os locais de interação, criando uma cultura social, entre outras oportunidades. Partindo dessa premissa, para que uma cidade seja educadora ela necessita de organizações educadoras.

Empresas educadoras

Assim como família, cada empresa é única, concorrente das demais, com sua própria cultura distinta. Elas oferecem benefícios à sociedade como produtos e/ou serviços, geram empregos, utilizam recursos naturais, proporcionando um espaço de relações sociais. Embora apresentem inúmeros benefícios, as empresas trazem diversos ônus ao espaço da cidade no qual estão inseridos como a poluição da natureza, a exploração dos recursos naturais, a distribuição desigual de renda gerando pobreza e exclusão social. Em suma, as empresas interferem diretamente no ecossistema em que estão inseridas.

A multiplicidade de pessoas e de organizações formam o cotidiano, a cultura, e o *savoir faire*[1] da cidade. Embora haja uma relação entre urbanização e industrialização, apontando que as cidades surgiram após a Revolução Industrial, há uma "perspectiva histórica que as primeiras cidades surgiram na Síria, na Mesopotâmia e no Egito, 5 a 6 mil anos atrás, muito antes do crescimento da fábrica moderna" (Brym *et al*, 2006, p. 473). Entretanto, segundo Carlos (2021), são as organizações que determinam o ritmo das cidades.

Quando pensamos numa empresa educadora, pensamos primeiro em uma educação formal, conhecida como acadêmica. Embora essa seja uma forma importante de educação, nas empresas a educação perpassa por situações sociais, de respeito, de ética, de transparência, de proteção ao meio ambiente, da sustentabilidade, entre outros fatores que são apresentados pelas ODS e o ESG.

As empresas, motores da economia urbana, também assumem um papel crucial na construção da cidade educadora. Ao incorporar a responsabilidade social em sua essência, elas se transformam em agentes de mudança social, investindo na educação de seus colaboradores, promovendo o desenvolvimento da comunidade e contribuindo para a construção de um futuro mais justo e equitativo.

Para que as empresas consigam promover a educação e o conhecimento aos seus colaboradores, que após transmitirão para a sua comunidade, é importante contar com o apoio do pedagogo empresarial, um

---

[1] O termo "savoir-faire" é uma expressão francesa que significa "saber fazer" em português. Ele se refere à habilidade prática e ao conhecimento especializado necessários para realizar uma tarefa ou resolver um problema de maneira eficaz.

profissional que, juntamente com a empresa, vai capacitar os seus colaboradores e criar estratégias e ações para a comunidade. O pedagogo dentro de uma empresa pode atuar em diversas atividades e setores.

> Coordenar equipes multidisciplinares no desenvolvimento de projetos; prestar consultoria interna relacionada ao treinamento e desenvolvimento de pessoas; evidenciar formas educacionais para a aprendizagem significativa e sustentável; definir políticas voltadas ao desenvolvimento humano permanente (Claro; Torres, 2012, p. 211).

É mais do que um simples treinamento. O pedagogo se dedica a construir um ambiente propício para o aprendizado contínuo, impulsionando o desenvolvimento profissional e organizacional, e criando as ações sociais para a comunidade.

> É o profissional de educação que, após cuidadoso diagnóstico organizacional, planejará e desenvolverá projetos e programas de capacitação e desenvolvimento para o corpo funcional da organização. Assim, atuando como assessor, consultor, analista ou gerente de recursos humanos, é o educador/pedagogo que fornecerá ao novo líder as ferramentas metodológicas necessárias ao processo de aprendizagem que deve ser desenvolvido no cotidiano do trabalho (Schimit *et al.*, 2012, p. 114).

E como essa parceria entre empresas e o pedagogo pode apresentar êxito, visto que que são locais que apresentam profissionais de diversas áreas, com conhecimentos e técnicas diferentes, como essa relação entre trabalho e educação poderia dar certo? Demerval Saviani explica que "trabalho e educação são atividades especificamente humanas. Isso significa que, rigorosamente falando, apenas o ser humano trabalha e educa" (Saviani, 2007, p. 452).

Somente o ser humano consegue ao mesmo tempo trabalhar e educar pessoas do mesmo ambiente, nesse caso dentro das organizações, mas também toda a comunidade da cidade ao seu redor.

Para que essa parceria desenvolva resultados positivos para uma cidade educadora, em conjunto com os gestores da empresa, o educador empresarial pode desenvolver projetos de diferentes naturezas, todos com o objetivo de promover a educação e o desenvolvimento social. Podem ser desenvolvidos projetos variados, somente aplicados internamente, para seus colaboradores, que poderão refletir o aprendizado na sociedade, ou projetos que envolvam ações sociais para a comunidade. Para entender um pouco sobre o que é um projeto, Júnior explica que: "O projeto não é um aglomerado de informações e ações desconectadas com as atividades das pessoas envolvidas. Muito pelo contrário, tudo deve ser organizado e seguir uma disciplina rígida, amparada em algumas exigências destinadas à obtenção de um bom êxito" (Júnior; 2012, p. 31).

Os projetos internos podem ser de capacitação e desenvolvimento de colaboradores, e/ou programas de conscientização e sensibilização. Muitas empresas aplicam atividades práticas, como a conscientização na separação do lixo, o uso de garrafas de água para não utilizarem o copo descartável, com o intuito que os colaboradores entendam a sua responsabilidade com a sustentabilidade, perante a sociedade. Assim, também como a importância da atividade física, proporcionando aulas de atividade laboral para seus colaboradores durante a jornada de trabalho. Todas essas atividades serão refletidas na sociedade, mudando hábitos ou sendo transmitidas pelos colaboradores a seus familiares e amigos.

A pedagogia empresarial se configura como uma ferramenta estratégica para o desenvolvimento individual, coletivo e organizacional. Fornece conhecimento para a empresa se desenvolver e melhorar o seu desempenho, mas também o trabalho de todos os colaboradores, assim como novas habilidades pessoais e interpessoais.

Ao investir na educação e na promoção da cidadania, as empresas, com o apoio dos educadores empresariais, podem se tornar agentes de transformação social, contribuindo para a construção de cidades educadoras mais prósperas, justas e sustentáveis. Por meio da implementação de projetos inovadores e engajadores, empresas e educadores podem trabalhar em conjunto para impulsionar o desenvolvimento individual e coletivo, construindo um futuro mais promissor para todos.

OSD e ESG nas estratégias organizacionais

Os Objetivos de Desenvolvimento Sustentável, conhecido com ODS, é uma agenda global estabelecida pela Organização das Nações Unidas[2] (ONU) em setembro de 2015, composta de 17 objetivos e 169 metas. O objetivo das ODS é combater a pobreza, a desigualdade, melhorar os índices de educação, de qualidade de vida, entre outros.

---

[2] Disponível em: https://brasil.un.org/pt-br/sdgs. Acesso em: 22 mar. 2024.

Figura 4 – Objetivos de Desenvolvimento Sustentável da ONU

Fonte: Nações Unidas Brasil, 2024

Os ODS foram estabelecidos pela ONU, mas a pergunta que surge é: como realizar essas mudanças na sociedade? Quem são os responsáveis por aprimorar a qualidade de vida? Quem pode proteger o meio ambiente? E contribuir para a redução das desigualdades? Podemos compreender que essa é uma demanda dirigida ao poder público, no entanto vale a reflexão: o que é o poder público senão uma composição de várias organizações? A partir dessa perspectiva, são diversas as formas de organizações que podem promover transformações e educação na cidade.

Embora haja a percepção de que os 17 ODS são independentes, essa visão é equivocada, pois eles são inteiramente interligados, interconectados e complementares. O progresso em um dos objetivos influenciará diretamente no avanço dos outros. Além disso, os ODS são abrangentes, envolvendo os mais diversos países e lutando pela igualdade de gênero, racial, pela distribuição de renda, entre outros aspectos.

Ainda que a agenda dos ODS possa parecer distante da realidade das empresas, ela influencia diretamente no direcionamento das estratégias organizacionais. As empresas estão integrando e incorporando práticas em suas políticas que têm a sustentabilidade como norte. Além disso, a inovação é impulsionada pelo desenvolvimento de produtos e serviços que promovem soluções sustentáveis (Junior; Sampaio; Fernandes, 2016).

Existe também uma preocupação crescente com a ética e transparência das informações, buscando parcerias e colaborações para impulsionar o desenvolvimento com equidade (Souza, 2018). As empresas que adotam essa abordagem envolvem e motivam seus colaboradores a atuarem de forma socialmente responsável. Em muitos momentos, as expressões ODS e ESG parecem distintas, entretanto elas se entrelaçam e estão interconectadas, desempenhando um papel crucial nas estratégias empresariais. A interconexão entre essas duas siglas se torna evidente ao considerar que muitos dos desafios abordados pelos ODS são refletidos nos critérios ESG (Soler; Palermo, 2023).

Conforme Atchabahian (2024, p. 10), a primeira menção a sigla ESG se deu no relatório *Who Cares Wins: Connecting Financial Markets to a Changing World*, elaborado pelo Pacto Global em 2004. A sigla ESG faz referência aos princípios *Environmental, Social e Governance* (em português, ambiental, social e governança corporativa)[3]. A sigla é composta de três pilares que compõem análise e avaliação do desempenho das empresas em termos de responsabilidade social e sustentabilidade, demonstrando compromisso de preservar o meio ambiente, cuidando da parte social, com ética e transparência, por meio das três grandes áreas: ambiental, social e governança.

Ainda, Atchabahian (2024) explica no cenário corporativo atual a sigla ESG (Ambiental, Social e Governança) se destaca como um marco fundamental para o futuro das empresas e do próprio capitalismo global. Essa sigla demonstra preocupações que passam da mera busca por lucros, abrangendo os impactos das atividades empresariais no meio ambiente, na sociedade e na governança corporativa.

> ESG é o conjunto de medidas corporativas voluntárias e/ou regidas por regulação nacional e/ou autorregulação setorial com a finalidade de auxiliar as empresas a serem partícipes de um ideal de sustentabilidade planetária com medidas nas esferas ambiental, social e de governança e que têm por pressuposto uma abordagem proativa baseada em riscos e com a obrigatoriedade de apresentação de resultados efetivamente associados às suas práticas (Atchabahian. 2024, p. 11).

Embora a adoção de medidas ESG ainda seja voluntária por parte das empresas, além do que já é exigido pelas normas nacionais e internacionais, a tendência é que se torne cada vez mais mandatória. A rápida expansão das normas e regulamentações nessa área evidencia essa crescente importância que permitirá a sobrevivência das organizações.

---

[3] Disponível em: https://blog.fiaonline.com.br/esg?utm_source=google&utm_medium=cpc&&hsa_cam=14818593491&hsa_grp=&utm_term=&hsa_ad=&utm_source=google&utm_medium=cpc&&hsa_cam=14818593491&hsa_grp=&utm_term=&hsa_ad=&gad_source=1&gclid=CjwKCAjwwr6wBhBcEiwAfMEQs_O1iOgAiZKIVwSzTTUguESV37gRVZMfQ_Gyyme9TYPH7GojIrSkgxoCYTkQAvD_BwE. Acesso em 4 jul. 2024.

A transformação da cidade por intermédio de organizações que educam

A agenda 2030 das ODS e a responsabilidade empresarial instigada pela ESG promovem a educação e transformação dos colaboradores dentro das organizações. A mudança de comportamento não deve ser restrita a ficar somente dentro da organização. As boas ações devem ser compartilhadas com a sociedade, levando um modelo de atitude com ética e responsabilidade social para toda a sociedade, não apenas moldando as operações empresariais, mas também tendo o poder de transformar as comunidades em que estão inseridas.

Podemos imaginar uma cidade que abraça esses princípios, onde empresas, organizações da sociedade civil e órgãos públicos se unem em prol de um desenvolvimento sustentável e inclusivo. O engajamento das empresas não é apenas uma responsabilidade social, mas também uma oportunidade de gerar impacto positivo na comunidade e no planeta, impulsionando, ao mesmo tempo, o crescimento do negócio.

Essas ações podem ocorrer de diversas maneiras, como a empresa demonstrando compromisso com a educação, por meio de investimentos em programas educacionais, de parcerias com escolas locais, fornecendo recursos e apoios para garantir educação de qualidade. Iniciativas que podem transformar o futuro de crianças, impulsionando o desenvolvimento social e econômico da comunidade. Essas ações demonstram comprometimento com o ODS 4 – Educação de Qualidade.

Também a organização pode proporcionar crescimento e oportunidade de desenvolvimento independentemente do gênero, reduzindo as desigualdades. Um exemplo seria uma empresa de tecnologia (tradicionalmente é ocupada pelo sexo masculino) que lança um programa de capacitação voltado para habilidade digitais para mulheres de baixa renda. Essa ação não somente empodera mulheres, mas reduz as disparidades e promove a inclusão digital, possibilitando a construção de uma sociedade mais justa. Essas ações têm aderência ao ODS 5 – Igualdade de Gênero e ao ODS 10 – Reduzir as desigualdades.

Ainda, um outro exemplo seria uma indústria que implementa políticas de contratação inclusivas, oferecendo oportunidades de emprego para grupos marginalizados, como jovens em situação de vulnerabilidade e pessoas com deficiência, proporcionando um salário justo e condições de trabalho seguras. A organização demonstra compromisso com o ODS 8 – Trabalho digno e crescimento econômico.

Do mesmo modo, uma organização que investe na infraestrutura de qualidade e sustentável está promovendo um espaço de convivência, impulsionando o desenvolvimento social, possibilitando acesso a serviços básicos água, energia, transporte e saneamento. A organização demonstra compromisso com o ODS 9 – Inovação e Infraestrutura.

Da mesma forma, a organização que investe em projetos de mobilidade urbana sustentável, como ciclovias e transporte público eficiente, reduz a emissão de gases de efeito estufa e melhora a qualidade do ar nas cidades. A empresa demonstra preocupação com a qualidade de vida da população e uma cidade mais saudável. Essa iniciativa demonstra o compromisso com o ODS 11 – Cidades e Comunidades Sustentáveis.

Dentre os 17 objetivos, esses são alguns dos exemplos que quando aplicados dentro das organizações podem transformar uma cidade. Nesse contexto podemos imaginar o impacto coletivo se todas as empresas, organizações e entidades públicas trabalhassem em conjunto para alcançar esses objetivos. Haveria uma transformação nas cidades, deixando-as mais inclusivas, sustentáveis, educadas e prósperas.

CONSIDERAÇÕES FINAIS

Observamos com esta análise que há relação e interconexão entre a arquitetura, a pedagogia empresarial e as organizações no processo de formação e transformação da cidade. Essa relação quando bem direcionada, impulsiona o desenvolvimento das cidades e espaços que prezam pela educação como um processo contínuo e multifacetado, capaz de empoderar indivíduos e comunidades.

Nesse contexto, observou-se que os ODS e os princípios ESG assumem um papel fundamental na formação de um futuro mais sustentável e equitativo. Ao integrar esses princípios em seus projetos e práticas, arquitetos, pedagogos e gestores podem contribuir para a criação de cidades mais resilientes, inclusivas e prósperas para todos.

Em suma, a interação entre arquitetura, pedagogia empresarial e organizações, ancorada nos princípios dos ODS e ESG, configura-se como um caminho promissor para a construção de cidades educadoras.

REFERÊNCIAS

AICE, Associação Internacional de Cidades Educadoras. **Carta das Cidades Educadoras**. 2004. Disponível em: https://www.edcities.org/rede-portuguesa/wp-content/uploads/sites/12/2018/09/Carta-das-cidades-educadoras.pdf. Acesso em: 20 mar. 2024.

ATCHABAHIAN, A. C. R. C. **ESG**: teoria e prática para a verdadeira sustentabilidade nos negócios. São Paulo: SRV Editora, 2024.

BRYM, R. *et al.* **Sociologia**: uma bússola para um novo mundo. São Paulo: Thomson Learning, 2006.

CARLOS, A. F. A. **A Cidade**. 9. ed. 6ª reimpressão. São Paulo: Contexto, 2021. (Repensando a geografia).

CHIAVENATO, I. **Teoria Geral da Administração**. v. 1. São Paulo: Grupo GEN, 2021.

CHIZZOTTI, A. **Pesquisa em ciências humanas e sociais**. 8. ed. São Paulo: Cortez, 2006.

CIDADE. *In*: DICIO, **Dicionário Online de Português**. Porto: 7Graus, 2024. Disponível em: https://www.dicio.com.br/cidade/. Acesso em: 17 jul. 2024.

CLARO, J. A. C. S.; TORRES, M. O. F. Pedagogia Empresarial: a atuação dos profissionais da educação na gestão de pessoas. **Revista Contrapontos - Eletrônica**, v. 12 - n. 2, p. 207-216, maio/ago. 2012.

JACOBS, J. **Morte e vida de grandes cidades**. 3. ed. São Paulo: Martins Fontes, 2011.

JAIME, P; LUCIO, F. **Sociologia das organizações**: conceitos, relatos e casos. São Paulo: Cengage, 2017.

JUNIOR, A. P.; SAMPAIO, C. A. C.; FERNANDES, V. **Gestão Empresarial e Sustentabilidade.** São Paulo: Editora Manole, 2016.

JÚNIOR, M. R. de C. **Gestão de Projetos**: da academia à sociedade. Curitiba: Editora Intersaberes, 2012.

MAXIMIANO, A. C. A.; TERENTIM, G. **Teoria Geral da Administração**: da Revolução Urbana à era da Agilidade Organizacional. São Paulo: Grupo GEN, 2024.

ONU, ORGANIZAÇÃO DAS NAÇÕES UNIDAS BRASIL. Disponível em: https://brasil.un.org/pt-br/sdgs. Acesso em: 17 mar. 2024

SAVIANI, D. Trabalho e Educação: fundamentos ontológicos e históricos. **Revista Brasileira de Educação**, v. 12, n. 34, jan./abr. 2007.

SCHMITZ, T. *et al.* **Pedagogia e ambientes não escolares.** Curitiba: Intersaberes, 2012. E-book. Disponível em: https://plataforma.bvirtual.com.br. Acesso em: 20 mar. 2024.

SOLER, F; PALERMO, C. **ESG (ambiental, social e governança)**: da teoria à prática. São Paulo: SRV Editora, 2023.

SOUZA, M. C. G. de. **Conduta Ética Sustentabilidade**. São Paulo: Editora Alta Books, 2018.

VASCONCELOS, P. de A. As Metamorfoses do Conceito de Cidade. **Mercator**, Fortaleza, v. 14, n. 4, Número Especial, p. 17-23, dez. 2015. Disponível em: https://www.scielo.br/j/mercator/a/PjdMPX9Z6QtJxxfMKj3Mdjn/?lang=pt&format=pdf#:~:text=A%20palavra%20cidade%20vem%20do,%E2%80%9D%2C%20que%20tamb%C3%A9m%20significa%20cidade. Acesso em: 12 abr. 2023.

HORTA URBANA: ALTERNATIVA PARA UMA SOCIEDADE SUSTENTÁVEL

Alvaro Crovador
Márcia Cristiane Kravetz Andrade
Sandra Maria Lopes de Souza

INTRODUÇÃO

Para Boff (2017), sustentabilidade enfatiza a ação externa para conservar, manter, proteger, nutrir, alimentar, fazer prosperar, substituir, viver. No campo da ecologia, sustentabilidade representa os procedimentos que tomamos para tornar viável a terra, biomas vivos, protegidos, alimentados de nutrientes e conservados.

Diante dos desafios ambientais e sociais que enfrentamos atualmente, a busca por alternativas que promovam uma sociedade sustentável tornou-se uma prioridade. Assim, surgem diversas iniciativas e práticas que visam conciliar o desenvolvimento humano com a preservação dos recursos naturais e a mitigação dos impactos ambientais. Essas alternativas não apenas oferecem soluções viáveis para os problemas contemporâneos, mas também representam uma oportunidade única de construir um futuro mais equilibrado e resiliente para as próximas gerações.

Como alternativa sustentável, destacando seu potencial transformador e sua contribuição para a construção de uma sociedade sustentável, temos as hortas urbanas, que são exemplos concretos de como é possível integrar práticas agrícolas sustentáveis em ambientes urbanos, proporcionando uma série de benefícios tanto para o meio ambiente quanto para a comunidade local, abrindo espaço para explorar como essas iniciativas podem ser ampliadas e replicadas em diferentes contextos urbanos, contribuindo para um futuro mais resiliente e equitativo.

Assim, o estudo tem como objetivo contribuir com a sustentabilidade ambiental, social e econômica, explorando o potencial das hortas urbanas como uma alternativa sustentável para promover a segurança alimentar, a preservação ambiental e a integração social em ambientes urbanos, analisando assim como essas práticas podem ser ampliadas e replicadas em diferentes contextos urbanos para construir um futuro mais resiliente e equitativo.

CONCEITOS DA SUSTENTABILIDADE

Para autores Fernandes e Philippi Jr. (2017), o termo "sustentabilidade" aborda a conscientização humana sobre a limitação dos recursos naturais. Essa conscientização surgiu como resultado de um processo político e social que destacou vários aspectos no âmbito do desenvolvimento. Isso inclui a compreensão dos limites da biosfera, a necessidade de solidariedade tanto com as gerações atuais quanto com as futuras, o acesso universal à saúde e educação básica, e o respeito às tradições e instituições. Esses aspectos estão inseridos em duas dimensões interligadas: a relação entre sociedade e natureza e a interconexão entre as escalas local e global. Ou seja, ao longo do tempo, a sustentabilidade evoluiu de uma preocupação ambiental para uma abordagem integrada que reconhece a interdependência entre os sistemas natural, social e econômico, e busca promover o desenvolvimento que atenda às necessidades do presente sem comprometer as oportunidades das futuras gerações, sendo um conceito amplo e complexo, que abrange diversas dimensões e aspectos.

Para Jacobi (2003), considerar a complexidade ambiental oferece uma valiosa chance de entender o surgimento de novos agentes sociais engajados na interação com o meio ambiente, em um processo educacional integrado e comprometido com a sustentabilidade e a participação, baseado em um modelo que enfatiza o diálogo e a interconexão entre diferentes campos de conhecimento. Ao mesmo tempo, isso também questiona os valores e as premissas subjacentes às práticas sociais predominantes, implicando uma mudança na mentalidade e uma transformação no conhecimento e nas abordagens educacionais.

Os especialistas em sustentabilidade estão cientes de que as várias definições de desenvolvimento sustentável geralmente apresentam uma ênfase desigual nos três pilares da sustentabilidade — econômico, ambiental e social, conhecidos como a *Triple Bottom Line*. Isso ocorre porque muitas vezes seguem a tendência de favorecer o conhecimento principal do campo de pesquisa de quem propõe uma nova definição ou debate uma já existente (Souza, 2016).

CIDADES EDUCADORAS: EXPERIÊNCIAS E POSSIBILIDADES

Segundo Edwards (2012), a questão da sustentabilidade representa um grande desafio para a humanidade, exigindo uma reflexão e tomada de decisões em contextos cada vez mais abrangentes. Isso implica não apenas considerar o bem-estar individual ou o progresso de uma determinada cultura, sociedade ou nação, mas sim buscar melhorias que beneficiem toda a humanidade sem prejudicar as gerações futuras. Além disso, a sustentabilidade nos obriga a pensar não apenas no presente, mas também no futuro, garantindo que as escolhas feitas hoje não acarretem custos ou impactos negativos para as próximas gerações.

Os discursos sobre sustentabilidade enfatizam a preservação dos recursos naturais para as atuais e futuras gerações, visando a uma gestão responsável desses recursos, reconhecendo a interdependência entre ambiente, economia e sociedade, buscando um equilíbrio sustentável para promover um desenvolvimento duradouro e benéfico para todos.

O QUE É UMA SOCIEDADE SUSTENTÁVEL: BEM-ESTAR HUMANO E AMBIENTAL

Segundo Mawhinney (2005), uma sociedade sustentável é estruturada de forma que seus habitantes possam atender às suas próprias necessidades e melhorar seu bem-estar sem causar danos ao meio ambiente ou ameaçar o sustento de outras pessoas, seja no presente ou no futuro. Em outras palavras, é uma sociedade que busca o equilíbrio entre os aspectos econômicos, sociais e ambientais do desenvolvimento, garantindo que o progresso atual não prejudique o bem-estar e a qualidade de vida das gerações futuras.

Adinyira *et al.* (2007) afirmam que a sustentabilidade urbana é um cenário ideal de circunstâncias urbanas que perdura ao longo do tempo. Isso implica frequentemente certos elementos, como justiça entre gerações e dentro de uma mesma geração, preservação do meio ambiente natural, redução do uso de recursos não renováveis, prosperidade econômica variada, coesão comunitária, bem-estar individual e atendimento das necessidades humanas fundamentais.

Uma sociedade sustentável pode ser caracterizada por diversas práticas, valores e ações que promovem a conservação dos recursos naturais, a equidade social e a proteção do meio ambiente. Alguns dos aspectos de uma sociedade sustentável podem incluir:

- Uso responsável dos recursos: usa os recursos naturais de forma responsável, evitando o desperdício e adotando práticas de produção e consumo consciente;

- Preservação do meio ambiente: prioriza a proteção e a conservação dos ecossistemas naturais, promovendo a biodiversidade, reduzindo a poluição e mitigando os impactos das mudanças climáticas;

- Equidade e justiça social: busca garantir igualdade de oportunidades, acesso aos serviços básicos, proteção dos direitos humanos e distribuição justa dos benefícios e ônus do desenvolvimento entre todos os membros da sociedade;

- Economia sustentável: promove o desenvolvimento econômico respeitando os limites ambientais e a contribuindo para o bem-estar humano, criando empregos, distribuindo renda de forma justa e incentivando a inovação;

- Participação e engajamento: incentivo a participação dos cidadãos na tomada de decisões e na formulação de políticas públicas, promovendo a transparência, a prestação de contas e a democracia participativa;

- Educação e conscientização: valoriza a educação para a sustentabilidade, promovendo a conscientização ambiental e o desenvolvimento de habilidades para a cidadania ativa e responsável.

A sociedade sustentável consegue reconhecer a interdependência entre os sistemas natural, social e econômico, buscando alcançar o equilíbrio dinâmico entre esses sistemas, entendendo que a degradação ambiental pode ter impactos negativos diretos sobre a qualidade de vida das comunidades e vice-versa.

Aqui estão algumas situações pelas quais a sustentabilidade contribui para o bem-estar humano e ambiental: Saúde e Qualidade de Vida, Segurança Alimentar e Nutricional, Segurança Hídrica, Habitat e Moradia adequada, Resiliência às Mudanças Climáticas, Equidade Social e Justiça Ambiental. Em suma, a sustentabilidade para o bem-estar humano e ambiental busca garantir que as necessidades sejam atendidas sem comprometer a capacidade.

GOVERNANÇA E POLÍTICAS PÚBLICAS SUSTENTÁVEIS

Para Silva e Borges (2023), a globalização é um fenômeno que exerce uma pressão significativa sobre a sociedade, influenciando diretamente o estilo de vida e os padrões de consumo da população, o que resulta em impactos ambientais consideráveis. Além disso, a exclusão social e a falta de oportunidades para aqueles que não têm suas necessidades básicas atendidas representam desafios para as políticas de governança, uma vez que todos têm direito a desfrutar de um ambiente ecologicamente saudável.

Segundo Souza (2016), existe a expectativa de que os líderes governamentais possuam os recursos, habilidades e sensibilidade necessários para entender e atender aos interesses e necessidades da comunidade. Essa estrutura governamental deve buscar a estabilidade política e reduzir as desigualdades econômicas e sociais, visando ao bem-estar da sociedade, assim uma cidade sustentável é vista como uma sociedade democrática. Por isso, destaca-se a importância da proteção do meio ambiente como uma obrigação fundamental, não apenas devido às implicações econômicas, sociais e culturais, mas também como um compromisso ético. Essa responsabilidade não se limita à prevenção da degradação ambiental, mas também envolve ações proativas dos cidadãos, como o plantio de árvores, a reciclagem de lixo e o consumo consciente de recursos. Essa abordagem positiva só é possível quando se reconhece a humanidade como parte integrante da natureza.

Com isso, as políticas públicas que envolvem a governança no Brasil começam a ser criadas e aplicadas por uma demanda da população, trazendo à tona as dificuldades de ordem social, econômica e ambiental, exigindo dos governantes formulação de políticas públicas, possibilitando a comunicação entre sociedade e governos, transparência e controle nas ações governamentais.

Para Sales e Selva (2023), no que refere à problemática ambiental, é responsabilidade do Estado a intervenção na forma de políticas públicas, a fim de gerenciar a utilização dos recursos naturais quanto à forma de exploração e utilização dos recursos naturais, para evitar danos como a contaminação das águas, solo e ar e a desertificação.

Destacando que Seixas *et al.* (2020) traz que o maior propósito da governança ambiental está em mobilizar esforços em torno dos Objetivos de Desenvolvimento Sustentável (ODS) para erradicação da pobreza, proteção do meio ambiente e inclusão social. Silva e Borges (2023) ressaltam que os Objetivos de Desenvolvimento Sustentável (ODS) podem ser integrados às políticas públicas municipais por meio dos Planos Plurianuais (PPA), tanto em relação aos órgãos governamentais que executam as ações quanto às metas estabelecidas na Agenda 2030. Dessa forma, essas ações contribuirão para o progresso em direção aos objetivos estabelecidos, promovendo assim melhorias na qualidade de vida da população.

Uma temática que vem ganhando evidência a cada dia é a prática da responsabilidade social, impondo novos desafios na gestão empresarial, em que as empresas são estimuladas a adotar uma nova postura ligada à ética e à qualidade de seus *stakeholders*[4], e o ramo da agricultura sustentável está incluída (Kasper *et al.*, 2023).

Em pesquisa realizada em Portugal por Abreu (2023), entre os constantes desafios que afetam a população mundial, é imprescindível assegurar a alimentação, sem comprometer a capacidade das gerações futuras, que recai sobre o conceito de desenvolvimento sustentável no setor agrícola, e trazendo variadas tecnologias e práticas inteligentes e inovadoras, baseando boas práticas em nível social, econômico e ambiental, na busca dos Objetivos de Desenvolvimento Sustentável – ODS.

Para tanto, alguns desejos da sociedade apareceram, especialmente referente a políticas públicas sobre produção de alimentos. E a Governança surge como uma poderosa ferramenta de gestão de forma colaborativa, atribuindo responsabilidades tanto para a sociedade como para o poder público.

O papel das políticas públicas de alimentação, ainda limitado no que se refere à agricultura urbana, é patente para promover o fortalecimento do trabalho de agricultores e gestores públicos engajados nas iniciativas que já apontam o potencial de crescimento dessa forma de produzir alimentos (Domene, 2023).

Para Benedicto *et al.* (2020), dentro da complexidade do mundo contemporâneo, especialmente no contexto da sustentabilidade, requer a implementação de políticas públicas, voltadas a programas educacionais e de pesquisa interdisciplinares. Esses programas visam cultivar uma nova mentalidade e preparar profissionais comprometidos com a reconstrução da sociedade em diversas dimensões: econômica, ambiental, social, cultural, territorial (espacial), tecnológica e política.

---

[4] *Stakeholders*: Qualquer pessoa que participe, ativa ou passivamente, dos resultados da ação de uma entidade ou organização. (Menezes, 2020, p. 49).

ALTERNATIVAS SUSTENTÁVEIS

As alternativas sustentáveis são soluções, práticas ou tecnologias que visam atender às necessidades atuais sem comprometer a capacidade das gerações futuras de atenderem às suas próprias necessidades. Em outras palavras, são formas de agir, produzir, consumir e viver que minimizam o impacto negativo no meio ambiente, na sociedade e na economia, promovendo o equilíbrio entre esses três pilares.

Essas alternativas podem abranger uma ampla gama de áreas, desde energia renovável, transporte sustentável, agricultura orgânica, até práticas de consumo consciente, reciclagem e reutilização de recursos. Elas frequentemente envolvem a adoção de tecnologias limpas, o uso eficiente de recursos naturais, a redução de emissões de gases de efeito estufa, a preservação da biodiversidade, o respeito aos direitos humanos e trabalhistas, entre outros aspectos.

Além disso, as alternativas sustentáveis muitas vezes promovem uma abordagem holística, integrando diferentes aspectos da sustentabilidade em um único sistema ou prática. Por exemplo, um sistema de transporte público baseado em energia renovável não apenas reduz as emissões de carbono, mas também melhora a qualidade do ar, reduz o congestionamento e promove a equidade social ao fornecer acesso igualitário a serviços de mobilidade.

Na agricultura, algumas alternativas sustentáveis, como agricultura sustentável, prática agrícola sustentável e agricultura orgânica, compartilham o compromisso de promover práticas que equilibram a produção de alimentos com a conservação dos recursos naturais e a redução dos impactos ambientais. Elas buscam sistemas agrícolas mais resilientes, que respeitem os limites ecológicos e promovam a saúde do solo, da água e da biodiversidade.

AGRICULTURA E PRÁTICA AGRÍCOLA SUSTENTÁVEL E AGRICULTURA ORGÂNICA

Em meados do século 18, surgiu na Inglaterra o progressivo crescimento populacional; para tanto, há a necessidade de criação de espaços destinados ao cultivo nas cidades, com a finalidade de combater a escassez de alimentos. Com o advento da crescente industrialização no século 19, houve uma concentração dos espaços urbanos e, junto, a destinação de espaços para cultivo, especialmente, ao redor das indústrias (Teixeira, 2016).

Com o aumento da população mundial e brasileira, surge a preocupação de como suprir as necessidades básicas alimentares, produção e consumo de alimentos, preservação ambiental. A previsão da população mundial em 2050 será de aproximadamente 9 bilhões e 400 milhões; no Brasil, aproximadamente 231 milhões.

No Brasil existe o Projeto de Lei 3141/2021, do Deputado Luiz Nishimori (PR), que institui o Plano Nacional de Incentivo a Hortas Residenciais e Comunitárias, tendo como justificativas do projeto:

> Visa instituir o Programa Nacional de Incentivo a hortas Residenciais e Comunitárias com o objetivo de possibilitar a economia de despesas com alimentação no orçamento familiar, assim como a melhora nutrição e qualidade de vida da população; cultivar uma horta em casa é sinônimo de saúde, melhora a qualidade da alimentação e assegura a oferta legumes, frutas, verduras e hortaliças frescas na mesa das famílias, que muitas vezes não têm condições de acesso a esses produtos.

No Brasil alguns estudos estão surgindo a respeito da agricultura sustentável em áreas urbanas. A exemplo do município de Maringá, no estado do Paraná (Matos *et al.*, 2023), em pesquisas sobre o grau de conhecimento dos indivíduos sobre produção de produtos convencionais e orgânicos, mostrou-se satisfatório, porém foram evidenciados alguns desconhecimentos sobre o assunto, mostrando a necessidade de efetivar políticas públicas, educação ambiental, divulgar o cultivo de produto orgânico e seus benefícios tanto para a saúde quanto para a sociedade.

A questão sobre produção de alimentos para suprir o problema social no Brasil permeia as políticas públicas sustentáveis, que muitas vezes não conseguem atender a grande parcela da população que anseia por alimentos mais saudáveis, trabalho e saneamento básico a curto prazo (Fontolan, *et al.*, 2022).

A Organização das Nações Unidas (ONU) elaborou em 2015 o documento Transformando Nosso Mundo: A Agenda 2030 para o Desenvolvimento Sustentável, elaborado pela ONU, e elegeu 17 objetivos que equilibram os pilares do desenvolvimento sustentável. Sendo que alguns desses objetivos são pertinentes ao tema desenvolvido. O ODS 2 – Fome Zero e

Agricultura Sustentável tem como metas acabar com a pobreza e com a fome, promover a agricultura sustentável e garantir segurança alimentar e nutrição, assegurando uma vida saudável e promovendo o bem-estar.

Corroborando os princípios da ONU, Vieira e Quintela (2023), segundo o ODS 2 – Fome Zero, aborda os desafios quanto ao combate à fome pela sociedade. Considerando o aumento populacional até 2050, o progresso da Agricultura Sustentável é um dos gargalos cruciais, sendo essencial acompanhar e intensificar tanto o conhecimento científico como o desenvolvimento tecnológico.

Para efetivar a agricultura sustentável, é importante que tenha uma sinergia com políticas públicas, de acordo com Serviço Brasileiro de Apoio às Micro e Pequenas Empresas (Sebrae, 2008), políticas públicas são um conjunto de ações, metas e planos que os governos — nacionais, estaduais ou municipais — traçam para alcançar o bem-estar e o interesse público.

Uma nova tendência sobre a agricultura urbana se mostra atual: a sociedade 5.0, que visa promover a qualidade de vida e o bem-estar dos cidadãos reduzindo as desigualdades e promovendo a sustentabilidade com o suporte de tecnologias existentes, mas centrado no ser humano e na busca por soluções valiosas para a vida das pessoas (Ferreira, 2022).

Práticas agrícolas sustentáveis

Várias são as práticas agrícolas sustentáveis. Utilizadas em diversas partes do mundo, algumas tornam-se mais críticas para a produção e distribuição dos bens produzidos, considerando o custo-benefício, tendo como objetivo a promoção dos desenvolvimentos local e ambiental, social e econômico, que levam ao desenvolvimento sustentável (Oliveira; Fajardo, 2023).

Porém existem também práticas insustentáveis que infelizmente ainda são praticadas. A exemplo da queima de resíduos, desmatamento, uso excessivo de agrotóxicos e fertilizantes, uso indiscriminado de água e solo, todas essas práticas representam ameaças ao meio ambiente e a toda a sociedade (Barbosa, 2024).

O crescimento populacional mundial traz a preocupação quanto ao suprimento e produção de alimento, e com isso surgem tecnologias inovadoras para auxiliar o setor agrícola no monitoramento ambiental da escassez de água mundial, proposto por Gomes e Rossi (2021), na utilização da internet das coisas (IoT), por meio de um sistema composto por sensores como uma solução alternativa. Os pesquisadores seguem ainda citando que os pequenos agricultores geralmente não dispõem de grandes extensões de terras e contam com condições muitas vezes precárias de trabalho e ainda sujeitos a variações climáticas, o que os deixa vulneráveis ao resultado na produção, confirmando assim a necessidade de tecnologias inovadoras acessíveis ao pequeno produtor.

No estado da Paraíba – Brasil, foi realizado pesquisa (Da Silva, 2023) com estudantes para conhecer sobre a fome no mundo, causas, consequências e práticas desenvolvidas no local, com a finalidade de buscar alternativas de práticas sustentáveis e viáveis. Isso resultou na criação de hortas urbanas na comunidade local, gerando incentivos à reutilização de restos de frutas para produção de doces e restos de alimentos para compostagem e adubo orgânico, processo de germinação de sementes, caracterizando assim não só a sustentabilidade como também a educação ambiental no ambiente escolar.

Hortas urbanas – origens

Dizem que o homem deixou de ser nômade quando parou para cultivar alimentos ao invés de ser apenas um coletor. Isso ocorreu, provavelmente, no Período Mesolítico, que foi a transição entre os períodos Paleolítico e Neolítico, correspondente aos anos 10 mil a 8 mil a.C. Segundo Mazoyer e Roudart (2010), os primeiros sistemas de cultivo surgiram nesse período ao redor de onde os grupos se fixavam.

Com o advento da agricultura, foi possível a convivência em grupos maiores e mais organizados. Deixando de ser nômades, nossos antepassados puderam se organizar em vilas e cidades. Isso tornou possível o crescimento da civilização, pois o alimento estava mais abundante e mais concentrado próximo aos grandes centros que iam surgindo.

Muitas civilizações se estabeleceram ao lado de rios porque ali era mais propícia à agricultura. Conforme Moraes (2011, p. 62), Heródoto disse "O Egito é um presente do Nilo", pois as cheias proporcionavam um solo fértil às suas agriculturas. Talvez esse seja o maior exemplo de uma comunidade que se estabeleceu e evolui tendo seu cultivo próximo à cidade. Jardins agroflorestais também eram desenvolvidos pelos gregos, romanos, bizantinos e persas.

Mas aqui mesmo em nosso continente também podemos citar civilizações que adotaram o mesmo processo de cultivar nos arredores de suas cidades. Talvez a principal seja os Incas, na cidade Machu Pichu. A 2.350 m de altitude, os Incas cultivavam em curvas de nível ao redor da cidade. Essas curvas de nível eram chamadas de patamares. De acordo com Escobedo e de Andrade (2013, p. 65), esses patamares tinham alta tecnologia e algumas funções:

> Existem vários fatores que prejudicam as terras cultiváveis nas sociedades próximas à Cordilheira dos Andes, como por exemplo, a elevada inclinação das terras, e a perda rápida de nutrientes e de camada agrícola devido a velocidade com que as chuvas são escoadas. Como solução para esses fatores foram construídos terraços acompanhados por canais que em conjunto assumem o nome de Andenes. O sistema de fachadas de pedra que contornam as plataformas tem funções muito importantes como: amenizar as temperaturas; reter as águas que chegam aos terraços; armazenar por um período maior o calor em comparação das terras secas; e aliviar a produção no período de geadas prolongando assim, a temporada de cultivo em maiores altitudes. Além disso, os andenes também diminuem os deslizamentos de terra e de erosão. A presença dos terraços nas cidades pré-hispânicas tinha uma ligação direta com o urbano, assumindo-se, assim, uma situação de complementaridade. Machu Picchu expressa muito bem esse diálogo do rural com o urbano, bem como ambos com o meio natural.

A grande mudança na agricultura acontece com a Revolução Industrial. No livro *A era das revoluções*, Hobsbawn (2007) mostra como a produção agrícola na era pré-industrial era ineficaz. Porém a Revolução Industrial enfraquece a agricultura familiar e coletiva, pois as inovações tecnológicas conseguem aumentar a produção e dirigir os produtos ao mercado. Assim, o que era produzido em pequenas comunidades passa a ser produzido em larga escala por poucos.

Hortas urbanas e sua importância para a sociedade

Fizemos alguns (na verdade muitos) saltos na história, para mostrar como evoluiu a agricultura, sempre ao redor das comunidades até o advento da Revolução Industrial. Porém mesmo após a Revolução Industrial há relatos que não podem ser deixados de mencionar. Um deles é referente à Primeira Guerra Mundial:

> Na primeira metade do século XX, a história das hortas urbanas está ligada às grandes guerras, durante as quais as cidades tiveram que se adaptar à falta de recursos e introduzir nelas processos produtivos para se abastecerem de bens essenciais. Neste momento, a agricultura urbana é um meio de subsistência e ao mesmo tempo cumpre uma função patriótica, promovendo a colaboração de toda a sociedade na manutenção da economia de guerra. A dificuldade de importação de alimentos devido à insegurança no transporte de longa distância torna o cultivo dentro das cidades e em ambientes próximos essencial para a subsistência urbana (Morán; Hernández, 2011, p. 3).

Após curto período de paz, o mundo viu-se envolto em uma segunda grande guerra. Durante a Segunda Guerra Mundial, alguns países criaram campanhas para promover a agricultura urbana.

> Na primeira metade do século XX a UA aparece ligada às guerras mundiais, a sua função é de subsistência e patriótica, apoiando a economia de guerra e os processos do pós-guerra. São desenvolvidos programas e campanhas governamentais para promover a agricultura urbana, como Dig for Victory na Grã-Bretanha ou Victory Gardens nos Estados Unidos (Morán, 2011, p. 1).

Entendemos que essas campanhas foram deveras importantes para manter abastecidas de alimentos as comunidades em seus arredores, visto que as batalhas nos mares dificultavam o transporte via navios, bem como a ocupação pelos nazistas em vários países impedia a produção em larga escala.

O fim da Segunda Guerra Mundial trouxe novo período de paz ao planeta, mas com a corrida das armas nucleares iniciou-se a chamada Guerra Fria. Um dos países que sofreu com esse período foi Cuba. Com embargos a disponibilidade de alimentos diminuiu drasticamente, e a solução mais uma vez foram a hortas urbanas: "Na cidade de Havana, as hortas populares ocupam jardins, varandas, terraços ou lotes cedidos pela comunidade, fornecem alimentos aos jardineiros e às escolas e lanchonetes dos bairros, e destinam o restante da produção ao autoconsumo e à venda nos mercados" (Morán, 2011, p. 7).

Esse contexto nos mostra que a Humanidade evoluiu a partir da agricultura em seu entorno, e em momentos de dificuldades a agricultura urbana garantiu o sustento das comunidades.

Assim chegamos ao nosso conceito de agricultura urbana: é a produção agrícola e ecológica de alimentos nas cidades, aproveitando as áreas ociosas urbanas e próximas para promover uma produção sustentável com processamento e comercialização de alimentos saudáveis. E aqui quando falamos de alimentos saudáveis a questão não é dizer que hortaliças, legumes e outros vegetais não sejam saudáveis. Todos sabemos da importância do consumo destes. A questão é que, ao produzirmos alimentos nesse formato, estamos garantindo a sua qualidade, sem ter nenhum tipo de pesticida. E do todo relatado acima, podemos dizer que atualmente as hortas urbanas surgem como opção para a garantia da segurança alimentar nos momentos de crises sociais e econômicas. Isso nos mostra o quão adaptável é a sociedade.

Logo, entre os benefícios das hortas urbanas podemos citar que, além de fornecerem um complemento alimentar às famílias, elas nos fornecem uma alimentação saudável, sem agrotóxico, fresco, evitando desperdício, pois retiramos apenas a quantidade que será consumida. Estudos ainda mostram que isso também ajuda na saúde física e saúde mental, pois estamos nos movimentando, corpo e mente.

O retrato das hortas urbanas no Brasil e em Curitiba em particular

No Brasil existem vários programas de incentivos a hortas urbanas e comunitárias, como do próprio Governo Federal (Brasil, 2023) como a lei de 7 de fevereiro de 2018, que permite levantar recursos financeiros de apoio à produção.

Recentemente, em 13 de setembro de 2023, foi elaborado o Programa Nacional de Agricultura Urbana e Periurbana. Nesse programa já consta um edital, com aporte de R$ 7 milhões para incentivo à agricultura urbana. Nas palavras do ministro do Desenvolvimento Agrário, Paulo Teixeira, durante o lançamento do programa "Em 1970, nós éramos uma população rural, e agora somos urbanos. Precisamos recuperar essa cultura alimentar do povo brasileiro".

Falamos de programas do Governo Federal, mas se trouxermos para o estado do Paraná temos vários cases de sucesso, como o programa da Copel (Companhia Paranaense de Energia), que consiste na viabilização de hortas comunitárias em imóveis sob suas linhas de transmissão de energia. Essa área ociosa é assim ocupada por hortas da população loca. A Copel, em parceria com as prefeituras municipais, transforma essas áreas ociosas em áreas produtivas. Além do conhecimento técnico e subsídios para o plantio, também são feitos cursos de segurança, uma vez que estão sobre linhas de alta tensão.

Diversas prefeituras também têm programas semelhantes. A Prefeitura de Curitiba (Curitiba, 2024), por meio da Secretaria Municipal de Segurança Alimentar e Nutricional, tem três programas: Hortas Comunitárias Urbanas, Hortas Escolares, Hortas Institucionais e a Fazenda Urbana de Curitiba.

DESAFIOS FUTUROS E OPORTUNIDADES

Vimos que a agricultura fez parte da evolução da Humanidade e em seus momentos difíceis atuou como um socorro. Hoje temos projetos governamentais e também de iniciativa privada que incentivam a agricultura urbana. Porém não devemos esperar apenas por esses incentivos para iniciar uma horta urbana. Aqui no Brasil, por exemplo, temos vários casos de sucesso de hortas urbanas. Talvez o mais famoso seja a do terraço do Shopping Eldorado, em São Paulo. No terraço é ocupado um espaço de 5 mil m² com uma horta. Ali são depositadas 60 toneladas por mês de composto orgânico, gerado pelo próprio shopping. Neste case de sucesso, podemos relacionar vários benefícios: redução de lixo orgânico produzido; redução no custo de energia, pois com um "telhado verde" a temperatura no andar abaixo reduziu em 6 °C; a produção e consumo de hortaliças, legumes, temperos, ervas é utilizada pelo próprio shopping e outra parte é doada à população.

As possibilidades de uma horta urbana são muitas, desde uma simples floreira em uma sacada de apartamento, ocupação de um espaço ocioso em uma creche, escola, igreja etc., ou mesmo em residências com um espaço maior. Uma horta urbana, como a da foto abaixo, tem capacidade de produção de vários tipos de hortaliças e legumes, como cenoura, beterraba, batata-doce, couve, tomate cereja, salsinha, cebolinha, alho-poró, entre muitos outros. O suficiente para duas pessoas. A estrutura montada (Figura 1) no ano de 2023 teve um custo de R$ 1.800,00. Foram quatro dias de trabalho entre preparo do terreno, fixação dos postes e amarração da tela. Uma estrutura semelhante se fosse comprada, à mesma época, teria um custo de R$ 8.000,00. A estrutura, além do benefício do cultivo sem agrotóxico, é protegida de aves e ainda de intempéries, como chuvas de granizo, conforme foto abaixo (Figura 2).

Esperamos que este capítulo possa incentivar os leitores a esse tipo de produção agroecológica, em qualquer escala que seja.

Figura 5 – Estufa montada

Fonte: Álvaro Crovador (2024)

Figura 6 – Resistência à chuva de granizo

Fonte: Álvaro Crovador (2024)

CONCLUSÕES

A ampla variedade de cidades e contextos urbanos torna a busca pela sustentabilidade um desafio complexo. Nesse sentido, a importância dos estudos locais é evidenciada, em comparação com as simples aplicações de abordagens globais em cidades com características distintas. A complexidade e a diversidade das cidades, bem como suas interações internas, representam os principais obstáculos para analisar e alcançar a sustentabilidade e o desenvolvimento sustentável.

Uma sociedade mais democrática, com políticas públicas equitativas e educação de qualidade, aliadas a uma boa qualidade de vida para seus cidadãos, é mais fácil de ser administrada. Indivíduos que recebem educação adequada e têm apoio do governo tendem a se adaptar melhor às mudanças de padrão, mesmo que expressem questionamentos em busca das melhores alternativas, e assim o conceito de sustentabilidade pode ser implementado com sucesso.

REFERÊNCIAS

ABREU, J. D. L. **Transformação digital para uma agricultura sustentável.** Dissertação (Mestrado em Gestão de Sistemas de Informação) – Instituto Universitário de Lisboa – Iscte, 2023. Disponível em: https://repositorio.iscte-iul.pt/handle/10071/30554. Acesso em: 14 abr. 2024.

ADINYIRA, E.; OTENG-SEIFAH, S.; ADJEI-KUMI, T. A review of urban sustainability assessment methodologies. **International conference on whole life urban sustainability and its assessment.** p. 189-212, 2007, Glasgow. Anais International conference on whole life urban sustainability and its assessment. Disponível em https://www.researchgate.net/publication/236144426_A_Review_of_Urban_Sustainability_Assessment_Methodologies. Acesso em: 24 abr. 2024.

BARBOSA, M. W. Government Support Mechanisms for Sustainable Agriculture: A Systematic Literature Review and Future Research Agenda. **Sustainability,** v. 16, n. 5, p. 2185, 2024. Disponível em: https://doi.org/10.3390/su16052185. Acesso em: 1 abr. 2024.

BENEDICTO, S. C. de et al. Sustentabilidade: um fenômeno multifacetário que requer um diálogo interdisciplinar. **Sustentabilidade**: diálogos interdisciplinares | 1 | e205168 | 2020. Disponível em: https://seer.sis.puc-campinas.edu.br/sustentabilidade/article/view/5168/3103. Acesso em: 24 abr. 2024.

BOFF, L. **Sustentabilidade**: o que é – o que não é. Petrópolis/RJ: Editora Vozes, 2017.

BRASIL. Projeto de Lei n.º 3141, de 8 de setembro de 2021. Institui o Plano Nacional de Incentivo a Hortas Residenciais e Comunitárias. Brasília: Câmara dos Deputados, 2021. **Diário Oficial da União.** Câmara dos Deputados. Disponível em: https://www.camara.leg.br/proposicoesWeb/prop_mostrarintegra?codteor=2072673. Acesso em:14 abr. 2024.

BRASIL. Ministério do Meio Ambiente e Mudança do Clima. Governo lança Programa Nacional de Agricultura Urbana e Periurbana. **Gov.br**, 14 set. 2023. Disponível em: https://www.gov.br/mma/pt-br/noticias/governo-federal-lanca-programa-nacional-de-agricultura-urbana-e-periurbana. Acesso em: 19 de abr. de 2024.

CURITIBA. Prefeitura Municipal de Curitiba. **Alimentação**: Agricultura Urbana. Disponível em: https://www.curitiba.pr.gov.br/servicos/agricultura-urbana/714. Acesso em: 18 de abr. de 2024.

DA SILVA, A. C. R. **Relato de Experiência da Eletiva de Geografia sobre a Fome no Mundo e Práticas Agrícolas Sustentáveis como Possíveis Soluções dos ODS.** Disponível em: https://www.editorarealize.com.br/editora/anais/conedu/2023/TRABALHO_COMPLETO_EV185_MD1_ID14502_TB7313_10122023231524.pdf. Acesso em: 14 abr. 2024.

DOMENE, S. *et al.* Alimentação Saudável, Agricultura Urbana e Familiar. **Estudos Avançados**, v. 37, p. 207-226, 2023. Disponível em: https://doi.org/10.1590/s0103-4014.2023.37109.013. Acesso em: 1 abr. 2024.

EDWARDS, K. E. Moving beyond green: sustainable development toward healthy environments, social justice, and strong economies. **New Directions for Student Services**, 137, p. 19-28, 2012. Disponível em: https://doi.org/10.1002/ss.20011. Acesso em: 24 abr. 2024

ESCOBEDO, M. A.; DE ANDRADE, L. M. S. *In*: Encontro Latino-americano de Edificações e Comunidades Sustentáveis. **Anais** [...] Curitiba: ELECS, 2013.

FERNANDES, V.; PHILIPPI JR., A. Sustainability Sciences: Political and Epistemological Approaches. *In*: FRODEMAN, Robert (ed.). **The Oxford Handbook of Interdisciplinarity**. 2. ed. Oxford Handbooks. Oxford: Oxford University Press, 2017. Disponível em: https://doi.org/10.1093/oxfordhb/9780198733522.013.30. Acesso em: 19 abr. 2024.

FERREIRA, A. C. D.; TITOTTO, S. L. M. C.; AKKARI, A. C. S. Agricultura urbana 5.0: Uma abordagem exploratória do sistema alimentar numa sociedade superinteligente. **Revista Internacional de Ciências Matemáticas, de Engenharia e de Gestão**, v. 4, p. 455, 2022. Disponível em: https://doi.org/10.33889/IJMEMS.2022.7.4.030. Acesso em: 14 abr. 2024.

FONTOLAN, M. V. *et al.* ODS 2: Fome Zero e agricultura sustentável no contexto rural. **Segurança Alimentar e Nutricional**, v. 29, p. e022004-e022004, 2022. Disponível em: https://periodicos.sbu.unicamp.br/ojs/index.php/san/article/view/8665666. Acesso em: 1 abr. 2024.

GOMES, T. M.; ROSSI, F. **Água e solo na agricultura sustentável.** Pirassununga: Faculdade de Zootecnia e Engenharia de Alimentos da Universidade de São Paulo, 2021. Disponível em: https://doi.org/10.11606/9786587023168. Acesso em: 14 abr. 2024.

HOBSBAWN, E. **A era das revoluções (1789-1848)**. São Paulo: Paz e Terra, 2007.

JACOBI, P. Educação ambiental, cidadania e sustentabilidade. **Cadernos de pesquisa,** p. 189-206, 2003. Disponível em: https://www.scielo.br/j/cp/a/kJbk-FbyJtmCrfTmfHxktgnt/?format=pdf&lang=pt. Acesso em: 24 abr. 2024.

KASPER, L. *et al*. Responsabilidade social corporativa no ramo da agricultura sustentável. **Navus – Revista de Gestão e Tecnologia**, v. 13, p. 1-18, 2023. Disponível em: https://doi.org/10.22279/navus.v13.1824. Acesso em: 14 abr. 2024.

MATOS, N. C. S. *et al*. Percepção de agricultura sustentável no município de Maringá, Paraná, Brasil. **Interações**, Campo Grande, v. 22, p. 243-262, 2021. Disponível em: https://www.scielo.br/j/inter/a/59ZDtVmVcFJGVTmWzXvqHBD/. Acesso em: 1 abr. 2024.

MAWHINNEY, M. **Desenvolvimento sustentável**: uma introdução ao debate ecológico. São Paulo: Edições Loyola, 2005.

MAZOYER, M.; ROUDART, L. **História das agriculturas no mundo**: do neolítico à crise contemporânea. Tradução de Cláudia F. Falluh Balduino Ferreira. São Paulo: UNESP, 2010.

MENEZES, R. P. **Relações institucionais, poder e política** [recurso eletrônico] Curitiba: Contentus, 2020.

MORAES, M. B. **A Origem do Universo, da Vida e do Homem**. Joinville: Clube de Autores, 2011.

MORÁN ALONSO, N.; HERNÁNDEZ AJA, A. **História de los huertos urbanos**. De los huertos para pobres a los programas de agricultura urbana ecológica. 2011.

OLIVEIRA, B. F. de; FAJARDO, S. **A Agricultura Urbana e o Desenvolvimento Local Sustentável**. Disponível em: https://www.researchgate.net/profile/Sergio-Fajardo/publication/358381120_A_AGRICULTURA_URBANA_E_O_DESENVOLVIMENTO_LOCAL_SUSTENTAVEL/links/61ff0513b44cbe422726c4a1/A-AGRICULTURA-URBANA-E-O-DESENVOLVIMENTO-LOCAL-SUSTENTAVEL.pdf. Acesso em: 1 abr. 2024.

SALES, M. M. S.; SELVA, V. S. F. Participação social na gestão pública brasileira: Desafios para a governança nas políticas ambientais. **DELOS**: Desarrollo Local Sostenible, v. 15, n. 40, 2022. Disponível em: https://ojs.revistadelos.com/ojs/index.php/delos/article/view/724. Acesso em: 22 abr. 2024.

SEBRAE, Serviço Brasileiro de Apoio às Micro e Pequenas Empresas. **Políticas Públicas**: conceitos e práticas. Supervisão por Brenner Lopes e Jefferson Ney

Amaral; coordenação de Ricardo Wahrendorff Caldas. Belo Horizonte: Sebrae/MG, 2008. Disponível em: https://bibliotecas.sebrae.com.br/chronus/ARQUI-VOS_CHRONUS/bds/bds.nsf/E0008A0F54CD3D43832575A80057019E/$File/NT00040D52.pdf. Acesso em: 22 abr. 2024.

SEIXAS, C.S. *et al.* Governança ambiental no Brasil: rumo aos objetivos de desenvolvimento sustentável (ODS)? **Cadernos Gestão Pública e Cidadania**, v. 25, n. 81, 2020. Disponível em: https://doi.org/10.12660/cgpc.v25n81.81404. Acesso em: 22 abr. 2024.

SILVA, R. H. da; BORGES, F. F. Aspectos e Consequências da Globalização na Sustentabilidade. Edição 2023. *In*: SIMPÓSIO DE TECNOLOGIA FATEC JABOTICABAL (SITEC-JB). **Anais** [...]. Disponível em: https://publicacoes.fatecjaboticabal.edu.br/sitec/article/view/304/249. Acesso em: 24 abr. 2024.

SOUZA, C. S. **Sustentabilidade Urbana**: Conceitualização e Aplicabilidade. 2016. 66 f. Dissertação (Mestrado em Tecnologias para o Desenvolvimento Sustentável) – Curso de Tecnologias para o Desenvolvimento Sustentável) – Universidade Federal de São João Del-Rei, Ouro Branco, 2016. Disponível em: https://www.ufsj.edu.br/portal2-repositorio/File/ppgtds/DISSERTACOES/Cassia_Souza.pdf. Acesso em: 24 abr. 2024.

TEIXEIRA, D. M. C. L **Hortas urbanas**: o contributo da arquitetura para a integração das hortas urbanas na (re) qualificação da cidade. 2016. Dissertação (Mestrado em Arquitetura) – Universidade de Coimbra, 2016. Disponível em: https://estudogeral.uc.pt/handle/10316/36984. Acesso em: 1 abr. 2024.

VIEIRA, J.; QUINTELLA, C.M. Mapeamento de Ciência (Artigos com RSL) e de Desenvolvimento Tecnológico (Patentes) sobre Agricultura Sustentável visando à Fome Zero (ODS2). **Cadernos de Prospecção**, v. 16, n. 5, p. 1410-1427, 2023. Disponível em: https://doi.org/10.9771/cp.v16i5.50459. Acesso em: 14 abr. 2024.

6

CIDADES EDUCADORAS: TECNOLOGIA ASSISTIVA COMO POSSIBILIDADE DE INCLUSÃO NA CIDADE DE CURITIBA/PR

Joice Martins Diaz
Luciana da Silva Rodrigues
Paloma Herginzer
Valentina Daldegan

INTRODUÇÃO

Pensar a educação para além dos muros das escolas não é mais novidade. Sem dúvidas, reconhecer que a educação se faz a todo instante e em diferentes espaços é uma abordagem que está ganhando cada vez mais destaque e reconhecimento entre educadores. Nessa perspectiva, a educação formal soma-se a um conjunto de saberes que advém de múltiplas experiências e interações com a comunidade, ampliando assim o acesso à educação e permitindo a inclusão de todos, independentemente das habilidades, origens e circunstâncias.

Sabemos que na prática ainda existem dificuldades que precisam ser discutidas para que os docentes consigam reconhecer nos diferentes espaços da cidade oportunidades que podem favorecer e contribuir significativamente com o processo de ensino e aprendizagem. É fato que muitos professores ainda têm dificuldade em adotar ações educativas que reconheçam a cidade como uma extensão da escola em razão de que ainda há falta de conhecimento sobre como integrar os recursos oferecidos nesses espaços sociais ao processo de ensino, ou mesmo por ainda valorizarem demasiadamente condições que sejam mais seguras dentro de uma cultura educacional centrada na escola. Entretanto bem sabemos que, ao explorar questões que estão diretamente relacionadas ao cotidiano em uma aprendizagem experiencial por meio de atividades práticas, imersivas e intencionais, a construção do conhecimento torna-se mais significativa e próxima à realidade dos estudantes.

Para Sacristán (2013), não se aprende com a cidade falando dela, mas vivenciando-a e experimentando-a, e isso se relaciona, dentro da prática educacional, com projetos educativos que superam os limites do ensino sistematizado pelo currículo formal. Incentivar os estudantes a explorarem e pesquisarem questões da vida real, que estejam relacionadas ao meio social, como parte do seu processo de aprendizado, incentivando a curiosidade, a observação e a reflexão sobre o mundo ao seu redor, é sem dúvidas contribuir com a formação de sujeitos mais conscientes e críticos em relação ao meio em que vivem.

Partindo desse pressuposto, o espaço escolar é também um ambiente de convivência social e, necessariamente, requer um olhar cuidadoso para que todos tenham a oportunidade de participar plenamente das atividades educativas garantindo o direito ao acesso de uma educação inclusiva e de qualidade. Nesse sentido, pretendemos com o estudo apresentar os avanços obtidos pela rede municipal de ensino em Curitiba/PR, que a partir do uso de Tecnologia Assistiva estabelece condições apropriadas ao processo inclu-sivo aos estudantes com necessidades especiais no ambiente educacional.

Pensar os espaços sociais de uma cidade educadora imbuídos da intencionalidade educativa é também falar de espaços democráticos, sem que seja limitado por barreiras geográficas, socioeconômicas ou culturais. A inclusão escolar é um direito fundamental, que se reafirma como com-ponente crucial na construção de uma sociedade mais justa e igualitária. Em Curitiba, é possível identificar os resultados positivos nas escolas com a implementação do uso de tecnologias assistivas e que podem servir como referência em localidades que buscam implementar ou aprimorar suas práticas de inclusão escolar. Além disso, deseja-se que a pesquisa possa contribuir com o avanço teórico e prático de pesquisas sobre educação inclusiva e a necessidade de espaços estruturados adequadamente para que sejam utilizados integralmente por toda a comunidade, bem como reforçar o debate sobre a importância de políticas públicas que validem e garantam o direito das pessoas, sobretudo nas instituições de ensino.

Por fim, e sem a pretensão de esgotar as discussões de diferentes olhares em relação às possibilidades dos espaços em uma cidade educadora, e na mesma direção que reconhecemos a relevância não só acadêmica, mas também social e política da pesquisa, buscamos desvencilhar a educação de sua forma tradicional e sistematizada, ampliando suas possibilidades dentro da perspectiva de formação e desenvolvimento dos sujeitos a partir da inclusão dos diferentes espaços sociais.

Acessibilidade, Educação e Inclusão: fundamentos base nas cidades educadoras

Os espaços da cidade oferecem uma variedade de oportunidades educacionais que podem ser adaptadas e personalizadas para atender às necessidades coletivas e individuais das pessoas. Como exemplo, parques e praças podem ser projetados com recursos de acessibilidade, como trilhas acessíveis, playgrounds adaptados e sinalização tátil, pois assim permitem que todos possam acessá-lo e aproveitarem igualmente seus benefícios.

A ideia sobre o acesso como um direito de todos em condições de liberdade e igualdade aqui descritos segue os critérios e princípios afirmados e reforçados pela Carta das Cidades Educadoras (2020), que tem como definição de cidade educadora o espaço capaz de desenvolver a consciência da comunidade e as competências necessárias para organizar a vida em comum e em condições de igualdade e justiça, como extensão do direito fundamental à educação e à plenitude da vida. Segundo a Carta,

> A Cidade Educadora renova permanentemente o seu compromisso com a formação dos seus habitantes ao longo da vida nos mais diversos aspetos. E para que tal seja possível, é preciso ter em conta todos os grupos, com as suas necessidades específicas. O governo e a administração municipal implementarão políticas destinadas a remover obstáculos de qualquer natureza que prejudiquem o direito à igualdade e à não discriminação. Tanto a administração municipal, quanto outras administrações que afetam a cidade, serão responsáveis por isso. Os cidadãos também deverão comprometer-se com este projeto, pessoalmente ou através das diferentes formas de associação em que estiverem organizados (Aice, 2020).

Para Marcon e Santos (2022), a Carta, embora vista como um documento de origem orientativa, reforça também a relevância em ressignificar os processos e espaços educativos apoiados em políticas públicas que sustentem condições reais para uma formação ampla, integral, integrada e inclusiva. Já de acordo com Moll (2008, p. 13), a reinvenção da prática educativa implica o "reencontro com a vida", ancorado na instituição escolar, articulado com "outros espaços, outras políticas e equipamentos públicos". Na mesma direção da autora, podemos estabelecer que o reencontro com a vida em um espaço de convivência e aprendizagem é reafirmado pela aproximação de abordagens pedagógicas com a prática e a experiência da vida cotidiana dos estudantes.

Diante disso, a construção do conceito de cidade educadora possui um sentido muito mais amplo e multidisciplinar, que envolve aspectos sociais, culturais e urbanísticos. À medida que os diferentes espaços vão ganhando novas perspectivas, e quando atreladas à intencionalidade educativa, resultam em condições favoráveis para o desencadeamento de experiências que enriquecem as abordagens formais de ensino.

De fato, tornar-se uma cidade com espaços que vão além da ideia de território habitado requer não somente o desejo de formação integral e democrático como direito de todos, mas, certamente, depende bastante da responsabilidade significativa das ações municipais no planejamento e execução de políticas alinhadas aos princípios e ações que fundamentam a Carta das Cidades Educadoras (2020), organizada a partir de 20 princípios básicos que orientam as cidades engajadas como membros ativos desse projeto de alcance internacional.

Para tanto, vale reforçar o que diz o documento base das Cidades Educadoras sobre os princípios básicos que englobam uma ação educativa, integral e inclusiva. Destaca-se ainda a intenção em manter o documento da Carta das Cidades Educadoras sempre atualizado e com o devido respeito às identidades distintas que dão origem a cada cidade-membro ao realizar as adaptações no texto. A partir da Tabela 1, elaborada por Marcon e Santos (2022), com base no documento revisado no ano de 2020, podemos identificar de forma geral as ações e princípios sugeridos.

Tabela 1 – Princípios e Ações com base na Carta das Cidades Educadoras

PRINCÍPIOS	AÇÕES
SEÇÃO: O DIREITO À CIDADE EDUCADORA	
EDUCAÇÃO INCLUSIVA AO LONGO DA VIDA	Extensão ao direito fundamental a educação.
	Compromisso de formação integral ao longo da vida.
POLÍTICA EDUCATIVA	Promoção de todas as formas de educação (formal, não formal, informal).
	Políticas educativas amplas, transversais e inovadoras, inspiradas nos princípios de justiça social, igualdade, cidadania democrática, sustentabilidade, qualidade de vida etc.
DIVERSIDADE E NÃO DISCRIMINAÇÃO	Educação que combata qualquer forma de discriminação.
	Políticas que promovam a diversidade, valorizando a cultura local como elemento integrador e fator de coesão social.

PRINCÍPIOS	AÇÕES
ACESSO À CULTURA	Promoção do direito à cultura a todas as pessoas.
	Apoio a iniciativas de cultura popular, promovendo o sentimento de pertencimento e participação.
DIÁLOGO INTERGERACIONAL	Combate ao preconceito etário.
	Promoção de projetos comuns e partilhados entre gerações, promovendo a proximidade e cooperação geracional.
SEÇÃO: O COMPROMISSO DA CIDADE	
CONHECIMENTO DO TERRITÓRIO	Formular projetos e políticas tomando por base o seu impacto educador e estudos da realidade.
ACESSO À INFORMAÇÃO	Garantir o direito à informação, disponibilizando recursos acessíveis em sua linguagem, bem como em seu acesso.
	Criar instrumentos de proteção de dados, visando à proteção à privacidade, intimidade e a autonomia.
GOVERNANÇA E PARTICIPAÇÃO DOS CIDADÃOS	Governança colaborativa
	Promoção da participação de todas as gerações na gestão municipal e vida comunitária.
ACOMPANHA- MENTO E MELHO- RIA CONTÍNUA	Elaboração de indicadores educativos, sociais e ecológicos, visando à implementação mais assertiva das políticas municipais.
IDENTIDADE DA CIDADE	Valorização do patrimônio material e imaterial da cidade.
	Preservação da memória histórica da cidade promovendo o sentimento de pertencimento de seus habitantes.
ESPAÇO PÚBLICO HABITÁVEL	Planejamento dos espaços promovendo a convivência e integração da comunidade.
ADEQUAÇÃO DOS EQUIPAMEN- TOS E SERVIÇOS MUNICIPAIS	Garantia de equipamentos e serviços urbanos adequados todos.
SUSTENTABILI- DADE	Adoção de estilos de vida e de consumo justos, resilientes e sustentáveis.
	Proteção de bens comuns que garantam a vida das gerações atuais e futuras.

PRINCÍPIOS	AÇÕES
SEÇÃO: AO SERVIÇO INTEGRAL DAS PESSOAS	
PROMOÇÃO DA SAÚDE	Acesso universal aos cuidados à saúde.
	Construção de espaço que favoreçam a convivência geracional e o envelhecimento ativo, que promovam estilos de vida saudáveis, incluindo o físico e o emocional.
FORMAÇÃO DE AGENTES EDUCATIVOS	Função educativa, compartilhamento de saberes.
ORIENTAÇÃO E INSERÇÃO LABORAL INCLUSIVA	Promover a relação educação trabalho.
	Criar estratégias de inclusão de grupos em situação de desigualdade inseridos na economia não formal.
INCLUSÃO E COESÃO SOCIAL	Combate a violação de direitos, exclusão, marginalização e violência de gênero.
	Promoção da coesão social entre os territórios da cidade.
	Proteção e inclusão dos migrantes e refugiados.
CORRESPONSABILIDADE CONTRA AS DESIGUALDADES	Cooperação entre gestão municipal, sociedade civil, ONGs, organizações, sem fins lucrativos, empresários e outras iniciativas privadas no combate às desigualdades.
PROMOÇÃO DO ASSOCIATIVISMO E DO VOLUNTARIADO	Formação ampla sobre à vida associativa, participação, corresponsabilidade cívica, direitos humanos e valores democráticos.
	Promoção do associativismo colaborativo e voluntariado nas mais diversas áreas.
EDUCAÇÃO PARA UMA CIDADANIA DEMOCRÁTICA E GLOBAL	Formação de uma cidadania democrática e global.
	Promover a conscientização e o sentimento de pertencimento de cada cidadão a cidade e ao planeta.

Fonte: Marcon e Santos (2022)

Portanto, pensar no conceito de cidades educadoras é também ter em mente que ruas, teatros, cinemas, bibliotecas, museus e outros locais se reconfiguram como parte de um grande território pedagógico, que envolve espaço físico, currículo, formação, participação social, gestão intersetorial e ação política (Marcon; Santos, 2022).

> No projeto da Cidade Educadora, a Administração Local deve assumir a sua responsabilidade nos planos de desenvolvimento integral do território, propondo, apoiando,

> catalisando esforços e liderando a rede de relações e funções que tornem operacionais as iniciativas acordadas e com o protagonismo de todos. As necessidades de desenvolvimento cultural e de participação requerem a presença dos diferentes agentes que participem numa política territorial determinada para constituir assim um tecido social amplo, que se consolide como fator de desenvolvimento cultural e educativo. A educação, ao gerar processos que fomentam a vida associativa, a participação e a capacidade de integrar as diversas realidades culturais, tem, pois, que incorporar-se nos conteúdos das políticas culturais. [...] A Cidade Educadora configura-se na medida em que todos os espaços e atividades da cidade adquiram uma significação educativa (Marcon; Santos, 2022).

Quando exploramos tais interconexões, enxergamos outros fatores de grande relevância aos cidadãos *da* e *na* cidade educadora. Dentre eles destaca-se o sentimento de pertencimento e vínculo afetivo a esses locais, que são elementos necessários para incentivar a participação ativa dos sujeitos e cultivar o senso de responsabilidade compartilhada pelo bem-estar de todos e da cidade. Nesse sentido, os espaços da cidade educadora são povoados por pessoas que se sentem realmente integrantes e corresponsáveis do meio em que vivem. Portanto, podemos considerar que o sentido de pertencimento a um determinado local envolve não apenas o envolvimento ativo dos sujeitos, mas se manifesta também no respeito e na valorização cultural, na defesa do acesso à educação e inclusão social de todos.

Certamente, são muitos os desafios que se apresentam diante da perspectiva da cidade educadora enquanto um espaço socializador, educativo e acessível a todos, independentemente da idade, habilidades físicas, sensoriais ou cognitivas, e superá-los implica tanto as relações sociais como também a construção de infraestrutura física adequada, como calçadas acessíveis, transportes públicos que sejam de fato inclusivos, instalações públicas adaptadas ao uso de tecnologias assistivas e outros recursos dentro da infinidade de ferramentas existentes para atender às necessidades específicas das pessoas, sobretudo as com deficiências.

Educação Inclusiva e Tecnologia Assistiva nas cidades educadoras

Pessoas com deficiência enfrentam uma série de desafios que limitam sua participação efetiva e o acesso a recursos públicos. A ausência de acessibilidade, que se manifesta na falta de condições e oportunidades para desfrutar dos espaços e serviços da comunidade com segurança e autonomia, torna-se uma barreira significativa para a inclusão plena.

No âmbito das cidades educadoras, a promoção da educação inclusiva demanda a adoção de estratégias inovadoras e soluções tecnológicas. As tecnologias assistivas surgem como apoio crucial nesse contexto, proporcionando recursos que transcendem as limitações físicas e sensoriais das pessoas com deficiência. Essas tecnologias não apenas superam barreiras, mas também constituem instrumentos essenciais para garantir a participação dos cidadãos nas atividades das cidades.

Na ótica da educação inclusiva, a Tecnologia Assistiva emergiu como uma ferramenta importante, proporcionando uma gama significativa de aplicações e benefícios funcionais para os estudantes que enfrentam desafios decorrentes de deficiências ou limitações de mobilidade. Essas inovações não apenas ampliam o acesso ao aprendizado, mas também promovem a igualdade ao capacitar os alunos a participarem plenamente do ambiente educacional, garantindo assim uma experiência educativa mais abrangente e significativa.

Durante da VII Reunião do Comitê de Ajudas Técnicas (CAT), juntamente com a Secretaria Especial dos Direitos Humanos (SEDH) e a Coordenadoria Nacional para a Integração da Pessoa Portadora de Deficiência (Corde), realizada no mês de dezembro de 2007, o conceito para tecnologia assistiva apresentado foi:

> Tecnologia Assistiva é uma área do conhecimento, de característica interdisciplinar, que engloba produtos, recursos, metodologias, estratégias, práticas e serviços que objetivam promover a funcionalidade, relacionada à atividade e participação de pessoas com deficiência, incapacidades ou mobilidade reduzida, visando sua autonomia, independência, qualidade de vida e inclusão social (Brasil, 2007).

Nesse sentido, Prietch *et al.* (2021, p. 70) ressaltam que os produtos de Tecnologia Assistiva "podem promover para pessoas com deficiência maior igualdade nas oportunidades, qualidade de vida e autonomia". No contexto das cidades educadoras, que se destacam por promoverem uma abordagem holística à educação, a integração da Tecnologia Assistiva assume um papel crucial na promoção da Educação Inclusiva. Ao adotarem e incorporarem essas inovações, tais cidades criam ambientes educacionais mais acessíveis, nos quais as barreiras para o aprendizado são reduzidas, possibilitando participação de todos os estudantes, independentemente de suas habilidades ou limitações.

Bersch (2017) indica que a Tecnologia Assistiva surge como um recurso indispensável e apoio essencial, possibilitando aos usuários a realização de funções ou atividades que eram previamente limitadas pelas circunstâncias relacionadas à deficiência ou envelhecimento. Essa forma de assistência não só transcende as barreiras impostas pelas limitações físicas ou cognitivas, mas desempenha um papel verdadeiramente transformador ao capacitar indivíduos a superarem obstáculos e se engajarem ativamente na sociedade.

Assim, ao disponibilizar recursos adaptados e soluções inovadoras, a Tecnologia Assistiva não apenas facilita a execução de tarefas, mas também fomenta a independência, autonomia e inclusão. Este avanço contribui de maneira significativa para uma qualidade de vida mais abrangente e equitativa. Além de eliminar barreiras práticas, a Tecnologia Assistiva atua como um agente facilitador da participação plena dos indivíduos em diversas esferas da vida, promovendo um ambiente mais acessível e acolhedor.

Com base em Bersch (2017), no Brasil, os recursos desse campo são comumente agrupados em 12 categorias, levando em consideração os objetivos funcionais específicos para os quais são direcionados. Este sistema de classificação reflete uma abordagem abrangente para compreender e categorizar as diversas soluções tecnológicas que visam atender às necessidades variadas de pessoas com deficiência, promovendo uma análise detalhada e direcionada às metas funcionais a serem alcançadas.

Essa taxonomia contribui significativamente para a efetiva implementação e prescrição de Tecnologia Assistiva, permitindo uma abordagem mais personalizada e eficaz na promoção da autonomia e inclusão social.

A figura a seguir mostra as 12 categorias e seus respectivos objetivos funcionais:

Figura 7 – Categorias de Tecnologia Assistiva

Fonte: Rodrigues (2022, p. 27). Com base em Bersch (2017)

As 12 categorias de Tecnologia Assistiva desempenham um papel crucial na promoção da inclusão educacional no Brasil, especialmente quando consideradas dentro do contexto de uma perspectiva de cidade educadora.

Essas categorias representam uma ampla gama de ferramentas e recursos que visam atender às necessidades específicas de pessoas com deficiência, contribuindo para a construção de ambientes educacionais mais acessíveis e inclusivos.

De acordo com Galvão Filho (2012, p. 68),

> Existe um número incontável de possibilidades, de recursos simples e de baixo custo, utilizados como Tecnologia Assistiva, que podem e devem ser disponibilizados nas salas de aula inclusivas, conforme as necessidades específicas de cada aluno com necessidades educacionais especiais presente nessas salas, tais como: suportes para visualização de textos ou livros; fixação do papel ou caderno na mesa com fitas adesivas; engrossadores de lápis ou caneta confeccionados com esponjas enroladas e amarradas, ou com punho de bicicleta ou tubos de PVC "recheados" com epóxi; substituição da mesa por pranchas de madeira ou acrílico fixadas na cadeira de rodas; órteses diversas, e inúmeras outras possibilidades.

CIDADES EDUCADORAS: EXPERIÊNCIAS E POSSIBILIDADES

A Tecnologia Assistiva, ao ser integrada às práticas educacionais das cidades educadoras, não apenas propicia oportunidades iguais de aprendizado, mas também estabelece um cenário propício para a diversidade, onde as necessidades individuais são atendidas de maneira personalizada. Isso contribui não apenas para a formação acadêmica, mas também para o desenvolvimento integral dos estudantes, reforçando os valores da inclusão e equidade na educação.

Mas, partindo desse pressuposto, a tecnologia pode ser sempre considerada assistiva em um contexto educacional? De acordo com Bersch (2017, p. 12), isso acontece

> [...] quando ela é utilizada por um aluno com deficiência e tem por objetivo romper barreiras sensoriais, motoras ou cognitivas que limitam/impedem seu acesso às informações ou limitam/impedem o registro e expressão sobre os conhecimentos adquiridos por ele; quando favorecem seu acesso e participação ativa e autônoma em projetos pedagógicos; quando possibilitam a manipulação de objetos de estudos; quando percebemos que sem este recurso tecnológico a participação ativa do aluno no desafio de aprendizagem seria restrito ou inexistente.

Esse enfoque progressista não apenas beneficia os estudantes com deficiência, incapacidades ou mobilidade reduzida, mas enriquece a experiência educacional de toda a comunidade, promovendo valores fundamentais de respeito, empatia e igualdade.

Ainda de acordo com Bersch (2017), as cidades educadoras favorecem a promoção da educação inclusiva quando empregam, por exemplo, "mouses diferenciados, teclados virtuais com varreduras e acionadores, softwares de comunicação alternativa, leitores de texto, textos ampliados, textos em Braille, textos com símbolos, mobiliário acessível, recursos de mobilidade pessoal etc.", nos espaços escolares com o intuito de potencializar a experiência de aprendizado para estudantes com deficiência (Bersch, 2017, p. 12).

No que tange à questão de infraestrutura urbana, as cidades educadoras devem entender a Tecnologia Assistiva como uma aliada no processo de acessibilidade dos estudantes à escola, por meio de

> [...] projetos de edificação e urbanismo que garantem acesso, funcionalidade e mobilidade a todas as pessoas, independentemente de sua condição física e sensorial. Adaptações

> estruturais e reformas na casa e/ou ambiente de trabalho, através de rampas, elevadores, adequações em banheiros, mobiliário entre outras, que retiram ou reduzem as barreiras físicas (Bersch, 2017, p. 8).

Dessa forma, a integração de Tecnologia Assistiva nas práticas educacionais e na infraestrutura urbana das cidades educadoras não apenas atenua as barreiras existentes, mas também redefine o conceito de inclusão, permitindo que todas as pessoas, independentemente de suas habilidades, participem plenamente da vida acadêmica e comunitária.

Usuários e estudantes com deficiência encontram nas tecnologias um meio crucial para viabilizar suas atividades diárias e profissionais. Sob essa perspectiva, as tecnologias desempenham um papel de tecnologia assistiva, propiciando condições que favorecem não apenas a funcionalidade pessoal e laboral, mas também a inclusão social desses indivíduos. Ao possibilitar acesso a recursos específicos e adaptados, tais tecnologias tornam-se agentes essenciais na promoção da igualdade de oportunidades e na construção de um ambiente mais inclusivo e acessível.

Tecnologia Assistiva no Processo de Inclusão Escolar na Cidade de Curitiba

Em 2023, a rede municipal de ensino de Curitiba abraçou a missão de promover a educação inclusiva, acolhendo 15.158 crianças com necessidades educacionais especiais – NEE, nas turmas regulares da Educação Infantil e séries iniciais no ensino fundamental. Essa iniciativa histórica marca um passo crucial na garantia do direito à educação de qualidade para todos os alunos, independentemente de suas diferenças.

A inclusão nas escolas regulares oferece diversos benefícios para os alunos com NEE. A convivência com colegas promove o respeito à individualidade, combatendo preconceitos e construindo uma sociedade mais justa. É também importante considerar que a interação com os demais alunos contribui para o aprimoramento das habilidades sociais e emocionais das crianças com NEE, fortalecendo sua autoestima e autoconfiança.

A cidade conta com um Departamento de Inclusão e Atendimento Educacional Especializado – DIAEE, criado em 2017, cujo objetivo é gerenciar procedimentos relacionados ao atendimento e orientações de alunos da Rede Municipal de Ensino que apresentem algum tipo de deficiência, transtornos globais do desenvolvimento, altas habilidades/superdotação, transtorno de conduta e demandas educacionais específicas, seguindo os princípios da educação inclusiva e os pilares direcionadores das diretrizes da Secretaria Municipal da Educação. O DIAEE se propõe às seguintes ações: (a) Valorização da diversidade no processo de aprendizagem favorecendo a igualdade de oportunidades; (b) Suporte teórico, metodológico e de orientação aos profissionais da educação; (c) Assessoramento pedagógico às Unidades Educacionais; (d) Desenvolvimento profissional na área da educação especial e inclusão escolar; (e) Integração entre escola e instituições de atendimento especializados; (f) Transporte para a Educação Especial.

De acordo com as *Diretrizes da Inclusão e da Educação Especial em Curitiba*, o DIAEE "atua em consonância com os Objetivos de Desenvolvimento Sustentável (ODS) 4 e 10", no sentido de promover oportunidades de aprendizagem para todos e reduzir as desigualdades. Assim, "procura promover o desenvolvimento de crianças/estudantes, bem como das relações fundamentais na convivência e na valorização das diferenças, pautando-se na equidade, em conformidade com o Plano Nacional de Educação" (SME, p. 9).

Indo ao encontro dessa perspectiva, podemos dizer que a transformação da escola implica criar um ambiente educativo em que todos os alunos tenham a oportunidade de participar plenamente, não obstante suas características individuais. O foco deve ser na superação das dificuldades inerentes ao processo de construção do ambiente escolar, ao invés de concentrar-se nas características específicas dos alunos. Em outras palavras, a inclusão não se trata apenas de adaptar os alunos ao ambiente escolar existente, mas sim de remodelar esse ambiente para atender às necessidades de todos os estudantes.

O uso de tecnologias assistivas tem desempenhado um papel significativo no processo de inclusão escolar na cidade de Curitiba, com ferramentas, equipamentos ou sistemas que visam proporcionar maior acessibilidade e apoio aos alunos com necessidades especiais, facilitando sua participação plena no ambiente educacional.

Um ambiente que explora várias modalidades de tecnologia assistiva são as salas de recursos multifuncionais (SRM):

> As salas de recursos multifuncionais são espaços da escola onde se realiza o atendimento educacional especializado para alunos com necessidades educacionais especiais, por

> meio do desenvolvimento de estratégias de aprendizagem, centradas em um novo fazer pedagógico que favoreça a construção de conhecimentos pelos alunos, subsidiando-os para que desenvolvam o currículo e participem da vida escolar (Alves, 2006, p. 13).

O município oferta salas de recursos multifuncionais a crianças e estudantes com deficiência a partir dos 4 anos de idade, que estão matriculados no ensino regular da Rede Municipal de Ensino de Curitiba.

Essas salas oferecem atendimento especializado que pode se estender até o 5.º ano do ensino fundamental. De acordo com a Secretaria Municipal da Educação de Curitiba, são 89 salas distribuídas em escolas das dez regionais da cidade, equipadas com materiais específicos para auxiliar no ensino desses alunos. Elas funcionam em horários diferentes das aulas regulares e atendem os alunos da rede municipal que tenham avaliação psicopedagógica indicando essa necessidade. Os professores dessas salas possuem especialização em educação especial e/ou inclusão e trabalham para desenvolver habilidades cognitivas em estudantes com uma variedade de dificuldades, como dislexia, discalculia, disortografia, dislalia e TDAH, por meio de projetos educacionais específicos.

Para esse atendimento educacional especializado, as SRMs em Curitiba são integradas às escolas de ensino regular e podem ter duas configurações: Tipo I e Tipo II. As salas do Tipo II oferecem todos os materiais presentes na Sala Tipo I, além de recursos específicos de acessibilidade para alunos com deficiência visual. Para garantir seu funcionamento adequado, é necessário um espaço amplo, bem ventilado e com acessibilidade arquitetônica. Nas salas Tipo I, os recursos disponíveis são microcomputador, fones de ouvido, scanner, impressora laser, teclado com colmeia, mouse com entrada para acionador, acionador de pressão, lupa eletrônica, bandinha rítmica, dominó, material dourado, esquema corporal, memória de numerais, tapete quebra-cabeça, software para comunicação alternativa, sacolão criativo, quebra-cabeças sobrepostos, dominó de animais em língua de sinais, memória de antônimos em língua de sinais, conjunto de lupas manuais, dominó com textura, e estante para leitura, quadro, além de mesas e cadeiras adequados. Nas salas do Tipo II, há também impressora braile, máquina braile, reglete de mesa com punção, soroban, guia de assinatura, globo terrestre adaptado, kit de desenho geométrico adaptado, calculadora sonora e software para produção de desenhos gráficos e táteis.

O uso de dispositivos tecnológicos, como tablets, computadores adaptados e softwares especializados, tem se mostrado eficaz na promoção da inclusão. Essas ferramentas auxiliam os alunos com deficiência a superar barreiras físicas e cognitivas, facilitando sua comunicação, aprendizado e interação com os colegas e professores.

A utilização de Tecnologia Assistiva (TA) é fundamental para auxiliar estudantes com deficiência a atingirem seu potencial máximo em bem-estar psicológico, ao promover o aprimoramento de seu conforto físico (Maslow, 1968 *apud* Zuliani; Berghauser, 2017). Isso indica que o uso de TA não apenas contribui para a inclusão e acessibilidade, mas também para o bem-estar emocional, proporcionando uma base sólida para o desenvolvimento global das pessoas com deficiência.

Os resultados dessa jornada inclusiva são animadores. Segundo a Secretaria do Estado de Educação do Paraná, no portal *Escola Digital Professor,* alunos demonstram melhora significativa em seu desempenho escolar, aumento da autoestima, maior participação nas atividades em sala de aula e desenvolvimento de habilidades sociais e de comunicação.

Embora os avanços sejam notáveis, ainda há desafios a serem superados. A necessidade de investimento em infraestrutura adequada, na formação continuada de profissionais e na conscientização da comunidade escolar sobre a importância da Tecnologias Assistiva se configuram como pontos cruciais para a consolidação da inclusão educacional na cidade.

Diante desse cenário, torna-se evidente a importância de um compromisso coletivo com a construção de uma educação cada vez mais acessível e equitativa para todos. A Tecnologia Assistiva, nesse contexto, assume um papel fundamental como ferramentas poderosas para promover a inclusão escolar e garantir o direito à educação de qualidade para todos os alunos, sem distinção.

A jornada pela inclusão escolar em Curitiba, impulsionada pela Tecnologia Assistiva, é um exemplo inspirador de como a educação pode ser transformadora. Por meio da união de esforços e da implementação de políticas públicas eficazes, é possível construir um futuro em que todos os alunos, independentemente de suas diferenças, tenham a oportunidade de alcançar seu pleno potencial.

CONSIDERAÇÕES FINAIS

Com o progresso científico voltado para a inclusão e acessibilidade, a tecnologia assume um papel distintivo na sociedade contemporânea. O que para muitos indivíduos se traduz apenas em comodidade, para outros representa a oportunidade de realizar atividades com autonomia e independência.

Ao reconhecer e investir em Tecnologia Assistiva, a sociedade não apenas alivia as restrições impostas por condições específicas, mas também demonstra um comprometimento genuíno com a igualdade e inclusão. Essa abordagem não apenas enriquece as vidas daqueles que dependem dessas tecnologias, mas também fortalece o tecido social, reforçando valores fundamentais de respeito à diversidade e garantindo que todos os indivíduos tenham a oportunidade de contribuir plenamente para a comunidade.

O resultado obtido até agora na capital paranaense denota que a TA tem contribuído de forma crucial na integração das pessoas com deficiência no âmbito de uma cidade que só pode ser considerada verdadeiramente educadora quando a educação é para todos.

REFERÊNCIAS

ALVES, D. O. **Sala de recursos multifuncionais**: espaços para atendimento educacional especializado. Brasília: Ministério da Educação/Secretaria de Educação Especial, 2006.

ASOCIAÇÃO INTERNACIONAL DE CIDADES EDUCADORAS. **Carta das Cidades Educadoras**. 2020. Disponível em: https://www.edcities.org/pt/carta-das-cidades-educadoras/. Acesso em: 18 mar. 2024.

BERSCH, R. **Introdução à tecnologia assistiva**. Porto Alegre: Assistiva, 2017. Disponível em: http://www.assistiva.com.br/Introducao_Tecnologia_Assistiva. pdf. Acesso em: 21 mar. 2024.

BRASIL. Ministério da Educação. Instituto Nacional de Estudos e Pesquisas Educacionais Anísio Teixeira. **Censo Escolar 2021**: município de Curitiba. Disponível em: https://qedu.org.br/municipio/4106902-curitiba/censo-escolar. Acesso em: 23 abr. 2024.

BRASIL. Presidência da República. Secretaria Especial dos Direitos Humanos. **Ata VIII Reunião do Comitê de Ajudas Técnicas** – CAT. Brasília, 2007.

DUTRA, C. P.; GRIBOSKI. C. M. Educação Inclusiva: um projeto coletivo de transformação do sistema educacional. *In*: BRASIL. **Ministério da Educação. Ensaios Pedagógicos**: III seminário nacional de formação de gestores e educadores. Brasília: Ministério da Educação/Secretaria da Educação Especial, 2006. p. 17-23.

GALVÃO FILHO, T. A. Tecnologia assistiva: favorecendo o desenvolvimento e a aprendizagem em contextos educacionais inclusivos. *In*: GIROTO, C. R. M. et al. (org.). **As tecnologias nas práticas pedagógicas inclusivas**. São Paulo: Cultura Acadêmica, 2012. Disponível em: https://www.marilia.unesp.br/Home/Publicacoes/as-tecnologias-nas-praticas_e-book.pdf. Acesso em: 12 mar. 2024.

MOLL, J. Conceitos e pressupostos: o que queremos dizer quando falamos de educação integral? Salto para o Futuro. **Educação Integral**, v. 18, n. 13, p. 11–16, ago. 2008.

MARCON, T.; SANTOS, D. Desafios para uma cidade ser educadora com, para e por todos: contradições e possibilidades". **Revista Vagalumear**, [*S. l.*], v. 2, n. 2, p. 76-90, jan. 2022. ISSN 2763-9916. Disponível em: https://periodicos.uea.edu.br/index.php/rv/article/view/2354. Acesso em: 19 mar. 2024.

PREFEITURA MUNICIPAL DE CURITIBA. **Zelo pela Educação**: Curitiba oferece atendimento especializado para 15.158 estudantes com diferentes necessidades. Disponível em: https://www.curitiba.pr.gov.br/noticias/zelo-pela-educacao--curitiba-oferece-atendimento-especializado-para-15158-estudantes-com-diferentes-necessidades/70366#. Acesso em: 23 abr. 2024.

PRIETCH, S. S. *et al*. Desenho de produto de tecnologia assistiva considerando as pessoas, o contexto de uso e as atividades. **Anais da Escola Regional de Informática de Mato Grosso**. Porto Alegre: Sociedade Brasileira de Computação, 2021. p. 70-76. Disponível em: https://sol.sbc.org.br/index.php/eri-mt/article/view/18227. Acesso em: 23 abr. 2024.

SACRISTÁN, J. G. **Saberes e incertezas sobre o currículo**. Porto Alegre: Penso Editora, 2013.

SEE, Secretaria de Estado da Educação do Paraná. **Escola Digital Professor**: Tecnologias Assistivas. Disponível em: https://professor.escoladigital.pr.gov.br/tecnologias_assistivas. Acesso em: 11 jul. 2024.

SME, Secretaria Municipal de Educação de Curitiba. **Sala de Recursos Multifuncionais**. Disponível em: https://educacao.curitiba.pr.gov.br/conteudo/sala-de-recursos-multifuncionais/3800. Acesso em: 24 abr. 2024.

SME, Secretaria Municipal de Educação de Curitiba. **Departamento de Inclusão e Atendimento Educacional Especializado**. Disponível em: https://educacao.curitiba.pr.gov.br/conteudo/departamento-de-inclusao-e-atendimento-educacional-especializado/3790. Acesso em: 24 abr. 2024.

SME, Secretaria Municipal de Educação de Curitiba. **Diretrizes da Inclusão e da Educação Especial de Curitiba**: Diálogos com a BNCC. Disponível em: https://mid-educacao.curitiba.pr.gov.br/2021/4/pdf/00293461.pdf. Acesso em 24 de abr. 2024.

ZULIANI, M. L.; BERGHAUSER, N. A. Tecnologias assistivas na educação inclusiva. **Revista Eletrônica Científica de Inovação e Tecnologia, Medianeira**: UTFPR, v. 8, n. 16, 2017. Disponível em: https://periodicos.utfpr.edu.br/recit/article/download/e-5188/pdf. Acesso em: 24 abr. 2024.

O PAPEL IMPRESCINDÍVEL DA DOCÊNCIA COMO MEDIADORA DOS PROCESSOS DE RESSIGNIFICAÇÃO DA ESCOLA DO FUTURO E DE TRANSFORMAÇÃO DA CIDADE

Adriane da Silva Schmidt
Alceli Ribeiro Alves

INTRODUÇÃO

Quando refletimos o papel docente, não há como deixar de refletir os processos da formação docente envolvidos e quais as necessidades que se impõem nesse caminho para capacitar o docente para o desenvolvimento competente das práticas pedagógicas concernentes ao exercício da sua profissão. Para tanto, Gatti afirma:

> Refletir e ponderar sobre as implicações do trabalho docente nas escolas mostra-se com relevância ímpar, e demanda considerar a complexidade do trabalho docente na contemporaneidade. [...] se visamos pensar em mudar o cenário de formação de professores que hoje nos é apresentado, precisamos ir além. Faz-se necessário olhar sem véus a situação presente, o que se está fazendo e os efeitos histórico-sociais dessas ações (Gatti, 2017, p. 727).

Essa reflexão se torna cada vez mais necessária quando falamos em trabalho a ser desenvolvido pela docência, uma vez que "a docência, como trabalho humano sobre seres humanos, constitui o âmbito das sociedades modernas, uma atividade social fundamental" (Tardif; Lessard, 2012, p. 275). Nesse sentido, refletimos com os apontamentos de Marcelo (1999), quanto aos desafios da iniciação profissional docente, presentes nessa fase. Segundo o citado autor,

> [...] a fase de iniciação profissional constitui um período desafiante, em que o professor se depara com inúmeras tensões e dificuldades, mas onde também aprende de forma

intensiva. Nessa fase, referida como um momento fundamental na constituição da profissionalidade docente, os professores ensinam seus estudantes, ao mesmo tempo em que aprendem a ensinar (Marcelo, 1999 *apud* Mira; Romanowski, 2016, p. 284).

Nesse sentido, concordamos com Paulo Freire (2015), que reflete que "Como professor preciso me mover com clareza na minha prática. Preciso conhecer as diferentes dimensões que caracterizam a essência da prática, o que me pode tornar mais seguro no meu próprio desempenho", portanto [...] "A nossa capacidade de aprender que decorre a de ensinar, sugere ou, mais do que isso, implica a nossa habilidade de aprender a substantividade do objeto aprendido" (Freire, 2015, p. 67).

> A segurança com que a autoridade docente se move implica uma outra, a que se funda na sua competência profissional. Nenhuma autoridade docente se exerce ausente desta competência. O professor que não leve a sério sua formação, que não estude, que não se esforce para estar à altura de sua tarefa não tem força moral para coordenar as atividades de sua classe. [...] O que quero dizer é que a incompetência profissional desqualifica a autoridade do professor (Freire, 2015, p. 90).

Lançando luz sobre essa conjuntura, Romanowski, Prates e Martins (2020) mencionam os estudos realizados por Shulman (1986), que configuram como indicadores para a formação docente, apontando alguns dos conhecimentos necessários ao fazer da docência, o que ele chama de "conhecimento pedagógico do conteúdo".

Para Shulman (1986 *apud* Romanowski *et al.*, 2020, p. 65), esses são conhecimentos que norteiam o trabalho desenvolvido pela docência, que habilita e capacita na competência no desempenho da função, pois possuem uma grande abrangência e importância. São eles:

a. conhecimento pedagógico geral;

b. dos contextos educacionais;

c. conhecimento do conteúdo das disciplinas e atividades educacionais;

d. conhecimento do currículo;

e. conhecimento do conteúdo pedagógico.

CIDADES EDUCADORAS: EXPERIÊNCIAS E POSSIBILIDADES

Por conseguinte, evidencia-se que a grande responsabilidade que recai sobre o professor se revela notadamente como processo de amplo sentido e o papel imprescindível do docente na educação como processo, que "[...] corresponde à ação educadora, às condições e os modos pelos quais os sujeitos incorporam meios de se educar" (Libâneo, 2010, p. 84). Dessa maneira, compreende-se:

> [...] a educação-processo indica a atividade formativa nas várias instâncias com vistas a alcançar propósitos explícitos, intencionais, visando promover aprendizagens mediante a atividade própria dos sujeitos. Implica, portanto, a existência de ambientes organizados, objetivos e conteúdos definidos em função de necessidades dos sujeitos e objetivos sociopolíticos, métodos e procedimentos de intervenção educativa para obter determinados resultados, para distinguir-se daqueles processos educativos informais, mais difusos e espontâneos (Libâneo, 2010, p. 84).

Desse modo, evidencia-se o papel docente vinculado à prática educativa intencional, "[...] compreendida por fato, influência, ação, processo que produz intervenção na configuração da existência humana individual ou grupal, em suas relações mútuas, num determinado contexto histórico-social" (Libâneo, 2010, p. 82).

Ponderando mais amplamente, torna-se importante refletir com Cunha (2018) quanto à professoralidade: "[...] diz respeito à profissão em ação; pressupõe a identidade e mobiliza os saberes próprios da profissão [...] não basta saber fazer, é preciso compreender teoricamente por que se faz e as consequências dessas ações como professores" (Cunha, 2018, p. 8).

Observamos, desse modo, o fato de que a questão que os autores apontam envolve pensar o trabalho exercido pelo docente como uma constante prática reflexiva sobre o fazer pedagógico, que traz consigo esforços no sentido de elaboração e criação dos modos, das condições necessárias para que os alunos possam acessar os elementos que favorecem as relações necessárias para a produção da aprendizagem: "[...] a educação implica sempre uma intencionalidade, obriga a um esforço de construção, de criação e de composição das condições, dos ambientes e dos processos propícios ao estudo e ao trabalho dos alunos. É esse esforço que define o papel dos professores" (Nóvoa; Alvim, 2021, p. 4).

Ao olhar para a sociedade contemporânea, novos cenários se desenham e trazem junto novos desafios, tensões, avanços científicos e tecnológicos. Nesse sentido, entendemos que as alterações no cenário histórico fazem emergir novas necessidades, que se desdobram, impactando nas relações e nas condições como os profissionais da docência contemporânea passam a conduzir os processos ensino-aprendizagem dos sujeitos em formação.

Por conseguinte, observamos com atenção os apontamentos de Roldão (2007) quanto às especificidades que caracterizam a profissão docente na contemporaneidade, uma vez que como ela afirma: "trata-se de uma construção histórico-social em permanente evolução" (Roldão, 2007, p. 94).

A autora contribui apresentando os "geradores de especificidade" caracterizadores do conhecimento profissional docente em relação à sua natureza epistemológica, que são:

> 1. [...] natureza compósita [...] Há de se transformar conteúdo científico e conteúdos pedagógicos-didáticos numa ação transformativa; 2. [...] capacidade analítica, aspecto que a linha da prática reflexiva vem também acentuando; 3. [...] é a sua natureza mobilizadora e interrogativa frequentemente ausente da cultura e das práticas dos professores, com consequências no respectivo sucesso do seu ensino; 4. [...] relacionado a capacidade de questionamento, é a meta-análise, requerendo postura de distanciamento e autocrítica; 5. [...] comunicabilidade e circulação (Roldão, 2007, p. 100-101).

Ao fazê-lo, como mencionamos acima, a autora propõe "agregadores e factores de distinção do conhecimento profissional docente" (Roldão, 2007, p. 100) e nos faz refletir sobre esse conjunto específico e distinto que há no fazer e no conhecimento profissional docente, que o distingue quando comparamos ao "saber definidor de outras profissões", o que segundo a autora:

> [...] nos parece possível e necessário desocultar a natureza desse conhecimento particular que é o conhecimento profissional docente através da desmontagem das suas componentes; por outro lado porque reconhece a valia da epistemologia da prática enquanto iluminadora da sustentação nuclear do conhecimento profissional na reflexão antes, sobre e após a acção (Roldão, 2007, p. 99).

Nessa mesma linha de pensamento, concordamos com Nóvoa e Alvim (2021), que apontam para o fato de que, principalmente após a pandemia, emergiram novas necessidades que pedem aprimoramento e mudança profunda na educação e no trabalho docente, uma vez que o trabalho docente impacta o processo educacional na relação com os sujeitos

Por conseguinte, o papel exercido pela docência passa por reformulações necessárias de adequação às novas metodologias e estratégias em face da inserção das novas tecnologias no contexto formal.

Nesse cenário, o papel docente, não menos importante, ao contrário, a educação como processo intencional, passa a evidenciar ainda maior necessidades e esforços por parte dos docentes para proporcionar o ambiente inclusivo e de construção de aprendizagem, que possa incluir uma grande diversidade de sujeitos e necessidades reunidos para interações e aprendizados no espaço formal da escola contemporânea.

Desse modo, temos que considerar que existe essa necessidade implicada com o aperfeiçoamento e formação social humana nas relações estabelecidas pela convivência, que ocorre no contexto formal de processos de produção de aprendizagem, promovidos pela ação intencional dos educadores, não pela espera, expectativa e cobrança da sociedade sobre o papel docente, mas pelo compromisso ético no qual a sua professoralidade está imbricada.

A ÉTICA CUIDADA QUE COMBATE A ALIENAÇÃO NA EDUCAÇÃO HUMANÍSTICA

Segundo Henri Wallon, na sua teoria psicogenética, somos seres emocionais, e tudo o que nos ocorre passa primeiro pelo âmbito da emoção, pela forma como sentimos o mundo e os acontecimentos à nossa volta e pelos acontecimentos que afetam diretamente a nossa capacidade de assimilação. Isso ocorre porque as nossas emoções influenciam na nossa motivação e interesse (Mota, 2013).

Portanto, quando pensamos a ressignificação da escola a partir de uma perspectiva mais humanista, estamos falando de ressignificar alguns aspectos na escola construída historicamente em face das mudanças e avanços que ocorrem de tempos em tempos e que fazem emergir novas necessidades para a formação do sujeito que opera na vida social na contemporaneidade.

No pensamento do educador japonês Tsunessaburo Makiguti (1994), "A educação é uma ciência dedicada a extrair valores pessoais dos professores, os quais, por sua vez, orientam seus alunos na criação de valores". A educação deve ser uma ciência humanística que reconhece as necessidades do professor e do aluno" (Makiguti, 1994, p. 108). A profissão docente e o papel exercido pelos professores no exercício da docência mostram-se, nesse sentido, cada vez mais de grande relevância.

Por conseguinte, refletimos com os seus apontamentos:

> A educação verdadeira não é acidental. O ensinamento consciente origina o comportamento intencionalmente racional. Ele encoraja o tipo de vida que não apenas produz valor para alguns poucos indivíduos em tempo e local específicos, mas também procura reconhecer as leis universais do valor para vida. A educação, portanto, como forma de orientação da vida real, deve procurar levar o educando a experimentar o valor no dia a dia de sua vida. Em qualquer disciplina, o objetivo de criar valores nunca deve ser esquecido (Makiguti, 1994, p. 109).

Os apontamentos de Nóvoa e Alvim (2021) corroboram muito o olhar humanitário de interação humana nas relações de convivência necessários ao desenvolvimento da nossa humanidade:

> O mais importante é construir ambientes escolares propícios ao estudo e ao trabalho em conjunto. Aprender não é um ato individual, precisa dos outros. A auto-educação é importante, mas não chega. O que sabemos depende, em grande parte, do que os outros sabem. É na relação e na interdependência que se constrói a educação (Nóvoa; Alvim, 2021, p. 8).

Esse fato obriga olhares centrados no novo sujeito em formação, que se apropria de novos modos de vida, novas formas de agir e se relacionar com o meio que o cerca, que se faz presente numa grande e ampla diversidade no espaço de formação da escola, construindo novas relações e interações. Desse modo, precisamos considerar que "[...] O espaço da escola favorece as relações sociais. A educação e a aprendizagem estimulam interações humanas, o diálogo e a troca, e as escolas devem ser construídas com o propósito de fomentar isso" (Unesco, 2022, p. 93).

Nesse sentido, caminhamos para a ressignificação do espaço formal de aprendizagem intencional e das práticas em curso na escola que almejamos sempre aprimorar e, desse modo, refletimos com a Unesco (2022), a partir do novo contrato social:

> Independentemente da idade de seus estudantes, as escolas devem estimular a curiosidade e o desejo pelo conhecimento. Os estudantes devem ser expostos a ideias e experiências que normalmente não encontram em casa e em suas comunidades imediatas. Os encontros pedagógicos intencionais tornam as escolas insubstituíveis. Únicas entre a infinidade de outros espaços educacionais, as escolas são locais de aprendizagem e de ensino. Os seres humanos aprendem e são capazes de ensinar e ser ensinados. Essa bela dinâmica nos conecta aos conhecimentos comuns através do espaço e do tempo, através de gerações e formas de conhecimento e nos conecta uns aos outros (Unesco, 2022, p. 93).

Observando os fatos, considerando a escola como espaço de diálogo, a escola do futuro caminha e evidencia a necessidade de uma abordagem de uma educação humanística.

Desse modo, o professor deverá considerar em primeira instância, os estados emocionais dos seus alunos e iniciar os trabalhos no sentido de criar motivação para que eles possam se desenvolver.

Considerar estados emocionais dos alunos como primeira instância nos faz refletir com Aloni (2011) sobre a cultura escolar humanista que conclama aos professores uma mudança significativa no âmbito da consciência profissional, considerando alguns aspectos importantes da cultura escolar. Para o autor, existem alguns aspectos que são cruciais para que se possa proporcionar aos alunos uma educação humanística, entre os quais estão o cultivo multifacetado da personalidade do aluno:

> O princípio humanista do cultivo multifacetado da personalidade dos alunos está fundamentado em uma antiga tradição — desde os dias da educação ateniense nas disciplinas complementares de ginástica (educação física) e música (educação espiritual e mental) até as recentes inovações na área das inteligências múltiplas, habilidades para a vida e 'alfabetização multifacetada' (Aloni, 2011, s/p).

Outro autor que contribui sobre essa reflexão acerca dos processos de aprendizagem é Howard Gardner (1995), que, na sua teoria das inteligências múltiplas, afirma que cada pessoa possui maneiras distintas de aprender e se adaptar. Não se pode, como educadores, estabelecer padrões e colocar todos na sala de aula num mesmo patamar na tentativa de nivelar os alunos.

Gardner (1995) discorre sobre a existência de múltiplas inteligências e a importância do ambiente para a manifestação delas. Essa teoria trouxe uma nova percepção para a ação pedagógica e para refletir sobre os currículos escolares.

Ao revelar a existência dessas variadas formas de inteligência, Gardner libertou as crianças e os alunos para poderem ser eles mesmos e fomentou uma nova maneira de pensar a prática docente no contexto formal.

Considerar a existência de múltiplas inteligências corrobora o fato de que os educadores humanistas procuram proporcionar as condições necessárias para o desenvolvimento sadio "[...] de pessoas bem formadas e íntegras cuja cultura se manifeste não apenas em seu conhecimento geral, como também na utilização prudente e responsável do conhecimento" (Aloni, 2011, p. 5), de modo que a "árvore do conhecimento" possa servir também como uma nutritiva "árvore da vida" (Aloni, 2011, p. 5).

A PRÁTICA DOCENTE COMPROMISSADA REVERBERANDO COMO POTÊNCIA NA TRANSFORMAÇÃO DA CIDADE

De acordo com Paulo Freire (2001), não é possível ao professor desenvolver uma postura neutra em face dos compromissos que impera sobre a docência na relação com a formação e busca a promoção da emancipação dos sujeitos. Desse modo, há que se ponderar sobre a postura que ele busca conscientizar:

> [...] trabalhar uma postura conscientizadora é desvelar as verdades ocultas pelas ideologias. A conscientização, nesse sentido, é mais do que tomada de consciência da realidade. Ela significa a rigorosa compreensão da realidade. Por isso mesmo, não é possível conscientizar com a adoção de um modelo de neutralidade, sobretudo com relação aos conteúdos escolares (Camargo, 2001 *apud* Freire, 2001, p. 66).

Como efeito, entendemos que o papel imprescindível da atuação docente compromissada evoca uma ação possível e esperançosa de combate à alienação que muito se faz presente contemporaneamente.

Há, sem dúvida, potência na ação docente. Nesse sentido, o nosso olhar se volta para a educação integral dos sujeitos. Para tal, evidencia-se a necessidade de pensar o espaço das vivências cotidianas na cidade, local onde se encontra cada sujeito que busca ser ativo e emancipado para a

CIDADES EDUCADORAS: EXPERIÊNCIAS E POSSIBILIDADES

ação livre e criativa. Essa prática envolve a perspectiva de agir no mundo objetivo para o desenvolvimento de ações voltadas para a transformação do espaço da cidade.

Ampliando um pouco mais o nosso olhar, refletimos com Carlos (2021), que a cidade é vista como "realização humana" e "A cidade, em cada uma das diferentes etapas do processo histórico, assume formas, características e funções distintas" (Carlos, 2021, p. 57).

Portanto, na vida cotidiana das cidades, as particularidades específicas de cada contexto cultural, experiências vividas a cada sujeito nas múltiplas relações de convivência, traduzem-se de certo modo em saberes que estão carregados de memórias, simbologias e experiências vividas em cotidianos diferenciados e repleto de significados para cada pessoa.

Como consequência, a força da ação docente comprometida com a formação integral, desenvolvida no exercício da formação do sujeito, pede-nos um olhar a partir das experiências vividas e relacionais que eles trazem consigo, que, uma vez ampliadas e aprimoradas no contexto formal, substanciam o alcance da autonomia e da emancipação. Desse modo, ao ampliarem suas capacidades, tornam-se capazes de deixar a sua marca no mundo, como menciona Freire (2015). Esse sujeito está implicado no local onde vive, sendo parte da cidade em constante construção.

> O fato de me perceber no mundo, com o mundo e com os outros me põe numa posição em face ao mundo que não é de quem nada tem a ver com ele. Afinal, minha presença no mundo não é a de quem a ele se adapta, mas a de quem nele se insere. É a posição de quem luta para não ser apenas objeto, mas sujeito da história (Freire, 2015, p. 53).

Esses contextos diferenciados, experimentados na vida cotidiana da cidade, possuem forte influência sobre quem somos e vamos nos tornando no processo de humanização em meio à vida social coletiva.

Nesse sentido, Vieira, Moll e Abrunhosa (2024) apresentam importantes reflexões quanto às relações de interação que ocorrem na cidade em contexto vivido pelos sujeitos e os espaços educacionais que visem a formação integral dos sujeitos, que pedem inovação para contribuir no sentido de "humanizar a educação" (Vieira *et al.*, 2024, p. 10).

Para tanto, nesse viés, os autores apresentam importantes apontamentos:

> Considerar o sujeito cognitivo, afetivo, ético, estético, relacional, espiritual, dentre outros aspectos, requer processos educacionais pensados, planejados, processos que conside-

> rem como, ao longo da história, o conhecimento foi sendo elaborado, que erros foram cometidos, que possibilidades e sonhos são possíveis (Vieira *et al.*, 2024, p. 10).

Dessa forma, inevitavelmente, quando desejamos pensar o processo de formação humana na perspectiva humanitária como prática social, não poderemos nos distanciar do contexto da realidade vivida por cada sujeito em diferentes territórios. Daí surge imediatamente aos nossos olhos a grande diversidade cultural, que se apresenta diante de nós no contexto da educação formal nas escolas. É nesse sentido que se abre espaço para um olhar em que se conecta a cidade (realidade vivida) e a escola (espaço de formação humana). Assim: "A escola e a cidade comunicam-se, a escola pertence à cidade, por isso, necessita ser ocupada e cuidada como espaço que a todos pertence" (Vieira *et al.*, 2024, p. 11).

CONSIDERAÇÕES FINAIS

Das reflexões realizadas a partir desses estudos que tinham como objetivo buscar compreender, em face dos novos cenários, quais são as especificidades do fazer docente e ao mesmo tempo evidenciar aspectos relevantes para o processo da formação docente e o exercício da profissão docente em meio às mudanças que se mostram em movimento na escola a caminho do futuro, assim como os autores, também vislumbramos e sustentamos a visão da docência como copromotora da formação do sujeito na integralidade, a sua implicação na relação com a cidade, capaz de agir para modificar como agente transformador da realidade. Desse modo, verificamos quão implicada está a ação docente diretamente relacionada na contribuição para a autonomia e emancipação de sujeitos para atuarem na vida social em que pertencem na cidade. Ficam claras, dessa maneira, as necessidades impostas pelas alterações de contextos históricos, necessidades e alterações que visam ressignificar o contexto escolar contemporâneo.

Refletimos com os teóricos a perspectiva da educação humanística ressignificando e ampliando as relações que aproximam a cooperação e o trabalho coletivo de interação e geração de aprendizado entre as pessoas nos espaços escolares. O professor dinâmico, reflexivo, dialético e consciente das suas ações e compromisso ético, mostra-nos que é possível ampliar ainda mais a escola humanitária e inclusiva em meio à diversidade presente, sendo essas as contribuições na direção da construção de um futuro mais humanizado.

REFERÊNCIAS

ALONI, Nimrod. Humanistic education: from theory to practice. *In*: VEUGELERS, W. (ed.). **Education and Humanism**: Linking Autonomy and Humanity. Rotterdam, The Netherlands: Sense Publishers, 2011. p. 35-46. Disponível em: https://web.archive.org/web/20170811062321id_/https://www.sensepublishers.com/media/299-educationand-humanism.pdf#page=42. Acesso em: 10 out. 2023.

ALONI, N. **Educação Humanística**. Tradução de Silvia Moreira Leite. Disponível em: www2.unifap.br/Borges. Acesso em: 5 jul. 2024.

CARLOS, A. F. A. **A Cidade**. 9. ed. São Paulo: Contexto, 2021.

CUNHA, M. I. da. Docência na Educação Superior: a professoralidade em construção. **Educação**, Porto Alegre, v. 41, n. 1, p. 6-11, maio 2018. Disponível em: http://revistaseletronicas.pucrs.br/ojs/index.php/faced/article/view/29725/0. Acesso em: 12 jul. 2024.

FREIRE, P. **A pedagogia da libertação em Paulo Freire**. São Paulo: Editora UNESP, 2001.

FREIRE, P. **Pedagogia da Autonomia**: saberes necessários à prática educativa. 50. ed. Rio de Janeiro: Paz e Terra, 2015.

GARDNER, H. **Inteligências Múltiplas**: a teoria na prática. Porto Alegre: Artes Médicas, 1995.

GATTI, B. Formação de professores, complexidade e trabalho docente. **Revista Diálogo Educacional**, Curitiba, v. 17, n. 53, p. 721-737, fev. 2017.

LIBÂNEO, J. C. **Pedagogia e pedagogos, para quê?** 12. ed. São Paulo: Cortez, 2010.

MAKIGUTI, T. **Educação para uma vida criativa**: Ideias e propostas de Tsunessaburo Makiguti. Rio de Janeiro: Record, 1994.

MIRA, M. M.; ROMANOWSKI, J. P. Processos de inserção profissional docente nas políticas de formação: o que documentos legais revelam. **Acta Scientiarum Education**, Maringá, v. 38, n. 3, p. 283-292, jul./ set. 2016.

MOTA, M. S. G.; PEREIRA, F. E. L. **Desenvolvimento e Aprendizagem**: Processo de Construção do Conhecimento e Desenvolvimento mental do Indivíduo. Brasília: Portal do Mec, 2013. Disponível em: http://portal.mec.gov.br/setec/arquivos/pdf3/tcc_desenvolvimento.pdf. Acesso em: 20 nov. 2018.

NÓVOA, A.; ALVIM, Y. Os professores depois da pandemia. **Educ. Soc. 42**, Campinas, v. 42, n. 249236, ago. 2021.

ROLDÃO, M. do C. Função docente: natureza e construção do conhecimento profissional. **Revista Brasileira De Educação**, v.12, n. 34, p. 94-103, 2007.

ROMANOWSKI, J. P.; PRATES, S. C; MARTINS, P. L. O. Aprendizagem da docência para a educação básica em comunidades de prática. **Revista da FAEEBA**: Educação e Contemporaneidade, Salvador, v. 29, n. 57, p. 61-77, jan./mar. 2020.

TARDIF, M.; LESSARD, C. **O Trabalho Docente**: elementos para uma teoria da docência como profissão de interações humanas. Tradução de João Batista Kreuch. 7. ed. Petrópolis/RJ: Vozes, 2012.

UNESCO, Organização das Nações Unidas para a Educação, Ciência e Cultura. **Reimaginar nossos futuros juntos**: um novo contrato social para a educação. Brasília: Comissão Internacional sobre os Futuros da Educação, UNESCO; Boadilla del Monte: Fundación SM, 2022.

VIEIRA, M. M. da S.; MOLL, J.; ABRUNHOSA, E. C. O espaço educacional como materialização de concepções e princípios: Aportes para um debate necessário. **Revista Ibero-Americana de Estudos em Educação,** Araraquara, v. 19, p. e024029, 2024. Disponível em: https://periodicos.fclar.unesp.br/iberoamericana/article/view/18195. Acesso em: 17 jul. 2024.

8

O PAPEL DOS PROFISSIONAIS NA CONSTRUÇÃO DE CIDADES INTELIGENTES: DESAFIOS E OPORTUNIDADES

Cláudia Patrícia Garcia Pampolini
Celso Giancarlo Duarte de Mazo

INTRODUÇÃO

Nos últimos anos, o conceito de cidades inteligentes tem ganhado destaque como uma abordagem para enfrentar os desafios urbanos contemporâneos, como a rápida urbanização, a escassez de recursos, incluindo os recursos humanos, com a especificidade de seus perfis profissionais adequados a essa nova realidade, e a necessidade de oferecer serviços urbanos eficientes e sustentáveis. Uma cidade inteligente é definida como "um espaço urbano que utiliza tecnologias de informação e comunicação (TICs) para melhorar a qualidade de vida, a eficiência dos serviços públicos e a interação com o ambiente" (Caragliu; Del Bo; Nijkamp, 2009).

O surgimento e a expansão das cidades inteligentes têm redefinido não apenas a infraestrutura urbana, mas também o mercado de trabalho em áreas urbanas ao redor do mundo. A integração de tecnologias de informação e comunicação (TICs) nas operações urbanas está criando oportunidades de emprego e remodelando as demandas por habilidades profissionais. Nesse contexto, é crucial analisar como a transformação digital está impactando o mercado de trabalho nas cidades inteligentes, identificando as oportunidades emergentes e as profissões mais afetadas por essa realidade. Para alcançar esses objetivos, é essencial contar com profissionais qualificados e multidisciplinares que possam projetar, implementar e gerenciar as soluções tecnológicas necessárias para as cidades continuamente mais inteligentes. Vejamos quais são alguns dos perfis profissionais requeridos por uma cidade inteligente.

Perfis profissionais requeridos para cidades inteligentes

Os perfis aqui descritos foram identificados por meio de uma pesquisa bibliográfica realizada nas principais bases de dados científicas, contemplando trabalhos publicados nos últimos cinco anos. Este capítulo de modo algum visa limitar ou delimitar somente alguns perfis específicos. Não há privilégios de determinadas profissões em decorrência de outras. Intencionou-se apenas destacar aquelas que neste momento estão mais proeminentes com as demandas das cidades inteligentes. Vamos a eles:

1. Engenheiros de Tecnologia da Informação e Comunicação (TICs) – Esses profissionais são fundamentais para desenvolver e implementar infraestruturas de TICs, como redes de comunicação de alta velocidade e sistemas de sensores, que formam a espinha dorsal das cidades inteligentes (Komninos, 2002);

2. Urbanistas e Planejadores Urbanos – O papel desses profissionais é integrar as soluções tecnológicas nas estratégias de planejamento urbano, garantindo que as iniciativas de cidades inteligentes estejam alinhadas com as necessidades e aspirações das comunidades locais (Nam; Pardo, 2011);

3. Analistas de Dados e Especialistas em Analytics – Com a vasta quantidade de dados gerados pelas cidades inteligentes, esses profissionais são responsáveis por analisar e interpretar essas informações para extrair insights valiosos que possam orientar a tomada de decisões (Giffinger *et al.*, 2007). A coleta e a análise de grandes volumes de dados gerados pelas cidades inteligentes exigem habilidades avançadas em análise de dados, mineração de dados e inteligência artificial para extrair insights valiosos e tomar decisões informadas (Deloitte, 2018);

4. Arquitetos e Designers Urbanos – Eles desempenham um papel crucial na concepção de espaços urbanos inteligentes, incluindo edifícios e infraestruturas públicas que integram tecnologias de eficiência energética, gestão de resíduos e mobilidade sustentável (Anthopoulos, 2017);

5. Tecnologia da Informação e Comunicação (TICs) – O desenvolvimento e a implementação de infraestruturas de TICs, incluindo redes de comunicação de alta velocidade, sensores inteligentes

e sistemas de gestão de dados, estão gerando uma demanda crescente por profissionais de tecnologia da informação e comunicação (World Economic Forum, 2019);

6. Desenvolvedores de Aplicativos e Sistemas Inteligentes – A criação de aplicativos e sistemas inteligentes para melhorar a eficiência dos serviços urbanos, como transporte público, gerenciamento de resíduos e energia, está impulsionando a demanda por desenvolvedores de software especializados (PwC, 2019);

7. Especialistas em Segurança Cibernética – Com o aumento da conectividade e da digitalização nas cidades inteligentes, há uma necessidade crescente de profissionais de segurança cibernética para proteger infraestruturas críticas contra ameaças cibernéticas (McKinsey Global Institute, 2018);

8. Engenheiro de Dados Urbanos: Segundo Ramasubramanian e Blaschke (2020), com a vasta quantidade de dados gerados pelas infraestruturas inteligentes das cidades, os engenheiros de dados urbanos são responsáveis por coletar, analisar e interpretar esses dados para informar políticas públicas e melhorias urbanas. Eles utilizam técnicas de análise de big data e inteligência artificial para extrair insights significativos;

9. Especialista em Segurança Cibernética Urbana – Com a crescente interconexão de sistemas urbanos e infraestruturas digitais, a segurança cibernética torna-se uma preocupação crucial (Miller, 2020). Esses profissionais são responsáveis por proteger redes, sistemas de controle e dados contra ameaças cibernéticas, garantindo a integridade e confiabilidade das operações urbanas;

10. Gestor de Mobilidade Urbana – Com o objetivo de otimizar o fluxo de tráfego e promover a sustentabilidade, os gestores de mobilidade urbana utilizam tecnologias de transporte inteligente, como sistemas de transporte público integrados, compartilhamento de bicicletas e carros elétricos (Ahmed; Szanto, 2019). Eles planejam e implementam estratégias para reduzir congestionamentos e melhorar a acessibilidade;

11. Designer de Experiência do Usuário (UX) para Cidades Inteligentes – Pesquisadores como Friedman e Hendry (2018) Com foco na interação entre os cidadãos e os serviços urbanos digitais,

os designers de UX para cidades inteligentes garantem que as soluções tecnológicas sejam intuitivas, acessíveis e inclusivas. Eles projetam interfaces amigáveis e experiências personalizadas para atender às necessidades e preferências dos usuários.

Essas profissões ilustram as necessidades emergentes para o atendimento dos desafios e oportunidades requeridos para as cidades inteligentes. No próximo tópico, veremos como se apresentam esses desafios e oportunidades para os profissionais das cidades inteligentes.

Desafios e oportunidades para os profissionais

A rápida evolução das cidades inteligentes está reconfigurando o mercado de trabalho, trazendo consigo uma série de desafios para trabalhadores e empresas. A necessidade de requalificação profissional é evidente, com a demanda por novas habilidades técnicas e sociais em ascensão. Nesse cenário, a formação educacional dos trabalhadores desempenha um papel crucial na preparação para os desafios e oportunidades apresentados pelas cidades inteligentes.

Um dos principais desafios enfrentados pelos profissionais que atuam em cidades inteligentes é a necessidade de lidar com a rápida evolução tecnológica e a complexidade dos sistemas urbanos interconectados. Além disso, questões relacionadas à privacidade, segurança cibernética e desigualdade digital também representam desafios significativos. No entanto há também uma série de oportunidades para os profissionais envolvidos no desenvolvimento de cidades inteligentes. Isso inclui a possibilidade de aplicar inovações tecnológicas para resolver problemas urbanos urgentes, bem como a chance de trabalhar em projetos multidisciplinares e colaborativos que visam melhorar a qualidade de vida das pessoas e promover a sustentabilidade urbana.

Os trabalhadores contemporâneos são instigados a desenvolver habilidades essenciais, tais como análise de dados, programação e gestão de sistemas inteligentes, a fim de se ajustarem às exigências do mercado de trabalho em constante evolução, impulsionado por tecnologias inovadoras. Como observado por Brynjolfsson e McAfee (2014), o domínio dessas habilidades é fundamental para prosperar em uma economia digital altamente conectada. Além disso, conforme destacado por Davenport e Kirby (2015), competências sociais como adaptabilidade e resolução de problemas estão se tornando cada vez mais valorizadas em um ambiente profissional onde a colaboração e a criatividade desempenham papéis centrais. Investir na formação educacional dos trabalhadores é fundamental para promover uma transição suave para um mercado de trabalho influenciado por cidades inteligentes. Isso envolve não apenas o desenvolvimento de programas de educação e treinamento adaptados às demandas específicas das cidades inteligentes, mas também o acesso equitativo a esses recursos, a fim de mitigar a desigualdade digital e promover a inclusão social.

Além disso, as empresas desempenham um papel importante no apoio à formação educacional de seus funcionários, fornecendo oportunidades de aprendizado contínuo e desenvolvimento profissional. Isso não apenas beneficia os trabalhadores individualmente, mas também fortalece a capacidade das empresas de inovar e se adaptar às mudanças em um ambiente urbano em constante evolução.

Em última análise, a formação educacional dos trabalhadores é um elemento-chave no desenvolvimento de cidades inteligentes sustentáveis e inclusivas. Ao capacitar os trabalhadores com as habilidades e conhecimentos necessários para prosperarem nesse novo ambiente urbano, podemos garantir um crescimento econômico mais equitativo, uma maior resiliência às mudanças tecnológicas e uma melhoria geral na qualidade de vida das comunidades urbanas.

Para os profissionais que buscam atualização constante, no campo da educação, a inovação e a transformação digital estão democratizando o acesso ao conhecimento e criando formas de aprendizado. Plataformas on-line, cursos a distância e recursos educacionais digitais estão permitindo que pessoas ao redor do mundo tenham acesso a conteúdo de alta qualidade e a oportunidades de desenvolvimento pessoal e profissional. Além disso, a gamificação e a personalização do ensino estão tornando o processo de aprendizagem mais engajador e eficaz.

No campo social, a inovação e a transformação digital estão promovendo a inclusão e a participação cidadã. As redes sociais e as plataformas de *crowdsourcing*[5] estão permitindo que as pessoas se conectem, compartilhem informações e se engajem em causas sociais de forma colaborativa. Além disso, a tecnologia está sendo utilizada para combater desigualdades e promover a inclusão de grupos marginalizados, oferecendo oportunidades de emprego, educação e acesso a serviços básicos.

---

[5] *Crowdsourcing* é uma prática de reunir contribuições de um grande grupo de pessoas, geralmente on-line, para realizar tarefas ou gerar ideias de forma colaborativa e eficiente.

Educação e formação para o futuro nas cidades inteligentes

O advento das cidades inteligentes representa uma revolução na forma como interagimos com o ambiente urbano. Essas cidades são caracterizadas pelo uso extensivo de tecnologia para melhorar a qualidade de vida, a eficiência dos serviços públicos e a sustentabilidade ambiental. No entanto, para que essas transformações sejam verdadeiramente eficazes e sustentáveis, é essencial que os sistemas educacionais se adaptem às demandas específicas desses novos contextos urbanos. À medida que as cidades evoluem em direção ao conceito de "cidades inteligentes", impulsionadas pela tecnologia e pela inovação, surge uma necessidade premente de adaptar os sistemas educacionais para preparar os profissionais do futuro.

As cidades inteligentes representam um paradigma inovador que integra tecnologia, dados e participação cidadã para melhorar a qualidade de vida e a eficiência dos serviços urbanos. No entanto, para que esse conceito seja plenamente realizado, é essencial que os profissionais envolvidos no planejamento, desenvolvimento e gestão dessas cidades estejam devidamente preparados. Os sistemas educacionais contemporâneos frequentemente não conseguem manter o passo das rápidas mudanças tecnológicas e sociais, resultando em profissionais desatualizados e mal preparados para lidar com os desafios apresentados pelas cidades inteligentes. Conforme enfatizado por Jane Jacobs, uma renomada urbanista, em suas obras sobre o planejamento urbano e a dinâmica das cidades, a capacidade de adaptação e inovação é crucial para o sucesso em ambientes urbanos em constante evolução. Portanto, é imperativo que haja uma reformulação dos currículos e programas educacionais para garantir que os estudantes adquiram as habilidades e competências necessárias.

Necessidade de adaptação dos sistemas educacionais

A rápida evolução das tecnologias digitais está transformando profundamente a dinâmica das nossas cidades. No mundo contemporâneo, a conectividade e a automação assumiram o papel de norma, redefinindo não apenas a maneira como as pessoas vivem, mas também como trabalham e se relacionam. Diante desse panorama em constante mudança, torna-se evidente a necessidade premente de uma reavaliação dos currículos educacionais, a fim de preparar os alunos para os desafios e oportunidades emergentes.

Em meio à ascensão das cidades inteligentes, emerge uma necessidade crescente por profissionais que possuam habilidades multidisciplinares. Conforme destacado por Mitchell *et al.* (2013), esses indivíduos devem ser capazes de integrar conhecimentos que ultrapassam as fronteiras da esfera técnica tradicional, abarcando áreas como tecnologia, design urbano, ciências sociais e ambientais. A interdisciplinaridade torna-se crucial nesse contexto, como ressaltam Caragliu, Del Bo e Nijkamp (2011), uma vez que permite uma abordagem mais holística na resolução dos desafios complexos enfrentados pelas cidades inteligentes. A capacidade de trabalhar de forma colaborativa e criativa se torna crucial em um ambiente onde a inovação é não apenas incentivada, mas essencial para o progresso.

As cidades inteligentes representam um paradigma inovador, em que a tecnologia, os dados e a participação cidadã se combinam para aprimorar a qualidade de vida e a eficiência dos serviços urbanos. No entanto, para que esse conceito seja efetivamente implementado, é imperativo que os profissionais envolvidos no planejamento, desenvolvimento e gestão dessas cidades estejam devidamente preparados.

A adaptação dos currículos educacionais é essencial para preparar os profissionais do futuro para as demandas das cidades inteligentes. Essa adaptação requer uma abordagem multidisciplinar, que valorize não apenas as habilidades técnicas, mas também as competências sociais e colaborativas. Somente assim poderemos garantir que as cidades do futuro sejam verdadeiramente inteligentes, sustentáveis e inclusivas.

Inovação e transformação digital: oportunidades

A inovação e a transformação digital têm desempenhado um papel crucial na criação de oportunidades no mercado de trabalho, especialmente no contexto das cidades inteligentes. O advento das cidades inteligentes representa uma convergência de tecnologias digitais e infraestrutura urbana, impulsionando uma série de mudanças significativas na forma como as cidades são planejadas, gerenciadas e habitadas. Nesse cenário, as oportunidades geradas pela inovação e transformação digital são ampliadas, oferecendo novas perspectivas para os trabalhadores em diversos setores.

Uma das principais oportunidades criadas pela inovação e transformação digital nas cidades inteligentes é a demanda por profissionais especializados em tecnologia e análise de dados. Com a crescente adoção de dispositivos conectados e sensores inteligentes, há uma necessidade crescente de especialistas capazes de gerenciar e interpretar os volumes massivos de dados gerados por esses dispositivos. Profissionais com habilidades em ciência de dados, análise de dados e inteligência artificial são essenciais para extrair insights valiosos desses dados e informar a tomada de decisões em áreas como planejamento urbano, transporte e gestão de recursos.

Além disso, a inovação e a transformação digital estão criando oportunidades para o desenvolvimento de novos modelos de negócios e serviços na economia das cidades inteligentes. Startups e empresas inovadoras estão surgindo para atender às demandas específicas desses novos ambientes urbanos, oferecendo soluções tecnológicas inovadoras para desafios como mobilidade urbana, eficiência energética e gestão de resíduos. Profissionais com habilidades em empreendedorismo, *design thinking* e desenvolvimento de negócios estão encontrando oportunidades únicas para prosperar nesse ecossistema em constante evolução.

Além disso, a transformação digital está impactando diretamente a natureza do trabalho em si, criando oportunidades para formas de trabalho flexíveis e colaborativas. A digitalização de processos e a adoção de ferramentas de trabalho remoto estão permitindo que os profissionais realizem suas atividades de qualquer lugar, promovendo a inclusão e a diversidade no mercado de trabalho. Além disso, a economia compartilhada está oferecendo novas oportunidades de renda para trabalhadores independentes, impulsionando a inovação e a flexibilidade no mercado de trabalho das cidades inteligentes.

No entanto, apesar das oportunidades criadas pela inovação e transformação digital, também surgem desafios significativos para os trabalhadores nas cidades inteligentes. A automação e a inteligência artificial têm o potencial de substituir empregos tradicionais em setores como transporte e manufatura, exigindo uma requalificação profissional para os trabalhadores afetados. Além disso, a desigualdade digital pode acentuar as disparidades socioeconômicas, excluindo aqueles com acesso limitado à tecnologia ou habilidades digitais.

As cidades inteligentes estão criando oportunidades de emprego em áreas relacionadas à tecnologia da informação, análise de dados e desenvolvimento de sistemas inteligentes. No entanto essa transformação digital também está impactando algumas profissões tradicionais, com uma redução na demanda por trabalho humano em certos setores. Diante desse cenário em evolução, é crucial que os trabalhadores urbanos estejam preparados para adquirir novas habilidades e se adaptar às demandas de um mercado de trabalho cada vez mais digitalizado e orientado para a inovação.

Em suma, os profissionais desempenham um papel fundamental na construção e operação de cidades inteligentes, trabalhando em conjunto para enfrentar os desafios urbanos do século 21 e aproveitar as oportunidades oferecidas pela revolução digital. No entanto é importante reconhecer que esse trabalho requer uma abordagem integrada e colaborativa, que envolva diversos campos de conhecimento e promova a participação ativa das comunidades locais.

As novas profissões em cidades inteligentes demandam uma combinação única de habilidades técnicas e conhecimentos específicos do contexto urbano. Segundo a visão do Dr. Juand Carlos Augusto, pesquisador da área vinculado à Middlesex University London, dentre as competências necessárias destacam-se:

- Conhecimento em tecnologias emergentes, como Internet das Coisas (IoT), análise de dados, inteligência artificial e segurança cibernética;

- Capacidade de colaboração e comunicação eficaz com uma ampla gama de *stakeholders*, incluindo autoridades municipais, empresas privadas e comunidades locais;

- Pensamento crítico e habilidades analíticas para resolver problemas complexos relacionados à infraestrutura urbana e à qualidade de vida dos cidadãos;

- Sensibilidade para questões de ética e privacidade de dados, garantindo a proteção dos direitos individuais dentro do contexto das cidades inteligentes (Augusto, 2023).

À medida que as cidades continuam a se transformar em ambientes cada vez mais conectados e inteligentes, a demanda por profissionais qualificados nessas novas áreas só tende a crescer. A capacidade de entender e adaptar-se às complexidades das cidades inteligentes, combinada com habilidades técnicas e sociais relevantes, será essencial para o sucesso dessas novas profissões e para o avanço do planejamento urbano no século 21.

Com base no exposto, propomos a discussão sobre novas possibilidades de formação profissional que contemplem as necessidades e emergências resultantes dos cenários apresentados em cidades inteligentes. Observou-se, com base no levantamento realizado, a tendência de que instituições educacionais e organizações de formação profissional desenvolvam cursos e programas voltados para o preparo de profissionais para as cidades inteligentes. Objetivando contribuir para essa discussão, os autores deste capítulo sugerem algumas ações que visam contemplar essa nova realidade:

1. Desenvolvimento de Habilidades Sociais e Emocionais – Reconhecendo a importância das habilidades interpessoais em um ambiente urbano diversificado, alguns programas incluem treinamento em comunicação, liderança, trabalho em equipe e resolução de conflitos;

2. Empreendedorismo e Inovação – Cursos que incentivam o espírito empreendedor e a capacidade de identificar oportunidades de negócios inovadoras que possam contribuir para o desenvolvimento econômico e social das cidades inteligentes;

3. Gestão de Dados Urbanos – Com o aumento da coleta de dados nas cidades inteligentes, há uma demanda crescente por profissionais capazes de gerenciar e analisar grandes conjuntos de dados. Cursos e certificações em análise de dados, ciência de dados e visualização de dados são essenciais para capacitar os profissionais a extrair insights valiosos dos dados urbanos;

4. Tecnologias Emergentes – Da Internet das Coisas (IoT) à inteligência artificial (IA) e à realidade aumentada (AR), as cidades inteligentes dependem de uma variedade de tecnologias emergentes. Portanto, cursos que abordam essas tecnologias e sua aplicação no contexto urbano são fundamentais para preparar os profissionais para trabalhar em cidades inteligentes;

5. Planejamento Urbano Sustentável – As cidades inteligentes devem ser ambientalmente sustentáveis e socialmente inclusivas. Cursos que combinam princípios de planejamento urbano com soluções tecnológicas inovadoras são essenciais para garantir que as cidades do futuro sejam habitáveis e resilientes.

6. Gestão de Infraestrutura Inteligente – Com o advento de infraestruturas inteligentes, como redes elétricas inteligentes e sistemas de transporte conectados, há uma necessidade crescente de profissionais qualificados em sua gestão e manutenção. Cursos e certificações que abordam a gestão de infraestrutura inteligente são essenciais para garantir a funcionalidade e a segurança desses sistemas.

Além disso, é importante destacar a importância de trajetórias educacionais flexíveis e acessíveis, que permitam a atualização contínua das habilidades ao longo da carreira profissional. Isso pode incluir programas de educação a distância, cursos modulares e parcerias entre instituições educacionais e empresas do setor privado.

Exemplos de profissionais para as cidades inteligentes

Nos autores citados ao longo deste capítulo, perceberam-se que existem tendências de áreas do conhecimento que estão sendo prospectadas, requisitadas e desenvolvidas dentro do escopo desenhado para os profissionais das cidades inteligentes:

a. **Urbanista Digital**: um exemplo de profissional que já está atuando no contexto das cidades inteligentes é o Urbanista Digital. Esse profissional combina conhecimentos em planejamento urbano tradicional com habilidades em tecnologia e análise de dados. Sua função envolve o desenvolvimento de estratégias integradas para promover o uso eficiente de recursos, a inclusão social e a sustentabilidade;

b. ***Data miner* e análise de dados:** a mineração de dados, uma das tendências da Tecnologia da Informação (TI), está ganhando espaço em diversos setores, incluindo comunicação, educação e negócios. Essa prática envolve a aplicação de metodologias estatísticas e técnicas computacionais para descobrir padrões e tendências úteis em grandes conjuntos de dados. Isso é alcançado por meio da combinação de ferramentas matemáticas com inovações tecnológicas, como inteligência artificial e aprendizado de máquina.

Empresas e cidades estão reconhecendo cada vez mais a importância de desenvolver ativos intangíveis, como conhecimento e competências, e estão mudando a ênfase dos fatores de produção, priorizando o capital humano, estrutural e intelectual.

A mineração de dados proporciona valor às empresas e abre oportunidades para os especialistas da área. Os profissionais graduados em Banco de Dados são altamente procurados por sua capacidade de aumentar o capital intelectual, fornecendo insights para a tomada de decisões, o desenvolvimento de estratégias e a identificação de oportunidades;

c. **Profissionais de Internet das Coisas (IoT)**: ao considerar a cidade como uma plataforma tecnológica que conecta todos os setores e necessidades dos cidadãos, abrimos caminho para os desafios da digitalização urbana. Nesse contexto, a Internet das Coisas (IoT) emerge como uma das possibilidades aplicadas. Profissionais que aplicam e adaptam tecnologias disponíveis para aprimorar a gestão urbana, fazendo uso de Big Data, geoprocessamento, georreferenciamento e soluções de inteligência artificial, estão conquistando seu espaço tanto em empresas quanto em administrações públicas;

d. **Especialistas em redes e fontes renováveis de energia**: à medida que as cidades adotam uma visão de sustentabilidade energética, surge uma nova abordagem em relação aos sistemas energéticos urbanos. Este novo paradigma implica a exploração de tecnologias existentes e estudos de casos bem-sucedidos, bem como a compreensão do papel crucial dos municípios, das concessionárias e das empresas fornecedoras de soluções no desenvolvimento de projetos voltados para a energia sustentável. Esse enfoque não apenas promove uma infraestrutura energética mais eficiente, mas também abre um leque de oportunidades para especialistas em redes e fontes renováveis de energia em todo o país. Com a crescente demanda por soluções energéticas limpas e eficientes, esses profissionais desempenham um papel fundamental na transição para um futuro mais sustentável e resiliente.

e. **Especialistas em Direito Digital e Contratos Públicos:** um dos módulos que capturou significativamente a atenção dos alunos do curso Expert foi justamente aquele que abordou as Parcerias Público-Privadas (PPPs) e os contratos públicos. Em um contexto em que a interação entre setores público e privado é cada vez mais relevante, tornou-se essencial compreender os detalhes envolvidos no Direito Digital. Este conhecimento não é apenas crucial para advogados e especialistas jurídicos, mas também para profissionais e empreendedores que buscam estabelecer parcerias com órgãos públicos, prefeituras e governos estaduais.

Além disso, é importante ressaltar a importância dos especialistas em governança e compliance nesse contexto. Esses profissionais desempenham um papel fundamental na promoção de práticas éticas e na garantia da conformidade legal tanto na iniciativa privada quanto no setor público. Sua expertise é essencial para estabelecer relações transparentes e éticas entre empresas e entidades governamentais, contribuindo para uma gestão mais eficiente e íntegra dos negócios.

CONSIDERAÇÕES FINAIS

As oportunidades geradas pela inovação e transformação digital nas cidades inteligentes são vastas e diversas, abrindo novas perspectivas para o mercado de trabalho. No entanto, para garantir que tais oportunidades sejam acessíveis de maneira justa e inclusiva, é fundamental investir em educação e formação profissional, além de promover o acesso equitativo à tecnologia e implementar políticas que incentivem a diversidade e a inclusão no mercado de trabalho desses ambientes urbanos avançados. Somente por meio dessas medidas podemos garantir que a revolução digital beneficie todos os membros da sociedade, impulsionando o crescimento econômico, a inovação e o desenvolvimento sustentável nas cidades do futuro.

A evolução dinâmica das cidades inteligentes ressalta a urgência de uma educação e formação adequadas para os profissionais que atuarão nesse novo paradigma urbano. Capacitar os indivíduos para enfrentar os desafios e explorar as oportunidades apresentadas por esse contexto urbano inovador é crucial para promover o desenvolvimento sustentável e inclusivo dessas comunidades. Este texto busca explorar a importância da educação e formação para o futuro nas cidades inteligentes, destacando o papel fundamental de cursos, certificações e trajetórias educacionais adaptadas na preparação dos profissionais para contribuir de forma significativa para o avanço e a gestão desses ambientes urbanos avançados.

À medida que as cidades inteligentes continuam a se desenvolver e evoluir, a educação emerge como um fator determinante na capacitação de profissionais aptos a enfrentar os desafios complexos e a explorar as oportunidades decorrentes dessa transformação urbana. A necessidade de adaptação dos sistemas educacionais às demandas específicas das cidades inteligentes é evidenciada pela urgência de promover um ambiente de aprendizagem que habilite os indivíduos a lidarem com as demandas técnicas, sociais e ambientais desse novo paradigma urbano.

A integração de cursos, certificações e trajetórias educacionais adaptadas é essencial para garantir que os profissionais estejam devidamente preparados para contribuir de forma significativa para o desenvolvimento e gestão de cidades inteligentes sustentáveis e inclusivas. Investir na formação de profissionais capacitados para esse futuro é um passo fundamental para a construção de cidades mais inteligentes e resilientes, capazes de enfrentar os desafios emergentes e de promover o bem-estar coletivo das comunidades urbanas.

Portanto, diante da complexidade e da dinamicidade das cidades inteligentes, é imprescindível que a educação e a formação para o futuro sejam pautadas pela interdisciplinaridade, pela inovação e pela integração de conhecimentos técnico-científicos e humanos. Somente por meio de um investimento contínuo na capacitação dos profissionais será possível assegurar o progresso e a sustentabilidade desses ambientes urbanos em constante evolução. Assim, a educação se configura como um pilar fundamental na construção de cidades inteligentes que atendam às necessidades presentes e futuras de seus habitantes, promovendo a qualidade de vida, a equidade social e o desenvolvimento sustentável.

REFERÊNCIAS

AHMED, S.; SZANTO, S. Sustainable Urban Mobility Planning: Concepts and Cases. **Transport Reviews**, v. 39, n. 4, p. 535-560, 2019.

ANTHOPOULOS, L. G. The rise of the smart city. *In*: **Understanding Smart Cities**: A Tool for Smart Government or an Industrial Trick?. New York: Springer, 2017. p. 5-45.

AUGUSTO, J. C. **Smart Cities**: State of the Art and Future Challenges. 1st ed. New York: Springer, 2021. Disponível em: https://www.researchgate.net/publication/353148128_Handbook_of_Smart_Cities. Acesso em: 22 jul. 2024.

BRYNJOLFSSON, E.; MCAFEE, A. **The Second Machine Age**: Work, Progress, and Prosperity in a Time of Brilliant Technologies. London: W. W. Norton & Company, 2014.

CARAGLIU, A.; DEL BO, C.; NIJKAMP, P. Smart cities in Europe. **Journal of Urban Technology**, v. 18, n. 2, p. 65-82, 2011.

DAVENPORT, T. H.; KIRBY, J**. Only Humans Need Apply**: Winners and Losers in the Age of Smart Machines. Harper Business, 2015.

DELOITTE. **Smart Cities**: Digital Solutions for a More Livable Future. 2018. Disponível em: https://www.mckinsey.com/~/media/mckinsey/business%20functions/operations/our%20insights/smart%20cities%20digital%20solutions%20for%20a%20more%20livable%20future/mgi-smart-cities-executive-summary.pdf. Acesso em 22 de jul. 2024.

FRIEDMAN, B.; HENDRY, D. Designing for User Experience in Urban Environments. **Interactions**, v. 25, n. 2, p. 26-31, 2018.

GIFFINGER, R. *et al*. **Smart cities:** ranking of European medium-sized cities. Centre of Regional Science (SRF), Vienna UT, 2007.

JACOBS, J. **A morte e a vida das grandes cidades americanas**. São Paulo: Editora Martins Fontes, 2014.

KOMNINOS, N. **Intelligent Cities:** Innovation, Knowledge Systems and Digital Spaces. London: Spon Press, 2002.

MCKINSEY GLOBAL INSTITUTE. **Smart Cities:** Digital Solutions for a More Livable Future. 2018. Disponível em: https://www.mckinsey.com/capabilities/operations/our-insights/smart-cities-digital-solutions-for-a-more-livable-future. Acesso em: 22 jul. 2024.

MITCHELL, W. J.; BORRONI-BIRD, C.; BURNS, L. D. **Reinventing the Automobile:** Personal Urban Mobility for the 21st Century. Cambridge: MIT Press, 2013.

NAM, T.; PARDO, T. A. Conceptualizing smart city with dimensions of technology, people, and institutions. **The proceedings of the 12th Annual International Digital Government Research Conference**: Digital Government Innovation in Challenging Times, p. 282-291, 2011.

RAMASUBRAMANIAN, L.; BLASCHKE, T. Opportunities and Challenges of Geospatial Analysis for Promoting Urban Livability in the Era of Big Data and Machine Learning. **ISPRS International Journal of Geo-Information**, v. 9, n. 12, p. 752, 2020.

WORLD ECONOMIC FORUM. **Jobs of Tomorrow:** Mapping Opportunity in the New Economy. 2019. Disponível em: https://www.weforum.org/publications/jobs-of-tomorrow-mapping-opportunity-in-the-new-economy/. Acesso em: 22 jul. 2024.

9

INTERFACES ENTRE OS ESPAÇOS PÚBLICOS E AS PRÁTICAS DO ESPORTE E LAZER: UM DIALÓGO COM AS CIDADES EDUCADORAS

Emerson Liomar Micaliski
Willian Pereira Maia

INTRODUÇÃO

O esporte e o lazer são elementos muito presente na vida da maioria das pessoas dos mais diferentes estratos sociais (Melo; Alves Junior, 2012). Assim, a importância dos espaços públicos nesse contexto é fundamental, pois são ambientes que propiciam a prática de atividades físicas ou esportivas, bem como momentos de lazer e interação social, especialmente, nos centros urbanos.

No âmbito acadêmico, existe uma complexidade e diversidade de perspectivas sobre esporte, lazer e espaços públicos, o que revela o peso desses temas no contexto contemporâneo. Ressalta-se que a compreensão do que engloba o esporte e a atividade física não se resume a meras questões semânticas, mas reflete diferentes visões teóricas e práticas que influenciam diretamente as políticas públicas, a saúde coletiva e as dinâmicas sociais.

Neste capítulo, nossa abordagem se concentra na compreensão dos espaços públicos como cenários vitais para a concretização das práticas esportivas e de lazer, numa perspectiva essencial para a interação social e a conexão comunitária. Vale destacar que nossa abordagem de espaços públicos vai além da dimensão física, abrangendo também aspectos relacionados à gestão, acessibilidade e segurança, aspectos estes que frequentemente representam desafios a serem superados.

Evidentemente que políticas públicas desempenham um papel determinante na promoção do esporte, lazer e qualidade de vida nos espaços públicos como direitos fundamentais. No entanto sua efetivação requer não apenas recursos financeiros, mas também um comprometimento efetivo por parte dos gestores públicos, da sociedade civil e das instituições envolvidas.

Por entender que o "Cidades Educadoras" é considerado um movimento que assume um papel relevante ao fomentar a participação da comunidade na gestão e uso desses espaços, contribuindo para a construção de ambientes mais inclusivos e equitativos, este estudo tem como objetivo analisar as práticas do esporte e lazer em espaços públicos, com vistas a uma aproximação das cidades educadoras. Esse ensaio acadêmico percorre sobre a atuação conjunta entre governos, sociedade civil e instituições para promover o esporte, o lazer e a qualidade de vida em espaços públicos previstos como direitos fundamentais.

CONCEITOS SOBRE ESPORTE, LAZER E ESPAÇOS PÚBLICOS

Ao tratarmos sobre esporte ou atividade física, deparamo-nos com um intenso debate acadêmico a respeito do assunto. Isso porque as definições aceitas descrevem a atividade física como uma prática vinculada à promoção da saúde e elevação da qualidade de vida (Brasil, 2015). Por sua vez, o esporte, segundo descrição aceita no Conselho Europeu do Esporte e citado no Diagnóstico Nacional do Esporte (Brasil, 2015), define-se pelas "formas de atividade corporal que, por meio de participação ocasional ou organizada, e que visa melhorar a condição física e o bem-estar mental, constituindo relações sociais ou pela obtenção de resultados em competições de todos os níveis" (Brasil, 2015, versão on-line).

Podemos complementar a compreensão de esporte conforme a citação do art. 1.º da Lei Geral do Esporte (Brasil, 2023, versão on-line), que descreve o esporte como "toda forma de atividade predominantemente física que, de modo informal ou organizado, tenha por objetivo a prática de atividades recreativas, a promoção da saúde, o alto rendimento esportivo ou o entretenimento". Ou ainda, pelo olhar de autores que trabalham a concepção de esporte com um viés mais teórico (Marchi Junior, 2015; Coakley, 2008), tratando-o como um fenômeno processual, polissêmico, ou seja, com vários sentidos, significados e contextos.

Tendo essa compreensão inicial, neste capítulo abordaremos o esporte com olhar voltado à prática esportiva informal, ou seja, práticas que não exigem a implementação de regras por instituições (confederações ou comitês), ainda que não possuam algum tipo de recompensa financeira e que possam ser desenvolvidas em locais públicos como praças ou parques. Portanto, que sejam práticas que tenham gasto energético muscular em prol da saúde e qualidade de vida.

Já o lazer, segundo Melo e Alves Junior (2012), configura-se em diferentes processos históricos com significados específicos para o ato de se divertir e de buscar atividades prazerosas. Para os autores Gois e Carvalho (2022, p. 27), o lazer pode ser associado ao tempo livre das obrigações sociais e profissionais, ou seja, permite aos "indivíduos desempenharem atividades prazerosas, o que contribui não apenas para o revigoramento psicológico e para a qualidade de vida, mas também para o desenvolvimento humano em múltiplos aspectos: cognitivo, emocional e social". Não obstante, Silva *et al.* (2011) circunscrevem o lazer como um espaço de vivências críticas e criativas de conteúdos culturais, uma prática que vai além de descanso e divertimento, pois é uma oportunidade de desenvolvimento pessoal e social.

Apesar de a discussão sobre o lazer permitir múltiplas combinações e formas complementares na contemporaneidade, interligada com a cultura, qualidade de vida, serviços públicos e consumo, neste estudo buscaremos abordar o esporte e o lazer voltado à prática de esporte ou atividade física em espaços públicos, evidenciando normativas e pesquisas que constituem sua vivência como direito social.

Nesse sentido, após circunscrever os conceitos de esporte e lazer, é possível pensarmos na seguinte questão: o que é espaço público? Na realidade, há diversas respostas distintas para esta pergunta, várias linhas conceituais e diversas definições. Para tentar definir de forma mais assertiva o que é um espaço público, podemos citar o conceito apresentado por Bortolo (2021) que, baseado na obra de Gurza Lavalle (2005), classifica o conceito de espaço público em três esferas: a social, a política e a comunicativa.

O espaço público na esfera social pode ser definido como aquilo que é aberto, irrestrito e que tem acessível circulação, ou seja, espaços como parques, vias públicas, transporte público, entre outros espaços. Na esfera política, o espaço público pode ser conceituado como um espaço de interesse de todos, sem a possibilidade de ser disponibilizada como propriedade privada. Já na esfera comunicativa, pode-se dizer que é público tudo aquilo que pode ser amplamente divulgado (Bortolo, 2021).

Já Indovina (2002) cita que o espaço público é considerado o fundador da cidade, ou seja, é um conceito que foge do sentido literal ao se referir ao espaço público, e leva seu foco para a ideia de função daquele espaço e não necessariamente a propriedade/gestão daquilo. Segundo o autor, o espaço público é fundamental para uma cidade, pois contribui para sua identificação e é condição para a socialização e qualidade de vida. Dentro disso, para compreender melhor este espaço como público, vale a análise em relação a propriedade, ou seja, se é pertencente ao estado ou a iniciativa privada; aos limites de uso, custo de acesso e condições de utilização (Indovina, 2002). Sendo assim, se no resultado da análise desses parâmetros obtivermos um local de acesso público, gratuito e com menores condicionamentos de utilização, é esse o mais próximo da definição de espaço público.

Podemos destacar ainda que o espaço público estabelece relações com a população por meio do seu uso, como exemplo das práticas esportivas ou atividades físicas. Segundo Reis *et al.* (2017), a prática do esporte e atividade física em espaços públicos desempenha um papel crucial na promoção da saúde e qualidade de vida da população. Por isso, é essencial que governos, organizações não governamentais e a sociedade em geral trabalhem juntos para criar ambientes propícios à prática esportiva, garantindo assim benefícios significativos para a saúde e bem-estar da comunidade. Diante dessa apresentação inicial, buscaremos entender como o esporte/atividade física e lazer são previstos enquanto um direito adquirido.

O ESPORTE E O LAZER ENQUANTO DIREITOS SOCIAIS

O esporte e o lazer, juntamente com a cultura e a saúde, emergem como temas relevantes em conferências globais devido ao seu impacto na qualidade de vida e no desenvolvimento humano (Batista; Rosa, 2019). Nesse caminho, a articulação de políticas públicas para o esporte e lazer torna-se fundamental em países que reconhecem essas atividades como um direito social, como é o caso do Brasil, especialmente após a promulgação da Constituição Federal de 1988 (Brasil, 1988; Batista; Rosa, 2019). Tratando-se especificamente das leis que regulamentam ou regulamentaram o esporte no país, podemos citar a Lei Zico (1993), a Lei Pelé (1988) ou a Lei Geral do Esporte (2023).

A Constituição Federal (Brasil, 1988) destaca como dever do Estado fomentar práticas desportivas formais e não formais como direito de cada um (art. 217). Já a Lei n. 8.672, de 6 de julho de 1993 — chamada Lei Zico

(Brasil, 1993) —, é a primeira norma geral do esporte com conceitos e princípios — define o esporte nas seguintes manifestações: participação ou de lazer, educacional e rendimento (profissional e não profissional) e formação (incluída pela Lei n. 13.155/2015) quando a Lei Pelé (1998) já estava em vigor.

A partir das conquistas sociais, como exemplo do descanso remunerado do trabalhador, o lazer enquanto direito, tem tratado de garantias presentes na Constituição Federal, (art. 6.º e 7.º), além de integrante do Título II (Dos Direitos e Garantias Fundamentais); também no Capítulo VII – Da Família, da Criança, do Adolescente, do Jovem e do Idoso (art. 227), do Título VIII (Da Ordem Social); e no inciso 3.º do art. 217, dentro do contexto do esporte. Por estar vinculado ao art. 217, o lazer se viabiliza como uma prática desportiva, cujo desdobramento nos leva ao conceito do desporto de participação, incluído no art. 3.º, inciso II, da Lei n.º 9.615/98. Essa abordagem completa o ciclo das manifestações desportivas (educacional, participação e rendimento – profissional e não profissional), promovendo assim o direito pelo acesso ao lazer e aos benefícios do esporte para a população.

Mais recentemente, a Lei Geral do Esporte (LGE), que tinha por objetivo inicial unificar todas as leis esportivas do país, prevê novas nomenclaturas/configurações nas manifestações do esporte. De acordo com a LGE (Brasil, 2023) a prática esportiva é dividida em três níveis distintos, que compreendem:

I. a **formação esportiva:** visa ao acesso à prática esportiva por meio de ações planejadas, inclusivas, educativas, culturais e lúdicas para crianças e adolescentes, desde os primeiros anos de idade, direcionada ao desenvolvimento integral;

II. a **excelência esportiva:** abrange o treinamento sistemático direcionado à formação de atletas na busca do alto rendimento de diferentes modalidades esportivas;

III. o **esporte para toda a vida:** consolida a aquisição de hábitos saudáveis ao longo da vida, a partir da aprendizagem esportiva, do lazer, da atividade física e do esporte competitivo para jovens e adultos.

A prática esportiva voltada ao lazer é citada duas vezes na configuração do esporte para toda a vida, ao prever a incorporação de práticas corpóreas lúdicas como mecanismo de desenvolvimento humano, bem-estar e cidadania, além de "atividade física, para sedimentar hábitos, costumes e condutas corporais regulares com repercussões benéficas na educação, na saúde e no lazer dos praticantes" (Brasil, 2023, versão on-line). O lazer é previsto também com a prática do esporte educacional, sendo:

> [...] aquele praticado nos sistemas de ensino e em formas assistemáticas de educação, evitando-se a seletividade e a hipercompetitividade de seus praticantes, com a finalidade de alcançar o desenvolvimento integral, físico e intelectual, do indivíduo e a sua formação para o exercício da cidadania e para a prática do lazer, visando à integração social dos estudantes e à melhoria de sua qualidade de vida (Brasil, 2023, versão on-line).

E, por fim, a promoção e articulação de políticas esportivas e de lazer nas diferentes esferas governamentais, além das características de contrato de formação esportiva que propicie ao atleta em formação a participação em atividades culturais e de lazer, nos horários livres, conforme previstas no Estatuto da Criança e do Adolescente (Brasil, 2023).

Essa disposição destaca o compromisso do Estado brasileiro em promover e apoiar tanto o esporte formal, como competições e eventos organizados, quanto o esporte informal, como atividades recreativas e de lazer. Entretanto entende-se que para garantir o esporte como um direito social não basta que o "Estado brasileiro" tenha em sua estrutura administrativa órgãos de gestão do setor e dotação orçamentária específica. É preciso, que a estruturação de políticas públicas esteja em sintonia com as demandas da sociedade.

A construção dessa estrutura tem representado grandes desafios para o Governo Federal. Desde a criação do Ministério do Esporte em 2003, esse órgão federal de gestão, responsável por delinear a Política Nacional de Esporte e orientar as políticas estaduais e municipais, instituiu as conferências nacionais do esporte, com destaque aqui para as edições de 2004, 2006 e 2010. A primeira edição, com o tema "Esporte, Lazer e Desenvolvimento Humano", proporcionou um debate abrangente sobre todos os aspectos do esporte e lazer. E dentre algumas diretrizes estabelecidas destacou-se a aprovação dos referenciais para a construção da Política Nacional do Esporte (Brasil, 2004). A segunda conferência buscou refletir sobre a (re)construção do Sistema Nacional de Esporte e Lazer reconhecendo os graves problemas que impedem o desenvolvimento do esporte no país (Brasil, 2006). Já a terceira edição foi o "Plano Decenal do Esporte e Lazer: 10 pontos em 10 anos para projetar o Brasil entre os 10 mais" (Brasil, 2010).

Para a consolidação dos programas que garantam a universalização do acesso ao esporte e lazer como direitos inalienáveis, é preciso, além do Governo Federal, um grande esforço dos estados e municípios. Nessa perspectiva, muitos municípios se envolvem em grandes movimentos para atender os anseios da sociedade local. Como exemplo daqueles que aderem o movimento das Cidades Educadoras. Segundo a Associação Internacional das Cidades Educadoras (Aice), o objetivo desse movimento é trabalhar em conjunto em projetos e atividades para melhorar a qualidade de vida dos habitantes, a partir da sua participação ativa na utilização e evolução da própria cidade. De modo que os municípios possam desenvolver iniciativas que possam contribuir para bem-estar das pessoas.

Segundo os documentos das cidades educadoras, incorporar uma perspectiva educativa no planejamento do município implica uma análise sobre as políticas e programas em andamento, bem como avaliar o conteúdo das iniciativas a serem implementadas em cada uma das áreas da administração local. A Associação das Cidades Educadoras (Aice, 2019) cita que ao selar uma cidade com o título de Educadora não significa uma rutura ou modificação das políticas existentes, mas sim um novo olhar sobre o que se está fazendo. Tal fato requer um processo de reflexão inicial por parte das áreas municipais que deem respostas às questões ambientais, culturais, econômicas, educativas e esportivas. A seguir, buscaremos aprofundar mais sobre as questões esportivas.

CIDADES EDUCADORAS: INICIATIVAS DE ESPORTE E LAZER E O COMPORTAMENTO NACIONAL

A abordagem mais recente que busca fortalecer as cidades como espaços mais próximos a sociedade é a de "Cidades Educadoras", um movimento que se iniciou em 1990, e que vem sendo atualizado periodicamente para se adaptar a demanda da sociedade (Bacila, 2021). Em resumo, essa iniciativa convida cidades a se tornarem espaços regidos por diversos aspectos que vão desde a inclusão até a cooperação e paz, alinhados com a agenda de 2030 das Nações Unidas para o desenvolvimento sustentável (Aice, 2021).

Os documentos que subsidiam o movimento de Cidades Educadoras defendem o princípio educacional como eixo central da promoção humana, da equidade, da igualdade e da justiça social (Bacila, 2021). A carta da Associação Internacional de Cidades Educadoras (Aice, 2019), menciona que as cidades educadoras devem ser entendidas como um território que reconhece a educação como uma ferramenta essencial para a transformação social, buscando engajar e articular o máximo de agentes educativos presentes na localidade. Essa abordagem abraça, ainda, a concepção de educação ao longo da vida, permeando diversas esferas da sociedade.

Ressalta-se que o reconhecimento de uma cidade educadora implica situar a educação como o elemento central do projeto urbanístico, o que demanda a conscientização de que as diversas políticas e iniciativas desenvolvidas a partir de diferentes áreas e serviços municipais (tais como urbanismo, meio ambiente, mobilidade, cultura, esporte, saúde, entre outros) desempenham um papel na transmissão de conhecimentos e na formação de valores e atitudes, seja de forma intencional ou não intencional (Aice, 2019).

No âmbito do esporte e lazer, é possível destacar alguns exemplos de programas ou políticas públicas direcionadas à promoção da atividade física, bem como iniciativas sociais como ferramentas educativas por meio de práticas esportivas, programas de promoção do esporte em espaços públicos como parques ou praças, além dos programas voltadas às atividades esportivas inclusivas. Tais iniciativas têm como premissa a garantia do crescimento integral e saudável de todas as pessoas, promovendo o bem-estar físico, emocional e mental.

Em análise sobre o município de Curitiba, denominada em seu sítio oficial como cidade educadora devido às suas "ações, projetos e programas levam em conta o papel educador e de participação de seus cidadãos nos rumos da cidade" (Curitiba, 2024), é possível verificar inúmeras iniciativas para promoção do esporte e lazer em diferentes espaços públicos da cidade. De acordo com o Portal Curitiba em Movimento[6], as ações são descentralizadas em dez regionais do município, nas quais atendem 75 bairros da cidade em ações ofertadas em 21 Centros de Esporte e Lazer, cinco Clubes da Gente, três Centros de Atividades Físicas, dois Centros

---

[6] As atividades ficam disponíveis no link: https://curitibaemmovimento.curitiba.pr.gov.br/. Acesso em: 22 mar. 2024.

de Iniciação ao Esporte, dois Centros da Juventude, uma Pista Municipal de BMX, uma Sala de Ginástica Artística, um Velódromo. Dentre as ações voltadas ao lazer, destacam-se projetos como pedala noturna, passeios ciclísticos regionais, apresentações de danças, lazer na Rua XV de Novembro, lazer em diferentes praças e parques, entre outras. A gestão e desenvolvimento das ações nestes espaços é realizada pela Secretaria Municipal de Esporte, Lazer e Juventude (SMELJ), que ainda oferece 285 Academias ao Ar Livre para os moradores (Curitiba, 2024).

Além dos programas ofertados pela SMELJ, a cidade de Curitiba conta com outras ações voltadas ao esporte e lazer por meio da Secretaria Municipal da Educação, onde destacam-se os projetos esportivos desenvolvidas para os estudantes da rede municipal de ensino e o Programa Comunidade Escola, que oferece atividades socioeducativas, esportivas e de lazer aos finais de semana, aberto à comunidade e ofertadas dentro do espaço público das escolas municipais (Curitiba, 2024).

Numa esfera mais ampla, abrangendo outras regiões do estado, podemos citar iniciativas como os Jogos de Aventura e Natureza, cujas atividades são realizadas por todo o estado do Paraná e atendem milhares de pessoas em diversas modalidades esportivas e atividades. Outro exemplo é o projeto Verão Paraná, que disponibiliza diversas atividades esportivas e de lazer para a população litorânea no período de temporada, além dos Jogos da Integração do Idoso que visa disponibilizar à população da terceira idade a prática de diversos esportes adaptados (Paraná, 2023).

Essas iniciativas desenvolvidas em espaços públicos como parques, praças, quadras esportivas, areias das praias e ciclovias desempenham um papel fundamental na promoção da prática esportiva e de atividades de lazer. Segundo Hallal *et al.* (2012), esses locais oferecem oportunidades acessíveis e democráticas para a realização de atividades físicas, contribuindo para a melhoria da saúde da população. Além disso, os autores Gois e Carvalho (2022) apontam que os espaços públicos favorecem a integração entre diferentes grupos sociais e a valorização ou fortalecimento dos vínculos comunitários.

Buscando caracterizar o perfil dos praticantes de esportes e atividades físicas no Brasil, assim como o perfil dos sedentários, o Ministério do Esporte encomendou, em 2013, uma pesquisa denominada Diagnóstico Nacional do Esporte (DiEsporte). Essa pesquisa abrangeu uma amostra de 8.902 indivíduos, com idades entre 15 e 74 anos, com a finalidade de ampliar e detalhar as informações sobre a cultura esportiva brasileira, visando aprimorar as políticas públicas relacionadas ao esporte em nível nacional, independentemente das mudanças de governo ou lideranças no campo esportivo nacional (Brasil, 2015).

Entre os dados diagnosticados, buscou-se saber os locais em que as pessoas costumam praticar seu esporte/atividade física preferida. Diante das respostas, identificaram-se os seguintes resultados:

Tabela 1 – Local que costuma praticar seu esporte/atividade física preferida

	15 a 16	20 a 24	25 a 34	35 a 44	45 a 54	55 a 64	65 a 74
Em instalações esportivas (ginásio, academia), pagando	32,00%	29,40%	32,00%	35,80%	33,30%	32,90%	16,20%	16,30%
Em instalações esportivas (ginásio, academia), grátis	29,50%	36,90%	33,40%	26,80%	23,90%	24,40%	33,90%	21,00%
Em espaço público, aberto com estrutura	19,00%	15,90%	18,00%	19,40%	22,30%	14,60%	32,40%	24,90%
Em espaço público ou privado, aberto sem estrutura	14,30%	13,80%	12,90%	13,70%	14,50%	18,90%	13,10%	21,50%
Em casa ou na estrutura do meu condomínio	5,10%	4,00%	3,70%	4,40%	6,00%	9,20%	4,30%	16,30%

Fonte: Diagnóstico Nacional do Esporte – DiEsporte (Brasil, 2015)

A análise dos dados revela que os espaços públicos, independentemente de sua infraestrutura, são amplamente mencionados pela população de 65 a 74 anos como locais preferenciais para a prática de esportes ou atividades físicas no país. Isso evidencia o papel do Estado na implementação e gestão de políticas públicas que visam facilitar o acesso ao esporte e ao lazer nesses espaços, considerando também as necessidades dessa faixa etária.

Outro dado extraído da pesquisa se refere aos tipos de atividades físicas preferidas em cada região do país. A caminhada foi preponderante de forma geral, mas com índices maiores na região Sul (62,20% dos praticantes). Comparativamente às demais regiões, a prática de andar de bicicleta é a mais praticada no Norte (22,30%); e a corrida, no Nordeste (11,60%).

Tabela 2 – Local da prática da atividade física preferida por região do país

ATIVIDADES FÍSICAS	REGIÕES				
	Norte	Sul	Sudeste	Nordeste	Centro--Oeste
Caminhada	53,50%	62,20%	60,20%	51,30%	53,70%
Andar de bicicleta	22,30%	16,50%	19,50%	14,10%	16,60%
Nadar	10,30%	3,60%	5,90%	6,20%	8,50%
Musculação	5,90%	7,30%	6,10%	11,20%	7,20%
Correr	11,10%	6,90%	5,10%	11,60%	8,30%

Fonte: Diagnóstico Nacional do Esporte – DiEsporte (Brasil, 2015)

Diante do exposto, fica evidente que as atividades mencionadas, como a caminhada, andar de bicicleta ou correr, majoritariamente eram praticadas em espaços públicos como parques, praças ou nas ruas.

Reconhecendo o valor da atividade física ou da prática do lazer para as pessoas que vivem nos centros urbanos, vários pesquisadores buscar investigar e debater esse objeto de pesquisa. Inicialmente, abordamos a pesquisa de Bortolo (2021) ao detalhar que o uso do espaço público deve ser compreendido em função das necessidades individuais de cada pessoa, podendo ser destinado a diversas atividades como trabalho, lazer e recreação. Em relação à prática de atividades físicas, o uso do espaço público é frequentemente associado a parques e praças centrais, enquanto os espaços mais periféricos nem sempre recebem a mesma atenção. No entanto, devido à mudança na rotina social, ao aumento da prática esportiva e ao interesse na qualidade de vida, bem como à valorização de áreas verdes dentro dos centros urbanos, os parques e praças, que antes eram considerados espaços dinâmicos para lazer e comércio, passaram a desempenhar novos papéis e a receber outras atividades cotidianas (Bortolo, 2021).

Ainda segundo o autor, o espaço público relacionado a atividades de esporte e lazer é parte fundamental de um espaço urbano pois promove a interação da comunidade, ou seja, é no espaço público que acontece diversos tipos de interação social e principalmente, a interação de diferentes visões e perspectivas que transformam a relação social/espacial e moldam o espaço público contemporâneo (Bortolo, 2021).

Apesar dos benefícios associados à prática do esporte e lazer em espaços públicos, a efetividade desses locais muitas vezes esbarra em desafios relacionados à gestão e manutenção adequadas, além da segurança nesses espaços. O estudo de Gois e Carvalho (2022) destaca a importância de políticas públicas que promovam a segurança, a acessibilidade e a conservação desses espaços, garantindo sua utilização por toda a comunidade.

Considerando os pontos levantados pelos autores no debate acadêmico, podemos complementar que, apesar do interesse da população pela prática do esporte ou do lazer, muitas vezes se deparam com instalações existentes que não cumprem os padrões mínimos necessários. Além disso, a violência urbana, resultado da intersecção de muitos fenômenos e problemas sociais, assume proporções alarmantes em diversas regiões do país.

Outro aspecto relevante é a promoção da inclusão de pessoas com deficiência e da equidade no acesso aos espaços públicos de esporte e lazer conforme apontado na pesquisa de Batistel (2020). Além disso, outros pesquisadores (Soares *et al.*, 2011) alertam para o desenvolvimento de estratégias que levem em consideração as diferentes necessidades humanas e interesses da população, especialmente que garantam acessibilidade e inclusão social nas políticas de esporte e lazer.

A análise realizada nesta seção evidencia a perspectiva de uma cidade educadora associada ao compromisso dos gestores municipais com seus residentes na dimensão do esporte e lazer em espaços públicos. Reforça-se o compromisso da gestão pública municipal prospectar junto à sociedade seus anseios e necessidades, buscando a formulação de um planejamento estratégico eficazes para promover o esporte e o lazer em espaços públicos locais, visando atender às demandas da comunidade.

CONSIDERAÇÕES FINAIS

Considerando a complexidade e a multiplicidade de abordagens presentes na discussão acadêmica sobre esporte, lazer e espaços públicos, é possível considerar que tais temas desempenham um papel crucial no contexto social, cultural e político contemporâneo. A compreensão do que constitui esporte e atividade física, por exemplo, não é questão meramente semântica, mas sim reflexos de diferentes perspectivas teóricas e práticas que permeiam as políticas públicas, a saúde coletiva e as dinâmicas sociais.

Em relação à nossa abordagem sobre os espaços públicos, compreendemos que emergem como cenários essenciais para a materialização dessas práticas esportivas e de lazer, além de serem fundamentais para a interação social e o fortalecimento dos laços comunitários. No entanto é crucial reconhecer que a concepção de espaços públicos não se limita a uma definição física, mas também abrange aspectos relacionados à gestão, acessibilidade e segurança desses locais, aspectos esses que frequentemente se tornam desafios a serem enfrentados.

Vimos também que as políticas públicas desempenham um papel crucial na promoção do esporte, lazer e qualidade de vida em espaços públicos como direitos fundamentais. No entanto a efetivação dessas políticas demanda não apenas recursos financeiros, mas também um comprometimento efetivo por parte dos gestores públicos, da sociedade civil e das instituições envolvidas. Nesse sentido, iniciativas como as cidades educadoras assumem um papel relevante ao promover a participação da comunidade na gestão e uso desses espaços, contribuindo para a construção de ambientes mais inclusivos e equitativos.

Consideramos que nossa discussão sobre esporte, lazer e espaços públicos evidencia a interconexão entre diferentes dimensões da vida social e coletiva, apontando para a necessidade de uma abordagem integrada e multidisciplinar na promoção do bem-estar e da qualidade de vida da população. Por fim, vale enfatizar que a análise introdutória deste estudo, estimula que novas pesquisas sejam realizadas na tentativa de investigar a acessibilidade e a segurança dos espaços públicos influenciam as escolhas de atividades esportivas e de lazer dos diferentes grupos demográficos de comunidades específicas, ou ainda avaliar as políticas e estratégias de planejamento urbano relacionadas à criação e manutenção de espaços públicos para o esporte e lazer, identificando boas práticas e desafios enfrentados de determinados municípios.

REFERÊNCIAS

AICE, Associação Internacional de Cidades Educadoras. **Carta das Cidades Educadoras.** 2019. Disponível em: https://www.edcities.org/wp-content/uploads/2020/11/PT_Carta.pdf. Acesso em: 2 fev. 2024.

BACILA, M. S. Cidades Educadoras: um estado da arte entre 1990 e 2020 e a relação com a educação formal. **Revista Intersaberes**, v. 16, n. 39, p. 1034-1048, 2021.

BATISTEL, J. **A acessibilidade e inclusão da pessoa com deficiência em centros de esporte e lazer de Curitiba:** um estudo de caso. 146 f. 2020. Dissertação (Mestrado em Planejamento e Governança Pública) – Programa de Pós-Graduação em Planejamento e Governança Pública (PPGPGP), Universidade Tecnológica Federal do Paraná (UTFPR), Curitiba, Brasil, 2020.

BORTOLO, C. A. **Reflexões sobre a dinâmica de espaços públicos de lazer em cidades e suas aglomerações urbanas no século XXI.** Jundiaí, SP: Paco e Littera, 2021.

BRASIL. **Constituição Federal, de 05 de outubro de 1988.** Disponível em: https://www.planalto.gov.br/ccivil_03/constituicao/constituicao.htm. Acesso em: 8 jan. 2024.

BRASIL. Lei n. 9.615, de 24 de março de 1998. **Diário Oficial da União**, Brasília, Poder Legislativo, 25 mar. 1998.

BRASIL. **Lei n.º 11.438, de 29 de Dezembro de 2006.** Disponível em: https://www.planalto.gov.br/ccivil_03/_ato2004-2006/2006/lei/l11438.htm. Acesso em: 18 jan. 2024.

BRASIL. **Lei n.º 8.490 de 19 de Novembro de 1992.** Disponível em: https://www.planalto.gov.br/ccivil_03/LEIS/L8490.htm. Acesso em: 13 jan. 2024.

BRASIL. Ministério do Esporte. Diagnóstico nacional do esporte. **Diesporte**, Brasília, jun. 2015. Disponível em: http://www.diesporte.gov.br/diesporte_grafica.pdf. Acesso em: 10 maio 2024.

BRASIL. **Lei 14597, de 14 de junho de 2023.** Lei Geral do Esporte. Brasília/DF. Disponível em: https://www.planalto.gov.br/ccivil_03/_ato2023-2026/2023/lei/L14597.html. Acesso em: 7 maio 2024.

CÁRDENA, R. N. *et al.* Políticas públicas de esporte e lazer: da teoria aos programas e projetos de intervenção. **Licere**: Revista do Programa de Pós-graduação Interdisciplinar em Estudos do Lazer – UFMG, Belo Horizonte, v. 25, n. 3, set. 2022.

CARVALHO, C. M. **Esporte como Política Pública**: um estudo sobre o processo de formulação da política de esporte no Brasil. São Carlos: Universidade Federal de São Carlos, 2013.

CASTELAN, L. P. **As Conferências Nacionais do Esporte na Configuração da Política Esportiva e de Lazer no Governo Lula (2003-2010).** Campinas: Universidade Estadual de Campinas, 2010.

COAKLEY, J. **Sports in Society:** Issues and Controversies. 9. ed. Nova York: McGraw-Hill, 2008.

COLA, L. F. F. **O papel das políticas públicas de esporte na promoção da prática esportiva para crianças e adolescentes na cidade de Santos.** São Paulo: Universidade Federal de São Paulo, 2023.

CURITIBA. **Curitiba em Movimento:** Como se movimentar hoje? Disponível em: https://curitibaemmovimento.curitiba.pr.gov.br/Inicio/Inicial. Acesso em: 12 maio 2024.

CURITIBA. **Por dentro da cidade.** Disponível em: https://www.curitiba.pr.gov.br/noticiasespeciais/dia-das-cidades-educadoras. Acesso em: 12 maio 2024.

CURITIBA. **Referencial para implantação do programa Comunidade Escola.** Disponível em: https://mid-comunidadeescola.curitiba.pr.gov.br/pdf/00008925.pdf. Acesso em: 2 fev. 2024.

GOIS, S. N.; CARVALHO, K. D. Práticas de lazer na dinâmica socioespacial do município de São Bernardo, Maranhão: reflexões a partir da comunidade local. **Cenário Revista Interdisciplinar em Turismo e Território**, Brasília, v. 9, n. 1, jan./jun. 2022.

GUERI, A. B. **Espaços públicos:** um potencial cultural. Curitiba: Universidade Tecnológica Federal do Paraná, 2014.

HALLAL, P.C.; ANDERSEN, L.B.; BULL, F.C.; GUTHOLD, R.; HASKELL, W.; EKELUND, U. Global physical activity levels: surveillance progress, pitfalls, and prospects. **Lancet**, v. 380, ed. 9838, p. 247-257, 2012.

INDOVINA, F. **O Espaço Público:** Tópicos sobre a sua Mudança. Lisboa, PT: Revista CET, 2002.

MARCHI JUNIOR, W. O esporte "em cena" perspectivas históricas e interpretações conceituais para a construção de um modelo analítico. **The Journal of the Latin American Socio-cultural Studies of Sport**, Curitiba, v. 5, n. 1, p. 46-67, 2015.

MELO, V. A.; ALVES JR, E. D. **Introdução ao lazer.** 2. ed. Barueri, SP: Manole, 2012.

MINISTÉRIO DO ESPORTE. **Documento final da Conferência Nacional do Esporte**. Brasília, DF: IPEA, 2004. Disponível em: https://www.ipea.gov.br/participacao/images/pdfs/conferencias/Esporte/deliberacoes_1_conferencia_esporte.pdf. Acesso em: 18 jul. 2024.

MINISTÉRIO DO ESPORTE. **Resoluções da II Conferência Nacional do Esporte**. Brasília, DF: IPEA, 2007. Disponível em: https://www.ipea.gov.br/participacao/images/pdfs/conferencias/Esporte_II/texto_base_2_conferencia_esporte.pdf. Acesso em: 18 jul. 2024.

NIERO, R. F. **Programas e projetos de esporte e lazer desenvolvidos pelas secretarias ou departamentos de esportes, nas diversas faixas etárias na região da Amerios – Paraná em 2009 a 2010.** Umuarama, PR: Universidade Federal do Paraná, 2010.

PARANÁ. **Jogos da aventura e natureza – jans**. Paraná. Disponível em: https://www.esporte.pr.gov.br/jogosaventuraenatureza. Acesso em: 2 fev. 2024.

ROSA, R. L.; BATISTA, G. **Epistemologia do Esporte.** Curitiba: Contentus, 2019.

REIS, D. F. *et al.* Atividade física ao ar livre e a influência na qualidade de vida. **Colloquium Vitae**, v. 9, n. Especial, p. 191-201, jul./dez. 2017.

SANTOS, E.S. *et al.* **A concepção do esporte nas regiões norte e nordeste do Brasil:** Políticas públicas e gestão no esporte e lazer nas Regiões Norte e Nordeste do Brasil, Recife: Editora UFPE, 2020.

SOARES, A. *et al.* (org.). **Diagnóstico do Esporte e Lazer na Região Norte Brasileira**: o existente e o necessário. Manaus: Edua, 2011.

SILVA, D. A. M. *et al.* **Importância da recreação e do lazer**. Brasília: Gráfica e Editora Ideal, 2011.

10

ECONOMIA CIRCULAR: SUSTENTABILIDADE E DESENVOLVIMENTO ECONÔMICO

Paula Cristiane Oliveira Braz

INTRODUÇÃO

Neste capítulo, exploraremos o impacto econômico da Economia Circular, focando no potencial de reaproveitamento de dejetos e resíduos como o óleo de cozinha, destacando vantagens econômicas dessas práticas, iniciativas existentes e desafios enfrentados para implementação em larga escala. O estudo tem como objetivo destacar a importância de adotar uma abordagem mais economicamente circular na gestão de resíduos e na produção de bens, visando não apenas à sustentabilidade ambiental, mas também ao desenvolvimento econômico sustentável. A metodologia utilizada foi a pesquisa bibliográfica, que, segundo Lourdes Meireles Leão (2016, p. 15), é aquela que predominantemente emprega dados originados de material impresso, auditivo ou digital na busca de solucionar um problema ou obter conhecimento sobre um tema específico. Para isso, tomarei como exemplo a empresa Preserve Ambiental, atuante nesse setor.

A Economia Circular tem ganhado destaque como uma abordagem sustentável e inovadora ao enfrentar os desafios contemporâneos relacionados ao consumo excessivo de recursos e à geração de resíduos. Diferentemente do modelo linear de produção e consumo, que se baseia na extração, produção, uso e descarte, a Economia Circular propõe um ciclo contínuo de reutilização, reciclagem e reintegração de materiais no sistema produtivo, assumindo papel crucial, não apenas do ponto de vista ambiental, mas também econômico.

Tradicionalmente, uma quantidade significativa de resíduos, como o óleo de cozinha usado, é descartada inadequadamente em lixões, esgotos ou outros locais impróprios. Essa prática não só representa um risco ambiental, devido à contaminação do solo e da água, mas também desperdiça recursos que poderiam ser valorizados e incorporados de volta à cadeia produtiva. O óleo de cozinha, por exemplo, quando descartado de forma incorreta, pode causar obstrução de redes de esgoto e poluição de corpos d'água.

Sustentabilidade na Economia Circular

A humanidade enfrenta hoje desafios ambientais e econômicos sem precedentes, impulsionados pelo crescimento populacional, a urbanização acelerada, a exploração insustentável dos recursos naturais e a produção em massa de bens de consumo. Esses fatores têm gerado um impacto negativo significativo sobre o meio ambiente, resultando em esgotamento de recursos, poluição, perda de biodiversidade e mudanças climáticas.

Ao longo das últimas décadas, a demanda insaciável por produtos de consumo e a ênfase no crescimento econômico têm exacerbado a exploração dos recursos naturais, levando a uma crescente pressão sobre o meio ambiente. A poluição do ar, solo e água, a degradação dos ecossistemas e as mudanças climáticas tornaram-se problemas prementes, exigindo uma resposta coordenada e abrangente.

O modelo linear tem gerado altos custos para a sociedade, desde a extração dos recursos até o tratamento e disposição final dos resíduos. Além disso, a dependência contínua de matérias-primas virgens coloca em risco a segurança de suprimento em muitas indústrias, sujeitas a flutuações de preços e disponibilidade.

O modelo econômico tradicional e linear desconsidera a reciclagem de materiais, atribuindo ao meio ambiente a função de reservatório de resíduos, transformando-o, em essência, em um depósito de lixo. Neste contexto, o conceito de "economia circular", introduzido em 1989 pelos economistas britânicos David W. Pearce e R. Kerry Turner em seu livro *Economia dos Recursos Naturais e do Meio Ambiente*, emerge como uma resposta promissora e viável para enfrentar esses desafios (Sebrae). Diferentemente do tradicional modelo linear de "extrair, produzir, consumir e descartar", a economia circular busca criar um sistema sustentável, no qual os recursos são mantidos em uso pelo maior tempo possível, por meio de reutilização, reciclagem e recuperação de materiais. Essa abordagem visa minimizar a extração de recursos naturais, reduzir a geração de resíduos e diminuir a emissão de gases de efeito estufa.

A Economia Circular é um modelo econômico regenerativo que busca minimizar resíduos e prolongar o ciclo de vida dos produtos. Segundo a Fundação Ellen MacArthur, a Economia Circular é "um sistema industrial restaurativo ou regenerativo, onde o objetivo é reduzir a quantidade de resíduos e o consumo de recursos naturais, mantendo os produtos em uso e o valor dos materiais pelo maior tempo possível" (Fundación Ellen Macarthur, 2013).

Embora o conceito de Economia Circular tenha raízes nas práticas tradicionais de reutilização e reciclagem, sua popularização como abordagem sistêmica ocorreu principalmente a partir do final do século 20 e início do século 21, em resposta aos desafios ambientais emergentes (ONU, 2000).

A Organização das Nações Unidas (ONU) tem desempenhado um papel fundamental na promoção da Economia Circular como parte de uma agenda global de desenvolvimento sustentável. Os Objetivos de Desenvolvimento Sustentável (ODS), estabelecidos pela ONU em 2015, incluem metas relacionadas à produção e consumo sustentáveis (ODS 12), ação contra as mudanças climáticas (ODS 13) e proteção e uso sustentável dos ecossistemas (ODS 15), que são diretamente alinhadas aos princípios da Economia Circular (ONU, 2022).

Um exemplo notável de iniciativa global em Economia Circular é a "New Plastics Economy", liderada pela Fundação Ellen MacArthur em colaboração com empresas, governos e instituições de todo o mundo. Essa iniciativa busca repensar e redesenhar o futuro dos plásticos, promovendo a metamorfose para um sistema de economia circular para este material (Fundación Ellen Macarthur, 2022).

No entanto a transição para uma economia circular não se trata apenas de adotar práticas ambientalmente corretas, mas também de impulsionar a inovação, criar oportunidades de negócios sustentáveis e fortalecer a resiliência econômica. Ao repensar o design de produtos, implementar a gestão eficiente de recursos e incentivar modelos de negócios baseados em serviços, a economia circular pode abrir caminho para um desenvolvimento mais equitativo e regenerativo.

O estudo das políticas públicas, o papel das empresas e a participação ativa da sociedade serão fundamentais para garantir uma mudança bem-sucedida para uma economia circular, capaz de proteger o meio ambiente, promover a prosperidade econômica e melhorar a qualidade de vida das gerações presentes e futuras.

Insumos circulares

Os insumos circulares são componentes, materiais ou produtos que são projetados, utilizados e gerenciados de forma a permitir sua recuperação, reutilização, reciclagem ou reintegração ao ciclo produtivo. Eles são concebidos para serem duráveis, modulares e facilmente desmontados, permitindo a extração e o reaproveitamento dos materiais que os compõem.

No início, a atenção concentrava-se na prática dos '3R', baseada na reciclagem, na redução do consumo e na maximização do uso de produtos já adquiridos. Depois, a prática foi ampliada para '10R', sendo elas: recusar, reduzir, renovar, reutilizar, reparar, recondicionar, remanufaturar, reciclar, reutilizar e recuperar, considerados níveis prioritários na circularidade (Fogarassy; Fingerd, 2020 *apud* Baum *et al.*, 2023).

Os insumos circulares são elementos-chave na implementação da economia circular, uma abordagem econômica e ambientalmente sustentável que busca romper com o modelo linear de produção e consumo. Em vez de seguir a trajetória tradicional de "extrair, produzir, consumir e descartar", a economia circular propõe o fechamento de ciclos de materiais e a minimização, do desperdício, promovendo o uso eficiente e regenerativo dos recursos.

O ano de 2014 marcou um ponto de inflexão na história da sustentabilidade global. A Fundação Ellen MacArthur lançou em 2010, a iniciativa "Economia Circular". Desenvolvendo e promovendo a ideia de uma economia que pode ser a chave para a resolução de alguns dos maiores desafios contemporâneos, incluindo as mudanças climáticas, a perda da biodiversidade, o desperdício e a poluição. Essa economia é guiada pelo design e visa eliminar resíduos, circular produtos e materiais, além de regenerar a natureza, promovendo resiliência e prosperidade para as empresas, o meio ambiente e a sociedade (Fundação Ellen Macarthur, 2010), consolidando um conceito que já vinha ganhando forma sob diversos termos, como "economia verde" (ONU, 2012) e "economia de baixa emissão de carbono" (Protocolo de Kyoto, 1997).

Desde então, a Economia Circular (EC) se propagou como um raio de esperança, inspirando empresas, organizações do terceiro setor e formuladores de políticas públicas em todo o mundo. Governos e organismos intergovernamentais, em diferentes níveis, abraçaram o conceito, reconhecendo seu potencial transformador.

A Alemanha, pioneira na década de 1996, foi a primeira a incorporar a EC em suas leis nacionais com a "Lei de Gerenciamento de Resíduos Sólidos e Ciclo Fechado". O Japão seguiu o exemplo em 2000, com legislação inovadora para promover a reciclagem (Zang, 2006 *apud* Sehnem *et al.*, 2018). Em 2009, a China deu um passo crucial com a "Lei de Promoção da Economia Circular", demonstrando seu compromisso com a sustentabilidade, enfatizando os benefícios da adoção da gestão de resíduos sólidos, incluindo energia, água e diferentes subprodutos (Jacobsen, 2006 *apud* Sehnem *et al.*, 2018).

A Comissão Europeia, em 2015, deu um impulso global à EC com a publicação da "Estratégia de Economia Circular da União Europeia" (Comissão Europeia, 2015). Essa iniciativa serviu como farol para outras nações, inspirando-as a desenvolverem suas próprias estratégias e ações para implementar o modelo circular.

A jornada da EC não foi isenta de desafios, mudanças de paradigmas, investimentos em infraestrutura e conscientização do público são apenas alguns dos obstáculos a serem superados. Mas a força motriz por trás desse movimento é inabalável: a busca por um futuro mais próspero e sustentável para o planeta.

Exemplos inspiradores de Adoção da Economia Circular:

- Alemanha – A "Lei de Gerenciamento de Resíduos Sólidos e Ciclo Fechado", de 1996, impulsionou a reciclagem e a reutilização de materiais, tornando o país referência global em gestão de resíduos (Zang, 2006 *apud* Sehnem *et al.*, 2018);

- Japão – A "Lei Básica sobre a Reciclagem", de 2000, estabeleceu metas ambiciosas para reciclagem e redução de resíduos, transformando o Japão em um líder em economia circular na Ásia (Zang, 2006, *apud* Sehnem *et al.*, 2018);

- China – A "Lei de Promoção da Economia Circular", de 2009, visa reduzir a dependência de recursos naturais e promover a produção e consumo sustentáveis, posicionando a China como um dos principais players na EC global (Jacobsen, 2006 *apud* Sehnem *et al.*, 2018);

- União Europeia – A "Estratégia de Economia Circular da União Europeia", de 2015, estabelece um plano abrangente para a passagem para uma economia circular, com metas ambiciosas para reciclagem, reutilização e redução de resíduos (Comissão Europeia, 2015).

Embora as primeiras alusões a um pacto ambiental tenham se aprimorado nas décadas seguintes aos anos 2000, a Declaração do Milênio representou um marco importante na busca por um desenvolvimento sustentável e equitativo. Em setembro de 2000, líderes de 189 países se reuniram na ONU e aprovaram a Declaração do Milênio, um compromisso para construir um mundo mais seguro e justo. Essa declaração estabeleceu oito Objetivos de Desenvolvimento do Milênio (ODM) a serem alcançados até 2015: 1) Erradicar a pobreza extrema e a fome; 2) Alcançar educação primária universal; 3) Promover a igualdade entre os sexos e a autonomia das mulheres; 4) Reduzir a mortalidade infantil; 5) Melhorar a saúde materna; 6) Combater o HIV/AIDS, a malária e outras doenças; 7) Garantir a sustentabilidade ambiental; 8) Estabelecer uma parceria global para o desenvolvimento (ONU, 2010), O ano de 2019 foi caracterizado por intensos debates sobre questões ambientais em todo o mundo, evidenciando a conexão direta entre a preservação da biodiversidade, o desenvolvimento econômico e o bem-estar da população. No Brasil, as discussões sobre o meio ambiente foram amplamente impulsionadas por desastres que afetaram tanto as regiões continentais quanto os oceanos (Instituto Ethos, 2019), ressurgem novos pactos, como medidas para lidar com a crise climática.

Soares (2022) em suas pesquisas, cita o *Green New Deal*, ou uma Nova agenda verde, um conjunto de propostas de políticas econômicas que buscam enfrentar dois grandes desafios simultaneamente: Mudanças climáticas e desigualdade econômica.

Marcio Alvarenga Junior *et al.*, em seu artigo "O Green New Deal para o Brasil" (2022), argumentam que para superar as crises econômica, social e ambiental é necessária uma mudança significativa na postura do setor privado e nas políticas públicas. É necessário encontrar soluções de longo prazo para lidar com a complexidade dessas crises interconectadas, incluindo mudanças na estrutura produtiva, no paradigma tecnológico e na restauração dos processos naturais e das funções ecológicas. Além disso, é essencial que o Estado participe de forma ativa na coordenação das políticas e intervenções em áreas não naturalmente supridas pelo mercado, como pode ser observado nas experiências do *Green New Deal* em países em desenvolvimento. Além de sua função regulatória, é responsabilidade do Estado fazer investimentos públicos para promover a mudança para um modelo de desenvolvimento sustentável e com baixa emissão de carbono. Ao mesmo tempo, esses investimentos devem ser direcionados também para mitigar os problemas sociais que surgem durante esse processo.

A incorporação de políticas de bem-estar social no âmbito do *Green New Deal* tem se fundamentado na tendência das mudanças climáticas em agravar a pobreza, a desigualdade e a vulnerabilidade de grupos mais vulneráveis. Além do mais, o crescimento impulsionado pelos investimentos em serviços públicos costuma ter uma menor quantidade de carbono distribuído. Portanto, para melhorar o bem-estar por meio do crescimento econômico, é essencial que os investimentos em políticas sociais sejam eficazes e sustentáveis ambientalmente. No âmbito do GND, o Estado não exerce apenas funções reguladoras e estabilizadoras, mas também desempenha papel de investidor, garantidor social e provedor de serviços. Para que haja separação entre o crescimento econômico e o consumo de recursos naturais, assim como as emissões de poluentes, pode ocorrer é necessário incorporar novas tecnologias na produção. A colaboração entre universidades, centros de pesquisa e empresas privadas tem impulsionado a maioria das inovações mais importantes das últimas décadas, por meio de investimentos em pesquisa e desenvolvimento (P&D) realizados principalmente pelo setor público. No entanto a atividade de pesquisa e desenvolvimento é permeada por incertezas quanto à viabilidade comercial das tecnologias produzidas, o que pode levar empresas do setor privado a assumirem esse papel. Especialmente graças à conta que inovações mais radicais demandam altos investimentos financeiros e tempo significativo.

A importância da economia circular na transformação para uma economia mais sustentável é multifacetada e fundamentada em cinco pilares:

- Conservação da natureza: a natureza e os sistemas vivos proveem os fundamentos da vida humana. Dependendo de recursos "fornecidos pelo sistema de ecossuporte global", como biodiversidade, florestas, ar puro, rios e oceanos. A "capacidade de carregamento da natureza" depende das populações regionais e de seu estilo de vida, por exemplo, uso da água, do solo, poluição e assimilação de resíduos;

- Limitação de toxidade: protegendo, assim, a saúde e a segurança dos humanos e de outras espécies vivas. Alguns exemplos são agentes tóxicos, como metais pesados, pesticidas, processos químicos. Essa proteção exige medições exatas e avaliação da capacidade da natureza de absorver e de processar essas toxinas;

- Produtividade dos recursos: com os países industrializados reduzindo o uso de materiais, ou "desmaterializando-se", para que outros países também possam se desenvolver, a estimativa é que precisamos reduzir o consumo de recursos por 10, a fim de evitar a ameaça de mudanças radicais no nível planetário e de promover a redução da desigualdade entre os países;
- Ecologia social: importância da paz e da defesa dos direitos humanos, da igualdade de raça e gênero, dignidade e da democracia, do emprego e da integração social, e da segurança;
- Ecologia social: inclusive educação e conhecimento, ética, cultura, valores da "herança nacional" e atitudes em relação ao risco (Weetman, 2019, p. 15).

Em síntese, a adoção de insumos circulares desempenha um papel crucial na evolução para uma economia mais sustentável, contribuindo para a preservação do meio ambiente, o uso responsável dos recursos naturais e a promoção de uma prosperidade econômica de longo prazo. Veiga (2008) argumenta que o desenvolvimento sustentável emerge como uma alternativa inovadora para harmonizar o crescimento econômico com a conservação do meio ambiente.

A incorporação de insumos circulares nas práticas industriais e nos produtos é essencial para a troca para uma economia mais sustentável e regenerativa, reduzindo o impacto ambiental, a dependência de recursos naturais finitos e os custos associados à extração e disposição de resíduos. Muitas empresas inovadoras já desenvolvem produtos focados na recirculação.

A Ecovative, por exemplo, fabrica embalagens compostáveis a partir de subprodutos agrícolas e micélio, que substituem o poliestireno expandido, protegendo itens frágeis durante o transporte e sendo compostáveis após o uso. O micélio, formado por células fúngicas, cresce rapidamente sem necessidade de luz ou água e é tratado para evitar crescimento posterior e esporos.

A Resortecs criou uma solução revolucionária para reciclagem de roupas, desenvolvendo um fio sintético resistente que se dissolve durante o processo de desmontagem, facilitando a reciclagem de vestimentas sem a necessidade de desmontagem manual demorada. Esse fio pode ser dissolvido em fornos comerciais a diferentes pontos de fusão, permitindo a desmontagem de até 500 kg de roupas simultaneamente (Fundação Ellen Macarthur, 2019).

Empresas também estão adotando embalagens reutilizáveis. A plataforma Loop, presente na França, Reino Unido e EUA, oferece produtos como detergente Tide e ketchup Heinz em embalagens reutilizáveis, que após uso, são recolhidas, profissionalmente limpas e recarregadas, promovendo a recirculação de materiais. A mudança para esse modelo circular requer uma colaboração estreita entre empresas, formuladores de políticas, pesquisadores e a sociedade como um todo para superar os desafios técnicos, econômicos e culturais envolvidos (Fundação Ellen Macarthur, 2019).

Benefícios da economia circular

A economia circular oferece uma série de benefícios significativos para a sociedade, a economia e o meio ambiente. Esses benefícios são fundamentais para enfrentar os desafios ambientais e econômicos atuais e para alcançar uma conversão bem-sucedida para uma economia mais sustentável.

O modelo econômico circular é apresentado como uma estratégia inovadora destinada a enfrentar os desafios relacionados à escassez de recursos e à eliminação de resíduos, divergindo do sistema linear tradicional. Essa abordagem visa criar uma sinergia benéfica entre a economia e o meio ambiente, focando na geração de valor de forma sustentável.

Conforme destacado por Ghisellini *et al.* (2016), a economia circular oferece diversas vantagens significativas, incluindo a redução do desperdício e a conservação de recursos naturais, o incentivo à inovação e a criação de empregos verdes, o aumento da resiliência econômica, a diminuição das emissões de gases de efeito estufa, a promoção do ciclo de vida prolongado dos produtos e o estímulo à colaboração e ao compartilhamento (Alves, 2023).

O núcleo desse conceito é a circularidade, que busca maximizar o uso dos recursos disponíveis e minimizar o desperdício. A economia circular se apresenta como uma alternativa promissora, rompendo com o modelo linear tradicional e adotando um sistema mais sustentável, no qual os produtos e materiais são mantidos em ciclos de uso prolongados por meio da reutilização, reciclagem e reintegração na cadeia produtiva. "O consumo consciente requer uma conduta ética de todos os indivíduos, tanto na vida individual quanto na coletiva. Cuida-se do ambiente quando se respeita a realidade comum a todos os seres vivos; cuida-se do outro quando se respeita a si mesmo" (Mazzarotto, 2021, p. 42).

A adoção de uma economia circular não só impulsiona a inovação, mas também promove novas práticas de gestão e revela novas oportunidades, agregando valor tanto para a organização quanto para os clientes, em consonância com a preservação ambiental. Como fonte de inovação, a economia circular reduz a demanda por recursos naturais ao recuperar desperdícios e resíduos, oferecendo excelentes perspectivas para as empresas. Estas devem ver essa abordagem como uma alavanca e motivação para um crescimento sustentável e futuro, além de proporcionar vantagens competitivas no contexto de um mercado global altamente dinâmico (Leitão, 2015).

Em resumo, a economia circular é essencial para o desenvolvimento de uma economia mais sustentável, oferecendo uma série de benefícios que vão desde a conservação dos recursos naturais até a melhoria da qualidade de vida das gerações presentes e futuras. A adoção dessa abordagem inovadora é fundamental para enfrentar os desafios socioambientais do século 21 e construir um futuro mais próspero e regenerativo.

Benefícios sociais

Os insumos circulares não só trazem benefícios ambientais e econômicos, mas também têm um papel fundamental na criação de benefícios sociais significativos. A conversão para uma economia circular, que valoriza a reutilização, reciclagem e remanufatura, pode contribuir para o desenvolvimento de empregos locais, o crescimento de comunidades e a melhoria da qualidade de vida de diversas maneiras.

A modificação para uma economia circular não só cria empregos verdes, como também impulsiona o desenvolvimento de habilidades e o emprego em diferentes níveis de habilidade. Amato Neto (2011) informa que há anos a sustentabilidade tem sido uma preocupação central em diversas áreas de atividade humana. Empresas que se dedicam à produção de bens e serviços estão progressivamente integrando práticas sustentáveis em seus planos de negócios e na administração de seus processos. Isso ocorre especialmente na área de reciclagem, recondicionamento de produtos e reparos, demandando mão de obra qualificada. Além disso, promove o empreendedorismo local ao incentivar pequenas empresas em serviços de reparo e reciclagem, ao mesmo tempo que integra atividades informais, reduzindo a desigualdade social. Essa mudança não apenas gera empregos, mas também melhora a saúde pública ao reduzir a poluição, fortalece a participação comunitária e contribui para uma economia de baixo carbono, beneficiando comunidades marginalizadas e o meio ambiente.

De acordo com uma pesquisa, em 2020, conduzida pelo Cebri – Centro Brasileiro de Relações Internacionais, foi observado que os países como G7 e G20, além da União Europeia e China, progrediram significativamente na evolução para a Economia Circular têm em comum o fato de terem iniciado essa transição pelo segmento de resíduos. A administração dos resíduos compreende uma agenda abrangente que engloba a diminuição da produção, a adoção de sistemas de logística reversa, o aumento da taxa de recuperação de materiais e a adoção de métodos adequados de disposição final.

Em suma, os insumos circulares têm o potencial de desencadear uma série de benefícios sociais que vão além das esferas ambiental e econômica. Ao promover a criação de empregos locais, fortalecer comunidades e melhorar a qualidade de vida, a economia circular apresenta-se como uma solução abrangente para os desafios sociais e ambientais enfrentados pela sociedade atual. Ao investir em estratégias para uma economia mais circular, governos, empresas e a sociedade podem trabalhar juntos para criar um futuro mais sustentável e inclusivo.

Biodiesel: uma promessa renovável para combater as mudanças climáticas

Apolinário (2012), em seu artigo, relata que em um mundo cada vez mais consciente da urgência em combater as mudanças climáticas, o biodiesel se ergue como uma alternativa promissora aos combustíveis fósseis, oferecendo uma rota mais sustentável para o futuro do transporte.

O biodiesel é um biocombustível líquido derivado de óleos vegetais ou gorduras animais, podendo ser utilizado em motores de combustão interna, como os presentes em carros, caminhões e ônibus. Sua principal vantagem reside na sua natureza renovável, em contraste com os combustíveis fósseis finitos e poluentes.

Esse biocombustível proporciona uma série de benefícios que o torna uma alternativa promissora em comparação aos combustíveis tradicionais. Em primeiro lugar, destaca-se a significativa diminuição das emissões de gases de efeito estufa. Em comparação ao diesel fóssil, o biodiesel emite até 80% menos gases de efeito estufa, o que contribui de forma marcante para a mitigação das mudanças climáticas.

Além disso, a queima do biodiesel resulta em uma melhoria perceptível na qualidade do ar. Produzindo menos poluentes, como material particulado e óxidos de nitrogênio, em comparação com o diesel fóssil, o biodiesel contribui para um ambiente mais limpo e saudável para todos (Lima, 2024).

Outro ponto relevante é o estímulo à economia local que a produção de biodiesel proporciona, gerando empregos e renda principalmente em comunidades rurais, o biodiesel impulsiona o desenvolvimento socioeconômico regional, contribuindo para a prosperidade dessas áreas.

Cerca de metade da capacidade de produção de biodiesel na Europa está concentrada na Alemanha, que lidera como maior produtor mundial deste biocombustível. A matéria-prima principal utilizada é a canola. A França ocupa a segunda posição, com uma produção de 550 milhões de litros em 2005, consolidando-se como o segundo maior produtor global de biodiesel.

Nos Estados Unidos, que ocupam a quarta posição no ranking mundial de produção, os agricultores se beneficiam de incentivos tarifários e créditos, devido à necessidade de utilizar os estoques adicionais de óleo de soja, visando equilibrar a oferta excessiva. Esses países possuem legislações aprovadas que promovem o uso de biodiesel como aditivo para óleo de petróleo, geralmente em uma proporção de 5% (Torres, 2006, p. 25).

Ademais, o uso do biodiesel promove a diversificação da matriz energética, reduzindo a dependência de combustíveis fósseis importados. Essa diversificação é crucial para promover uma maior segurança energética para o país, tornando-o menos vulnerável a flutuações nos preços e disponibilidade desses combustíveis no mercado internacional.

Existem diferentes tipos de biodiesel, cada um com suas próprias fontes de matéria-prima e características distintas.

O biodiesel de primeira geração é produzido a partir de culturas oleaginosas como soja, canola, palma e dendê. No entanto o uso intensivo dessas culturas pode acarretar problemas ambientais, como desmatamento e competição com a produção de alimentos. Para enfrentar esses desafios, é necessário investir em energias renováveis para a produção de fertilizantes e adotar práticas agrícolas sustentáveis.

Já o biodiesel de segunda geração é produzido a partir de óleos vegetais residuais, como óleo de cozinha usado, gordura animal e algas (atuação da empresa Preserve Ambiental[7]). Uma das principais vanta-

---

[7] A empresa Preserve Ambiental é especializada na reciclagem de óleo de cozinha usado, gordura animal e vegetal.

gens desse tipo de biodiesel é que ele reduz a demanda por novas terras e contribui para a economia circular ao dar um novo uso a resíduos. No entanto um dos desafios enfrentados é a necessidade de uma logística eficiente para a coleta e processamento dos óleos residuais.

Por fim, o biodiesel de terceira geração é produzido a partir de microalgas cultivadas em biorreatores. Esse tipo de biodiesel possui um alto potencial de produção em áreas improdutivas e não compete com a produção de alimentos. No entanto ainda há desafios a serem superados, como o desenvolvimento tecnológico e o custo de produção relativamente alto (Total Energies, 2023).

Preserve Ambiental: transformando óleo usado em biodiesel

A importância dos insumos circulares nessa alternância para uma economia mais sustentável é multifacetada e fundamental para enfrentar os desafios ambientais e econômicos atuais. Nesse contexto, empresas como a Preserve Ambiental desempenham um papel crucial. Iniciada em 2013 por Rodrigo Almeida, a Preserve Ambiental tem como objetivo reciclar óleo de óleo de cozinha usado, gordura animal e vegetal, inicialmente em Curitiba e posteriormente em outras regiões.

Destacando a relevância da reciclagem do óleo de cozinha e ressaltando os danos ambientais decorrentes do seu descarte inadequado, a Preserve Ambiental implementa programas de coleta porta a porta e em estabelecimentos comerciais. Embora enfrente desafios logísticos e regulatórios, a empresa mantém a transparência e a rastreabilidade em todo o processo de reciclagem.

Além da capacidade de estrutura de coleta e processamento de cerca de 200 mil litros de óleo e gorduras saturadas por mês, a empresa expandiu suas operações para incluir a fabricação de sabão ecológico a partir do óleo reciclado, com planos de diversificação de produtos e expansão para outras regiões.

A monetização do óleo recolhido é crucial para a sustentabilidade financeira da empresa e para promover a economia circular. Ao recolher e reciclar o óleo usado, a Preserve Ambiental evita o descarte inadequado e transforma um resíduo em um recurso valioso, gerando benefícios econômicos e ambientais. O óleo e gordura vegetal e animal recolhidos são beneficiados, refinados para eliminar impurezas e encaminhados para outras empresas que irão utilizar essa matéria prima para fazer biodiesel.

A transformação do óleo de cozinha usado em biodiesel é um processo complexo que requer cuidados específicos em cada etapa para garantir a eficiência e a qualidade do produto.

A Preserve Ambiental se torna um case de sucesso na atualidade, é uma empresa que cumpre um papel fundamental nesse processo, coletando e armazenando o óleo de cozinha usado em tanques adequados para evitar a contaminação e a degradação do material. Posteriormente, o óleo passa por um processo de filtragem para remover impurezas, como restos de alimentos, água e sólidos suspensos, garantindo que o óleo esteja limpo e livre de contaminantes que possam interferir nas etapas subsequentes (Pinto *et al.*, 2015).

Na etapa de transesterificação, o óleo de cozinha é aquecido e misturado com um álcool, geralmente metanol, na presença de um catalisador, como hidróxido de sódio ou potássio. Essa reação química converte os triglicerídeos presentes no óleo em ésteres metílicos (biodiesel) e glicerina como subproduto. O biodiesel produzido é menos viscoso que o óleo vegetal, tornando-o mais adequado para uso como combustível em motores diesel (Leite, 2013; Rashid *et al.*, 2014).

Após a reação de transesterificação, o biodiesel é separado da glicerina e passa por um processo de lavagem para remover os resíduos de catalisador e outros compostos indesejados. Esse processo de purificação é essencial para garantir a qualidade e a estabilidade do biodiesel, evitando problemas como a formação de depósitos e a corrosão em motores diesel (Biasi *et al.*, 2017; Ferreira *et al.*, 2016).

O biodiesel purificado é armazenado em tanques adequados e está pronto para ser distribuído e utilizado como combustível. Com uma estrutura de coleta e processamento de cerca de 200 mil litros de óleo e gorduras saturadas por mês, a Preserve Ambiental oferece aos seus clientes o serviço de rastreabilidade do resíduo da coleta até o seu destino, assegurando a conformidade com todas as exigências legais e regulamentações ambientais (Silva *et al.*, 2018).

A transformação do óleo de cozinha usado em biodiesel pela Preserve Ambiental é um exemplo de como a economia circular pode ser aplicada de forma eficiente e responsável. Com isso, a empresa demonstra o potencial de reaproveitamento de resíduos para a produção de energia limpa e renovável, contribuindo para a redução das emissões de poluentes e para a preservação do meio ambiente.

CONSIDERAÇÕES FINAIS

Diante dos desafios ambientais e econômicos sem precedentes que a humanidade enfrenta, a alteração para uma economia circular emerge como uma resposta promissora e viável. Essa abordagem busca romper com o modelo linear de produção e consumo, propondo a criação de um sistema sustentável baseado na reutilização, reciclagem e recuperação de materiais. Os insumos circulares desempenham um papel crucial nessa troca de estágio, oferecendo uma série de benefícios que vão desde a conservação de recursos naturais até a melhoria da qualidade de vida das comunidades.

A empresa Preserve Ambiental exemplifica como iniciativas locais podem contribuir significativamente para essa modificação, reciclando óleo de cozinha usado e transformando-o em recursos valiosos, como biodiesel e sabão ecológico, contribuindo para a diversificação de produtos e a geração de empregos no setor.

O verdadeiro impacto da economia circular só pode ser alcançado por meio de uma colaboração ampla e coordenada entre empresas, governos, pesquisadores e a sociedade como um todo. Para ampliar o impacto positivo da economia circular, é essencial entender o seu impacto econômico, é crucial explorar mais a fundo o impacto econômico dessa abordagem inovadora, entendendo como ela pode não apenas transformar a maneira como produzimos e consumimos, mas também moldar o futuro da nossa sociedade e do nosso planeta.

REFERÊNCIAS

ALVARENGA JUNIOR, M. *et al.* Um Green New Deal para o Brasil. **Caderno Especial**: Caminhos para a Sustentabilidade, v. 21, n. 1, 2022. Disponível em: https://periodicos.fgv.br/gvexecutivo/article/view/85513. Acesso em: 16 jul. 2024.

AMATO NETO, J. (org.). **Sustentabilidade e produção**: teoria e prática para uma gestão sustentável. São Paulo: Atlas, 2011.

APOLINÁRIO, F. D. B. *et al.* Biodiesel e Alternativas para utilização da glicerina resultante do processo de produção de biodiesel. **Bolsista de Valor**: Revista de divulgação do Projeto Universidade Petrobras e IF Fluminense, v. 2, n. 1, p. 141-146, 2012.

BAUM, M. A. *et al.* Modelos de negócios de economia circular: uma revisão sistêmica da literatura utilizando o Methodi Ordinatio. **Revista JRG de Estudos Acadêmicos**, Ano 6, v. VI, n. 13, jul./dez. 2023. Disponível em: https://revistajrg.com/index.php/jrg/article/view/541/582. Acesso em: 13 jul. 2024.

BIASI, C.; FERRARI, R. A.; VIEIRA, J. L. **Produção e caracterização de biodiesel**. 1. ed. Porto Alegre: Editora UFRGS, 2017.

CEBRI, Centro Brasileiro de Relações Internacionais. **Relatório Final**: Economia Circular – Os desafios do Brasil. Rio de Janeiro, 2020. Disponível em: https://www.cebri.org/br/doc/24/economia-circular-os-desafios-do-brasil. Acesso em: 17 jul. 2024.

COMISSÃO EUROPEIA. **Comunicação da comissão ao parlamento europeu, ao conselho, ao comitê econômico e social europeu e ao comité das regiões**: Fechar o ciclo – plano de ação da UE para a economia circular. Disponível em: https://eur-lex.europa.eu/resource.html?uri=cellar:8a8ef5e8-99a0-11e5-b3b-7-01aa75ed71a1.0007.02/DOC_1&format=PDF. Acesso em: 15 jul. 2024.

ECONOMIA circular para pequenas empresas. **Sebrae**, 27 maio 2023. Disponível em: https://sebrae.com.br/sites/PortalSebrae/artigos/economia-circular-para-pequenas-empresas,86b8ed1f09858810VgnVCM1000001b00320aRCRD. Acesso em: 13 jul. 2024.

FERREIRA, B. S. *et al.* Quality parameters of biodiesel produced from used cooking oil. **Fuel**, v. 185, p. 709-715, 2016.

FOGARASSY, C.; FINGER, D. Theoretical and practical approaches of circular economy for business models and technological solutions. **Resources**, v. 9, n. 6, p. 76, 2020.

FUNDAÇÃO ELLEN MACARTHUR, 23 jun. 2010. Disponível em: https://www.ellenmacarthurfoundation.org/pt/sala-de-imprensa/visao-geral. Acesso em: 15 jul. 2024.

FUNDAÇÃO ELLEN MACARTHUR, fev. 2019. Disponível em: https://www.ellenmacarthurfoundation.org/circulate-products-and-materials. Acesso em: 16 jul. 2024.

FUNDACIÓN ELLEN MACARTHUR. **Economia Circular**: A Rota para o Futuro. 2013. Disponível em: https://www.ellenmacarthurfoundation.org/assets/downloads/publications/Ellen-MacArthur-Foundation-Towards-the-Circular-Economy-vol.1.pdf. Acesso em: 25 abr. 2024, às 16h23min.

FUNDACIÓN ELLEN MACARTHUR. **New Plastics Economy**. 2022. Disponível em: https://www.ellenmacarthurfoundation.org/our-work/activities/new-plastics-economy. Acesso em: 25 abr. 2024.

GHISELLINI, P. *et al*. A review on circular economy: the expected transition to a balanced interplay of environmental and economic systems. **Journal of Cleaner Production**, v. 114, n. 15, p. 11-32, 2016. Disponível em: https://doi.org/10.1016/j.jclepro.2015.09.007. Acesso em: 15 jul. 2024.

JACOBSEN, B. N. Industrial symbiosis in Kalundborg, Denmark: a quantitative assessment of economic and environmental aspects. **Journal of Industrial Ecology**, v. 10, n. 1–2, p. 239-258, 2008. Disponível em: https://doi.org/10.1162/108819806775545411. Acesso em: 15 jul. 2024.

LEÃO, L. M. **Metodologia do estudo e pesquisa**: facilitando a vida dos estudantes, professores e pesquisadores. São Paulo: Vozes, 2016. E-book. Disponível em: https://plataforma.bvirtual.com.br. Acesso em: 21 jul. 2024.

LEITÃO, A. Economia circular: uma nova filosofia de gestão para o séc. XXI. **Portuguese Journal of Finance, Management and Accounting**, v. 1, n. º 2, p. 149-171, 2015. Disponível em: http://hdl.handle.net/10400.14/21110. Acesso em: 17 jul. 2024.

LEITE, M. **Biodiesel**: uma alternativa energética sustentável. 2. ed. São Paulo: Editora UFSCar, 2013.

LIMA, P. C. R. **O Biodiesel e a Inclusão Social**. Brasília – DF: Biblioteca Digital da Câmara dos Deputados, 2024. Disponível em: https://bd.camara.leg.br/bd/items/9764e757-fec0-4eed-b734-6f0da14846b2. Acesso em: 17 jul. 2024.

MAZZAROTTO, Â. de S. **Sustentabilidade e consumo consciente**. São Paulo, SP: Contentus, 2021. E-book. Disponível em: https://plataforma.bvirtual.com.br. Acesso em: 20 abr. 2024.

MINISTÉRIO DA INTEGRAÇÃO E DO DESENVOLVIMENTO REGIONAL. **Rota da economia circular**. 2021. Disponível em: https://www.gov.br/mdr/pt-br/assuntos/desenvolvimento-regional/rotas-de-integracao-nacional/rota-da-economia-circular. Acesso em: 29 abr. 2024.

ONU, Organização das Nações Unidas. **Objetivos de Desenvolvimento Sustentável**. 2022. Disponível em: https://brasil.un.org/pt-br/sdgs. Acesso em: 25 abr. 2024.

ONU, Organização das Nações Unidas. **Esboço Zero**: documento preliminar da Conferência Rio+20. Disponível em: http://www.rio20.gov.br/documentos/documentos-da-conferencia/esboco-zero/at_download/esboco-zero.pdf. Acesso em: 15 jul. 2024.

ONU, Organização das Nações Unidas. **Os Objetivos de Desenvolvimento do Milênio**. Disponível em: https://brasil.un.org/pt-br/66851-os-objetivos-de-desenvolvimento-do-mil%C3%AAnio. Acesso em: 16 jul. 2024.

ONU, Organização das Nações Unidas. **Os Objetivos de Desenvolvimento do Milênio**. Disponível em: https://brasil.un.org/pt-br/66851-os-objetivos-de-desenvolvimento-do-mil%C3%AAnio. Acesso em: 16 jul. 2024.

PINTO, A. C. *et al.* **Biodiesel**: uma visão crítica. Rio de Janeiro: Interciência, 2015.

RASHID, U. *et al.* Biodiesel production from waste cooking oil using bifunctional heterogeneous solid catalysts. **Energy Conversion and Management**, v. 88, p. 1201-1210, 2014.

SEHNEM, S.; PEREIRA, S. C. F. Rumo à economia circular: sinergia existente entre as definições conceituais correlatas e apropriação para a literatura brasileira. **Revista Eletrônica de Ciência Administrativa**, v. 18, n. 1, p. 35-62, 2019. Disponível em: https://pesquisa-eaesp.fgv.br/sites/gvpesquisa.fgv.br/files/arquivos/rumo_a_economia_circula.pdf. Acesso em: 15 jul. 2024.

SENADO FEDERAL. **Protocolo de Kyoto**. Disponível em: https://www12.senado.leg.br/noticias/entenda-o-assunto/protocolo-de-kyoto#:~:text=Acordo%20ambiental%20fechado%20durante%20a,de%20efeito%20estufa%20na%20atmosfera. Acesso em: 15 jul. 2024.

SILVA, J. R. *et al.* **Rastreabilidade de resíduos sólidos**: uma abordagem prática. São Paulo: Editora Senac, 2018.

SOARES, L. M. P. C. *et al.* (coord.). **Aspectos econômicos e sociais desenvolvimento e sustentabilidade:** a nova ordem a partir da Covid-19. Caxias do Sul, RS: Educs, 2022. E-book. Disponível em: https://plataforma.bvirtual.com.br. Acesso em: 20 abr. 2024.

TORRES, F. C. da C. **Estudo da utilização do biodiesel para geração de energia elétrica no Brasil**. Orientador: José Alberto dos Reis Parise. 2006. 115 f. Dissertação (Mestrado em Engenharia Mecânica) – Pontifícia Universidade Católica do Rio de Janeiro, Rio de Janeiro, 2006. Disponível em: https://www.maxwell.vrac.puc-rio.br/9654/9654_3.PDF. Acesso em: 21 jul. 2024.

TOTAL ENERGIES. **O que é Biodiesel?** Vantagens e Desvantagens. 2023. Disponível em: https://totalenergies.com.br/o-que-e-biodiesel-vantagens-e-desvantagens. Acesso em: 30 abr. 2024.

VEIGA, J. E. **Desenvolvimento Sustentável**: o desafio do século XXI. 3. ed. São Paulo: Garamond, 2008.

WEETMAN, C.; SERRA, A. C. da C. **Economia circular**: conceitos e estratégias para fazer negócios de forma mais inteligente, sustentável e lucrativa. 1. ed. Jaraguá do Sul: Autêntica Business, 2019.

ESPAÇOS PÚBLICOS DE PROPRIEDADE PRIVADA (POPS – PRIVATELY OWNED PUBLIC SPACES) COMO AGREGADORES SOCIAIS: RENOVAÇÃO URBANA E QUALIFICAÇÃO DA CONVIVÊNCIA

Andressa Muñoz Slompo

INTRODUÇÃO

O conceito de cidade educadora propõe uma perspectiva inovadora que concebe o ambiente urbano como um espaço dinâmico e interativo para processos contínuos de ensino e aprendizagem. Esse modelo visa fomentar o desenvolvimento de competências cidadãs, promovendo a sensibilização ambiental e o engajamento ativo dos habitantes na condução dos assuntos urbanos. A sinergia entre diversas instituições educacionais, entidades governamentais, corporações privadas e a sociedade civil em geral emerge como um elemento crucial para a efetiva implementação e êxito do modelo de cidade educadora. Tal colaboração multifacetada permite a criação de ambientes educacionais integrados que não apenas oferecem oportunidades de aprendizado formal e informal, mas também incentivam a participação cidadã ativa, fortalecendo o senso de comunidade e responsabilidade compartilhada pela qualidade de vida urbana. A cidade educadora, portanto, representa uma abordagem holística para o desenvolvimento urbano, onde todos os atores sociais colaboram para construir uma cidade inclusiva, sustentável e vibrante, refletindo um compromisso com a educação como um direito fundamental e um pilar essencial para a construção de uma sociedade mais justa e equitativa (Alves; Brandenburg, 2018).

Lefebvre (1999) delineia uma tríade do espaço social, composta por três dimensões inter-relacionadas, sendo uma delas o "espaço concebido". Essa dimensão representa a esfera institucionalizada e normativa do espaço, que está intimamente relacionada à produção espacial, ao planejamento urbano e à ordem estabelecida pela sociedade. O "espaço concebido" é caracterizado pela implementação de planejamentos técnicos e pela imposição de normas e regulamentos que orientam e controlam as atividades dos cidadãos dentro do ambiente urbano. Embora muitas vezes apresentado como um espaço neutro e objetivo, o "espaço concebido" é, na realidade, moldado por forças e interesses específicos que visam perpetuar desigualdades socioespaciais existentes. Dessa forma, esse espaço serve como um instrumento de controle social, sendo configurado para manter certas hierarquias e relações de poder, influenciando diretamente a maneira como os indivíduos interagem com o espaço urbano e entre si. Lefebvre (1999) ainda argumenta que, ao analisar criticamente o "espaço concebido", é possível revelar as estruturas subjacentes que contribuem para a perpetuação das desigualdades sociais e econômicas, desafiando a aparente neutralidade do planejamento urbano e expondo as dinâmicas de poder que influenciam a produção do espaço (Alves, 2019).

Por outro lado, o "espaço do vivido" ou "espaço de representação", conforme delineado por Lefebvre (1999), está intimamente associado às experiências cotidianas dos indivíduos e à expressão artística subversiva. Esse espaço se configura como um domínio onde as normas e codificações instituídas pelo "espaço concebido" são desafiadas e reimaginadas. No "espaço do vivido", a práxis — entendida como a interação dialética entre teoria e prática social — desempenha um papel crucial, pois possibilita a criação de novas formas de espacialidade e modos de habitar o espaço urbano. Essa criação se torna particularmente significativa quando é confrontada com as necessidades de sobrevivência dos habitantes e as diversas restrições impostas pelo "espaço concebido". No "espaço do vivido", as práticas cotidianas, a criatividade e a resistência dos cidadãos encontram um campo fértil para a emergência de novas possibilidades espaciais que rompem com a rigidez das estruturas normativas. Assim, o "espaço de representação" não apenas reflete a realidade vivida pelos indivíduos, mas também serve como um palco para a contestação e a transformação social, onde as experiências e práticas subversivas podem reconfigurar o espaço urbano de maneira significativa, promovendo uma ressignificação do ambiente e das relações sociais que nele se desenvolvem (Alves, 2019).

Lefebvre (1999) argumenta que o "espaço percebido" é intimamente relacionado à prática social e ao uso corporal, destacando a importância fundamental do corpo humano na percepção, na experiência e na produção do espaço. Esse espaço percebido surge da complexa interação entre as dimensões do vivido e do concebido, formando um campo onde a prática social se desenrola e se manifesta de maneira concreta. No "espaço percebido", a prática social frequentemente se conforma às normas e aos símbolos estabelecidos pelo "espaço concebido", refletindo a influência das estruturas institucionais e normativas. No entanto, essa conformidade não é absoluta; ocasionalmente, as práticas sociais podem subverter ou reinterpretar essas normas e símbolos, introduzindo elementos de resistência e inovação espacial (Alves, 2019).

Na sociedade moderna, entretanto, a dimensão do vivido tende a se adaptar às imposições do espaço concebido, resultando em uma prática social que, embora ativa e corporal, é muitas vezes fetichizada pela mercadoria. Isso significa que as interações sociais e as experiências espaciais são frequentemente mediadas e limitadas pelo valor de troca e pela lógica do mercado, restringindo seu potencial transformador e revolucionário. Assim, o "espaço percebido" se revela como um campo de tensões, onde a prática social está constantemente negociando entre a conformidade às normas estabelecidas e as possibilidades de subversão e transformação. Essa dualidade reflete a complexidade da experiência espacial na sociedade contemporânea, onde o corpo, a percepção e a prática social se entrelaçam de maneira dinâmica, mas frequentemente constrangida pelas forças econômicas e institucionais (Alves, 2019).

Assim, Lefebvre (1999) destaca a importância da dimensão corporal na compreensão e na transformação do espaço social, onde a práxis e a interação entre as dimensões do percebido, concebido e vivido podem potencialmente desencadear mudanças significativas na ordem social estabelecida.

Tem-se como objetivo do presente artigo, analisar o papel dos Espaços Públicos de Propriedade Privada (POPS) na promoção de cidades educadoras e mais inclusivas, avaliando como esses espaços contribuem para o aprendizado urbano, a interação cidadã, a inclusão social, a vitalidade comunitária e a promoção da saúde física e mental dos habitantes. Além disso, o artigo busca explorar a implementação e regulamentação dos POPS em grandes cidades, como São Paulo, Rio de Janeiro, Belo Horizonte e Nova Iorque, destacando os benefícios multifuncionais desses espaços na paisagem urbana contemporânea e seu impacto no fortalecimento do senso de comunidade e na criação de ambientes urbanos mais acessíveis e vibrantes.

Existe uma interação profundamente complexa entre o espaço público, tradicionalmente associado ao exercício do poder estatal, e o espaço privado, cujas dinâmicas estão ligadas ao mercado e à sociedade civil. Essa interação se manifesta de maneira significativa tanto na formulação quanto na implementação de políticas urbanas, na definição dos espaços urbanos e no uso que deles é feito pelos cidadãos. Um fenômeno observável é a tendência à privatização do público e à politização do privado. Por um lado, há uma crescente exposição do que é privado ao público, especialmente por meio das redes sociais, onde se reflete uma crescente abertura emocional e uma diluição das fronteiras tradicionais entre o privado e o público. Por outro lado, observa-se uma tendência à privatização do espaço público, manifestada na personalização da política e na prevalência dos interesses privados na esfera pública, tanto em termos políticos quanto espaciais. Essa dinâmica não apenas influencia a governança urbana, mas também molda a experiência cotidiana dos espaços urbanos, desafiando as noções tradicionais de propriedade e acesso público e privado (Meiners, 2020).

E por meio da dialética do espaço público contemporâneo, onde a liberdade de circulação e convívio nos espaços públicos é contrastada com a subjetividade antipública, que a especialização e fragmentação desses espaços, e a diminuição do espaço público devido à redução do papel do estado. A síntese desse conflito é o domínio do capital e da publicidade nos espaços públicos, com sua apropriação como mercadorias comercializáveis em um mercado global. Esses espaços, fetichizados e transformados em produtos à venda, respondem à desigualdade social com estranhamento e formas de segregação arquitetônica (Meiners, 2020).

Nesse contexto, podemos reconhecer os Espaços Públicos de Propriedade Privada, também chamados de POPS (*Privately Owned Public Spaces*), como uma faceta essencial dos centros urbanos globais, oferecendo uma alternativa valiosa, inclusiva e sustentável para diversos atores, incluindo entidades públicas, empresas, empreendedores e a comunidade em geral. Essa temática transcende os campos da arquitetura, urbanismo e questões sociais, abrangendo também a educação, dada sua capacidade de tornar a cidade transformadora para os cidadãos.

Mas o que exatamente são esses espaços? Eles se referem à iniciativa de permitir o uso, ou a acessibilidade para uso, de áreas privadas. Essa estratégia pode envolver o incentivo do poder público para a criação de espaços livres de uso público em propriedades privadas, com a manutenção realizada pelo proprietário. As primeiras iniciativas dos POPS surgiram em Paris, na década de 60, como resultado da revolução industrial, no entanto, foi em Nova Iorque que houve um maior número de implantações, e foram oficialmente registrados por meio de legislação (Amorim; Elgoweili; Duarte, 2022).

Além disso, é uma estratégia adotada pela cidade em benefício dos cidadãos e da comunidade. Para que uma construção seja feita na cidade e aprovada pelo código de obras do município, diversos parâmetros construtivos devem ser seguidos como limites de área construída, altura do edifício, recuos, coeficiente de aproveitamento, entre outros. Ao ceder os espaços de propriedade privada para uso público, o poder público oferece em troca incentivos aos proprietários como o acréscimo de potencial construtivo, descontos em taxas ou contrapartidas onerosas relacionadas ao direito de construir.

Essa dinâmica ressalta a intersecção entre os espaços públicos e privados, culminando em benefícios para os cidadãos que participam ativamente e experienciam o ambiente urbano. A interação harmoniosa entre esses espaços não apenas enriquece a vivência urbana ao proporcionar variedade e acessibilidade de uso, mas também desempenha um papel fundamental na promoção da inclusão social, vitalidade comunitária e coesão social dentro das comunidades urbanas. Ao permitir que diferentes grupos e indivíduos compartilhem e utilizem os espaços de maneira inclusiva e equitativa, os espaços públicos e privados se tornam arenas de interação social e cultural, onde a diversidade é celebrada e as barreiras sociais são mitigadas. Essa integração contribui para fortalecer o tecido social das cidades, facilitando o encontro e a interação entre pessoas de diferentes origens e experiências, e fomentando um senso de pertencimento compartilhado e responsabilidade coletiva pelo ambiente urbano.

Dado que a compreensão contemporânea dos espaços públicos abrange tanto suas características físicas (como layout e elementos estruturais) quanto suas interações sociais (como comportamentos e práticas comuns), surge a questão: os espaços privados conseguem incorporar essa dualidade? Se um espaço privado oferecer condições que incentivem as pessoas a permanecerem (como bancos, sombra de árvores e iluminação adequada), ele pode promover uma variedade significativa de atividades, como alimentar-se, ler ou descansar (Dalmolin; Rosaneli, 2023).

Os POPS devem ser sinalizados como próprio para uso público, e a sinalização visual deve ser clara de que o espaço é aberto. Essa consideração vale tanto para o projeto do espaço, que deve ser convidativo, e não excludente, quanto para a sinalização de informações. Esses avisos podem conter informações relevantes, como dias e horários em que o espaço estará disponível para utilização do público, o nome da empresa privada que mantém o espaço, infraestrutura existente como banheiros, acesso de deficientes, entre outras informações do tipo. Além disso, pode existir a sinalização de atividades promovidas pelo local, como leitura ou espaços de alimentação, por exemplo.

Espaços Públicos de Propriedade Privada

A vivência dos espaços públicos, como calçadas e parques, constitui uma realidade cada vez mais presente na experiência contemporânea dos cidadãos urbanos. Esse fenômeno não apenas reflete a necessidade de integração entre áreas individuais e coletivas, mas também ressoa com os princípios fundamentais da gestão urbana nas cidades inteligentes. Em contextos urbanos densamente populados e onde a disponibilidade de espaços vazios para a criação de novos espaços públicos é limitada, os Espaços Públicos de Propriedade Privada emergem como estratégias essenciais para proporcionar áreas de lazer e descanso acessíveis à população. Esses espaços não apenas complementam os tradicionais espaços públicos municipais, mas também oferecem uma variedade de funções que enriquecem a experiência urbana, promovem a interação comunitária e contribuem para o bem-estar físico e mental dos habitantes urbanos. Ao se integrarem harmoniosamente com o tecido urbano existente, os POPS representam uma resposta adaptativa e inovadora às demandas contemporâneas por espaços públicos inclusivos e acessíveis, demonstrando um compromisso crescente com a criação de cidades mais sustentáveis, dinâmicas e socialmente equitativas.

Um exemplo emblemático é o *Granary Square*, localizado em *King's Cross*, Londres. O espaço possui acesso gratuito, em todos os horários do dia, e uso irrestrito para toda a população. Localizado nas margens de um canal, o projeto conta com mais de mil fontes de água que emergem do chão e são iluminadas e controladas de forma individual, além de uma arquibancada para as pessoas se sentarem e relaxar em meio ao ambiente urbano. Do ponto de vista social, o espaço conta com cafés e restaurantes, além de eventos culturais como música e cinema ao ar livre. Em 2020, Londres elaborou o *Public London Charter*, documento que garante transparência de princípios de gestão e manutenção dos Espaços Públicos de Propriedade Privada, para alinhar com a missão social de servir a todas as pessoas, refletindo os valores da cidade, e que são divulgados por meio de aplicativos, sites e materiais impressos no local (Granary Square).

O local, descoberto, possui diversos espaços de estar, com arquibancadas e presença de espaços com vegetação para o público, que, alinhado com o canal, traz a natureza mais próxima às pessoas para um momento contemplativo. Além disso, o espaço conta com calçadas para bicicletas (Granary Square).

Figura 8 – *Granary Square, Kings Cross*, Londres

Fonte: acervo pessoal da autora (2025)

No Brasil, pode-se citar um exemplo de POPS que materializa o direito à cidade, que é o vão livre do MASP (Museu de Arte de São Paulo), localizado na cidade de São Paulo. A edificação do museu, símbolo arquitetônico dos anos 60 e 70 no Brasil, é elevada do chão por meio de grandes pilares vermelhos, o que cria um espaço de vão livre que é aberto ao público. O próprio design arquitetônico do MASP, com suas linhas retas e baixa altura, simboliza a aspiração pela igualdade social. A preocupação em não criar estruturas muito altas é uma expressão física do compromisso em promover uma cidade onde todos possam desfrutar dos mesmos direitos e oportunidades.

Além desse espaço, como reflexo do compromisso em criar ambientes urbanos mais inclusivos e acessíveis para todos, surge a regulamentação dos POPS na legislação brasileira, a citar os "espaços de fruição pública" no Plano Diretor de São Paulo, em 2014, na revisão do Plano Diretor do Rio de Janeiro, em 2021, e no termo "gentileza urbana" presente no Plano Diretor de Belo Horizonte, de 2019 (Amorim; Elgoweili; Duarte, 2022).

São Paulo é um exemplo notável na promoção dos Espaços Públicos de Propriedade Privada (POPS), ao estabelecer diretrizes, por meio de normativas, para a criação desses espaços. Os projetos devem possuir dimensão mínima de 250 m², devem estar permanentemente abertos e livres de obstáculos, com acesso irrestrito da população, e existem locais estratégicos na malha urbana para implantação. Além disso, para construções entre 5 mil m² e 40 mil m², a criação de POPS é obrigatória. No caso da cidade, o incentivo para os proprietários adotarem essa prática é a outorga onerosa do direito de construir, que se trata de uma ferramenta legal empregada pela administração municipal para angariar fundos destinados ao progresso urbano, mediante a autorização para construção que ultrapasse os parâmetros estabelecidos pelo código de edificações do município (Amorim; Elgoweili; Duarte, 2022).

Em Curitiba, uma das inovações introduzidas pelo Plano Diretor de 2015 foi a possibilidade de fruição pública de lotes privados. O artigo 75 da Lei do Plano Diretor estipula que áreas particulares podem ser disponibilizadas para uso público, com o objetivo de melhorar a qualidade urbana e ambiental, promover a sociabilidade, reduzir deslocamentos e diversificar os usos e formas de implantação de edificações. Sugere-se que a área destinada à fruição pública não ultrapasse 20% da área total do lote, e, para estimular essa prática, a lei prevê que, ao destinar uma área para fruição pública, o proprietário recebe um benefício fiscal equivalente ao dobro da área não computável para fins de isenção do IPTU, desde que essa área seja mantida no próprio lote (Meiners, 2020).

É importante destacar que os POPS não se limitam apenas a praças e espaços ociosos entre prédios. Eles podem assumir diversas formas, como calçadas mais largas, fachadas mais ativas, aumento de praças e galerias, parques e até mesmo complexos multifuncionais, como o B32 Faria Lima em São Paulo. O complexo B32 Faria Lima exemplifica essa abordagem multifuncional, oferecendo uma variedade de espaços abertos ao público, incluindo uma praça e galeria, além de uma torre de escritórios, teatro, espaço de eventos, restaurantes, cafés e um jardim no *rooftop*. Com uma área de praça de 8 mil m², o complexo promove a permeabilidade dos espaços, incentivando os fluxos de pessoas pela cidade e contribuindo para a vitalidade urbana.

Figura 9 – Complexo B32 localizado na Avenida Brigadeiro Faria Lima, São Paulo

Fonte: acervo pessoal da autora (2025)

Esses exemplos ilustram como a interseção entre a legislação urbana e os projetos arquitetônicos pode colaborar na construção de cidades mais inclusivas, acessíveis e socialmente justas, onde todos os cidadãos possam desfrutar plenamente do espaço público e exercer seu direito à cidade. Os Espaços Públicos de Propriedade Privada são concebidos com o objetivo de serem universalmente acessíveis, respondendo às necessidades de diferentes grupos demográficos, inclusive daqueles que enfrentam dificuldades temporárias de acesso e locomoção. A integração desses espaços na paisagem urbana não apenas complementa as infraestruturas públicas tradicionais, mas também estabelece novos padrões para a concepção e a gestão dos espaços urbanos, promovendo a equidade espacial e a participação ativa dos cidadãos na vida comunitária. Ao enfatizar a acessibilidade física e social, os POPS facilitam o acesso aos recursos urbanos, e fortalecem os laços sociais, a fim de promover uma maior coesão entre os residentes urbanos, contribuindo assim para a construção de cidades mais resilientes e sustentáveis no longo prazo.

É importante ressaltar que os POPS não existem isoladamente, mas se complementam e interagem entre si, criando uma rede dinâmica de espaços públicos que enriquecem a experiência urbana. Exemplos como o 55 *Water Street – Elevated Acre*, em Nova Iorque, e as manifestações culturais nos espaços públicos de Paris e do nordeste brasileiro, demonstram a importância desses espaços na promoção da cultura, da interação social e do senso de comunidade nas cidades modernas.

Os Espaços Públicos de Propriedade Privada (POPS) representam um importante faceta da renovação urbana e da qualificação da convivência nas cidades contemporâneas, como exemplificado pelo *Liberty Plaza - Zuccotti Park*, em Nova Iorque. A localização estratégica desses espaços, no mesmo nível da calçada ou visualmente conectados à rua, torna-os facilmente identificáveis como áreas públicas. Além disso, para garantir sua funcionalidade e atratividade, os POPS em Nova Iorque devem possuir uma extensão mínima de 2 mil pés quadrados (cerca de 609,6 m²) e oferecer mobiliário urbano adequado, sombreamento e vegetação para criar um microclima confortável (Amorim; Elgoweili; Duarte, 2022).

Figura 10 – Masp (Museu de Arte de São Paulo)

Fonte: acervo pessoal da autora (2025)

CIDADES EDUCADORAS: EXPERIÊNCIAS E POSSIBILIDADES

Em Hong Kong, os POPS têm surgido em conexão com iniciativas de revitalização urbana, tornando-se abundantes a partir da década de 1980, em resposta ao rápido crescimento experimentado pela cidade. Esses planos têm reconfigurado áreas mais antigas por meio de extensos empreendimentos imobiliários. Na cidade, os Espaços Públicos de Propriedade Privada são incentivados por meio de bônus de área construtiva para os proprietários; com isso, as edificações podem chegar até cinco vezes o tamanho da área pública oferecida no térreo e duas vezes em outros pavimentos, como parte de projetos de renovação urbana (Amorim; Elgoweili; Duarte, 2022).

A diversidade de tipos espaciais de Espaços Públicos de Propriedade Privada (POPS) em várias cidades ao redor do mundo evidencia a importância de estabelecer regras claras quanto ao tamanho mínimo, usos permitidos, permeabilidade visual, presença de vegetação e outras características físicas essenciais. A implementação de sinalização clara desempenha um papel fundamental ao informar ao público sobre o caráter público desses espaços, incluindo detalhes específicos como horários de funcionamento e responsabilidades relacionadas à manutenção. A definição precisa desses parâmetros não apenas assegura a acessibilidade e a utilização adequada dos POPS pela comunidade, mas também promove a transparência na gestão desses espaços compartilhados. Essas diretrizes ajudam a garantir que os POPS contribuam efetivamente para a vida urbana, facilitando a interação social, promovendo a inclusão e proporcionando oportunidades de recreação e descanso para todos os cidadãos, independentemente de suas habilidades ou necessidades específicas.

Estratégia de revitalização urbana e agregador social

Os espaços multifuncionais desempenham um papel integral como agregadores sociais, proporcionando uma ampla variedade de atividades e oportunidades para os cidadãos participarem ativamente da vida urbana. A inclusão de galerias de arte ao ar livre exemplifica como esses espaços democratizam o acesso à cultura e à arte, enriquecendo a experiência urbana para todos os habitantes. Além disso, a diversidade de funções em um único edifício, como residências, escritórios, restaurantes, cafés e espaços de arte, não só contribui para a vitalidade urbana, mas também fomenta o desenvolvimento de comunidades vibrantes e inclusivas.

Os Espaços Públicos de Propriedade Privada (POPS), além de promover a vitalidade urbana e a agregação social, desempenham um papel crucial na promoção da igualdade social ao oferecer espaços democráticos onde todos os cidadãos, independentemente de sua posição social, podem se sentir parte de uma comunidade compartilhada. Eles também têm o potencial de fortalecer a identidade cultural de uma cidade ao proporcionar um cenário para uma variedade de manifestações culturais e eventos públicos. Ao se integrarem harmoniosamente ao tecido urbano e facilitarem o acesso equitativo aos recursos urbanos, os POPS não apenas enriquecem a vida cotidiana dos cidadãos, mas também contribuem para a construção de uma cidade mais coesa, dinâmica e culturalmente diversificada.

No Brasil, a legislação nacional desempenha um papel crucial na concretização do direito à cidade e da mobilidade, garantindo o princípio fundamental de ir e vir, presente na Constituição de 1988. Além disso, busca promover a igualdade social e mitigar obstáculos sociais, como a segregação espacial entre diferentes classes, que podem criar sentimentos de exclusão ou insegurança em determinados espaços urbanos.

A promoção dos POPS não só valoriza o meio ambiente urbano, mas também estimula a participação da sociedade na construção e manutenção dos espaços públicos, contribuindo para uma maior segurança e menos marginalidade nas cidades. Esses espaços representam um importante instrumento para transformar as cidades em ambientes mais educadores e inclusivos, onde todos os cidadãos podem desfrutar dos benefícios de uma vida urbana vibrante e sustentável.

A emergência e proliferação dos Espaços Públicos de Propriedade Privada na paisagem urbana contemporânea representam mais do que simplesmente uma inovação arquitetônica ou um movimento de renovação urbana. Esses espaços, desde sua concepção em meados do século 20 até sua difusão global nos dias de hoje, têm desempenhado um papel fundamental na transformação das cidades em ambientes mais inclusivos, acessíveis e vibrantes.

Por meio da sinergia entre o setor público e privado, os Espaços Públicos de Propriedade Privada (POPS) encapsulam um ideal de democracia urbana, assegurando o acesso equitativo ao espaço público para todos os cidadãos, independentemente de sua classe social ou origem. Esses espaços se estabeleceram como locais de encontro e expressão cultural, promovendo um forte senso de pertencimento e comunidade entre os residentes urbanos.

A abordagem multifuncional dos POPS, que varia desde pequenas praças entre edifícios até complexos urbanos integrados, demonstra uma compreensão profunda das diversas necessidades da vida urbana contemporânea. Além de oferecer uma variedade de funcionalidades, esses espaços são projetados com cuidado para serem acessíveis, incluindo a integração de espaços verdes e áreas de descanso, o que contribui significativamente para a promoção da saúde física e mental dos habitantes urbanos. Essa concepção reflete não apenas um compromisso com a criação de ambientes urbanos inclusivos e vibrantes, mas também com a melhoria da qualidade de vida urbana por meio do acesso equitativo a recursos e espaços públicos de alta qualidade.

CONSIDERAÇÕES FINAIS

À medida que projetamos nosso olhar para o horizonte futuro, torna-se essencial não apenas vislumbrar os Espaços Públicos de Propriedade Privada (POPS) como meros locais físicos, mas compreendê-los como elementos catalisadores de uma transformação social e cultural significativa. O investimento e a fomentação desses espaços em diversas comunidades urbanas não apenas proporcionam a construção de ambientes mais educativos, inclusivos e sustentáveis para as próximas gerações, mas também se configuram como símbolos de progresso e cooperação na jornada rumo a uma cidade mais humanizada e equitativa.

Os POPS representam uma resposta inovadora e inclusiva aos desafios contemporâneos enfrentados pelas cidades. Além de facilitarem a interação social e cultural, esses espaços se revelam como oportunidades para promover a educação cidadã e garantir o acesso igualitário ao espaço público. A colaboração entre os setores público e privado desempenha um papel crucial no planejamento e na manutenção desses locais, que transcendem sua mera função arquitetônica para se tornarem verdadeiros agentes de mudança social e urbana.

A regulamentação e a promoção dos POPS refletem um compromisso sólido com a edificação de cidades mais educadoras, inclusivas, acessíveis e dinâmicas, onde todos os cidadãos possam desfrutar plenamente dos benefícios de uma vida urbana sustentável e enriquecedora. Esses espaços, portanto, não são apenas elementos físicos na paisagem urbana, mas representam pilares fundamentais na construção de uma sociedade mais justa e equilibrada.

Além disso, é importante ressaltar que os POPS não apenas oferecem espaços para atividades sociais e culturais, mas também podem ser aproveitados como palcos para a expressão artística e a promoção da diversidade cultural. Por meio de eventos, exposições e manifestações culturais, esses espaços se tornam verdadeiros centros de intercâmbio e celebração da pluralidade, contribuindo para fortalecer o senso de pertencimento e identidade nas comunidades urbanas. Assim, ao abraçar a cultura como parte integrante de sua missão, os POPS não apenas enriquecem a vida urbana, mas também fomentam um ambiente onde cada indivíduo se sinta valorizado e representado.

REFERÊNCIAS

ALVES, G. A. A produção do espaço a partir da tríade lefebvriana concebido/percebido/vivido. **Geousp – Espaço e Tempo** (Online), v. 23, n. 3, p. 551-563, dez. 2019.

ALVES, A. R.; BRANDENBURG, E. J. **Cidades Educadoras**: um olhar acerca da cidade que educa. Curitiba: Editora Intersaberes, 2018.

AMORIM, N.; ELGOWEILI, N.; DUARTE, P. O que são os espaços públicos de propriedade privada. **ArchDaily Brasil,** 1 out. 2022. Disponível em: https://www.archdaily.com.br/br/988815/o-que-sao-os-espacos-publicos-de-propriedade--privada. Acesso em: 29 abr. 2024.

DALMOLIN, G. H.; ROSANELI, A. F. Espaço público de propriedade privada"? Estudo sobre espaços privados abertos ao usufruto coletivo em Curitiba-PR. urbe. **Revista Brasileira de Gestão Urbana**, v. 15, e20220075, 2023. Disponível em: https://doi.org/10.1590/2175-3369.015.e20220075. Acesso em: 22 mar. 2024.

GRANARY SQUARE. **King's Cross.** Disponível em: https://www.kingscross.co.uk/granary-square. Acesso em: 14 maio 2024.

LEFEBVRE, H. **A revolução urbana.** Belo Horizonte: Ed. UFMG, 1999.

MEINERS, W. E. M. A.; SILVA, R. A. G.; ROSANELI, A. F. Espaço público de propriedade privada em Curitiba (Brasil): o boulevard da Neo Superquadra. **Oculum Ensaios**, v. 17, e204330, 2020. Disponível em: http://dx. doi.org/10.24220/2318-0919v17e2020a4330. Acesso em: 22 mar. 2024.

12

CIDADES EDUCADORAS: O PAPEL CRUCIAL DAS HABILIDADES SOCIOEMOCIONAIS NA FORMAÇÃO CIDADÃ

Viviane Oliveira de Melo

INTRODUÇÃO

A educação ao longo dos séculos foi moldada pelas transformações sociais, avanços tecnológicos e evolução das concepções sobre aprendizagem e desenvolvimento humano. Desde os primórdios da Revolução Industrial, o foco educacional predominante estava voltado para o desenvolvimento cognitivo, com ênfase em disciplinas acadêmicas como matemática, linguagem e ciências, e métodos de ensino centrados na memorização e na repetição de informações (Hoffmann, 1993).

Nesse contexto, as habilidades socioemocionais, compreendidas como competências relacionadas às emoções, comportamentos e relações interpessoais, muitas vezes eram deixadas em segundo plano ou atribuídas exclusivamente ao ambiente familiar, comunitário ou religioso. O papel da escola limitava-se, em grande parte, à transmissão de conhecimentos e ao treinamento de habilidades cognitivas específicas, negligenciando aspectos fundamentais do desenvolvimento integral dos indivíduos (Diehl; Gómez, 2020). No entanto, à medida que a sociedade avançava e novos desafios surgiam, tornou-se evidente que uma educação de qualidade não poderia se restringir apenas ao aspecto cognitivo.

Essa mudança de paradigma reconheceu a necessidade de uma abordagem mais integrativa na educação, que não apenas preparasse os indivíduos para o mundo profissional, mas também para a vida em sociedade (Abed, 2016). As habilidades socioemocionais, como autogestão, empatia, resolução de conflitos, colaboração e pensamento crítico, passaram a ser vistas como pilares essenciais para o sucesso acadêmico, profissional e pessoal, bem como para a formação de cidadãos conscientes, responsáveis e participativos (Stafford-Brizard, 2016; Alvarenga; Kuestra; Quaresma, 2023).

Das reflexões sobre a sociedade, seu desenvolvimento, problemas e aspirações surgem as Cidades Educadoras como um modelo integrativo de ensino-aprendizagem do "ser cidadão". Essas cidades compreendem que a educação não se limita às salas de aula, mas permeia todos os aspectos da vida urbana, incluindo políticas públicas, espaços de convivência e tempos de aprendizagem. A visão das Cidades Educadoras é de que a educação é um processo contínuo ao longo da vida, que envolve não apenas a aquisição de conhecimentos, mas também o desenvolvimento de habilidades socioemocionais, valores éticos e práticas de cidadania (Gomes; Azevedo, 2021; Gomes, 2022; Bacin *et al.*, 2023; Alvarenga; Kuestra; Quaresma, 2023; Carlos, 2024).

Ao adotar uma visão expandida da educação, ocorre o reconhecimento de que o verdadeiro êxito educacional vai além de notas e certificados; abrange a habilidade das pessoas de se adaptarem, colaborarem e contribuírem positivamente para o bem-estar coletivo (Abed, 2016; Diehl; Gómez, 2020).

As Cidades Educadoras visam não apenas formar profissionais capacitados, mas também indivíduos capazes de fazer uma diferença significativa no desenvolvimento sustentável, na justiça social e na coesão comunitária. A sinergia entre o desenvolvimento socioemocional, a responsabilidade social e o conceito de Cidades Educadoras é fundamental para criar sociedades mais justas, inclusivas e resilientes. Este capítulo objetiva-se, portanto, em discutir e demonstrar a importância de incorporar habilidades socioemocionais como parte fundamental do currículo escolar, integrando-as com as habilidades cognitivas tradicionais, e como a colaboração entre escolas, famílias e a comunidade promove práticas de cidadania democrática e desenvolvimento sustentável.

Habilidade Socioemocional em uma Cidade Educadora

Desde a Revolução Industrial, a educação tem se dedicado principalmente a preparar as crianças para o mundo profissional, concentrando-se em disciplinas acadêmicas e habilidades cognitivas, ou seja, relacionadas ao processo de construção do conhecimento como memória, atenção e linguagem. Nesse modelo, as crianças eram ensinadas a desenvolver competências específicas por meio de métodos como a memorização e a obediência na escola, enquanto as esferas familiar, comunitária e religiosa assumiam o papel de promover o desenvolvimento social, emocional e ético (Hoffmann, 1993).

No entanto a escola não pode se desconectar da realidade global, onde as novas tecnologias da informação e da comunicação revolucionaram não apenas nossos meios de comunicação, mas também nossas formas de trabalho, tomada de decisões e raciocínio (Perrenoud, 2000). A escola precisa se posicionar como um espaço de vanguarda e transformação, liderando as mudanças e o avanço dos novos processos de trabalho e conhecimento.

Embora se reconheça que uma boa educação contribui para formar cidadãos conscientes, a Declaração de Incheon da Unesco destaca que certas competências sociais e emocionais são cruciais para o desenvolvimento sustentável e a paz nas comunidades. Educação de qualidade abrange influências de todos os ambientes sociais. Avanços recentes, como a Declaração de Incheon para a Educação 2030, enfatizam a importância de avaliar e desenvolver habilidades cognitivas e não cognitivas para capacitar os cidadãos a enfrentar desafios globais de maneira informada e saudável (Unesco, 2016).

A Tabela 1 apresenta as transformações na educação na escola tradicional e atualmente.

Tabela 1 – Evolução no modelo de educação

EDUCAÇÃO TRADICIONAL	EDUCAÇÃO CONTEMPORÂNEA
Notas Altas	Aprendizagem
Memorização	Compreensão
Obediência	Questionamento
Passividade	Participação
Habilidades cognitivas	Habilidades socioemocionais

Fonte: adaptado de Hoffmann (1997, p. 30)

Existem vários modelos que explicam o desenvolvimento social e emocional. Cada modelo usa suas próprias definições e categorizações. De acordo com Jones e Doolittle (2017, p. 4), a Aprendizagem Social e Emocional (SEL) "envolve a capacidade das crianças de aprender e gerir as suas próprias emoções e interações de maneiras que beneficiem a si mesmas e aos outros, e que ajudem as crianças e os jovens a terem sucesso na escolaridade, no local de trabalho, relacionamentos e cidadania". Alternativamente, Garcia e Weiss (2016, p. 4) afirmam que as competências não cognitivas representam "padrões de pensamento, sentimentos e comportamento..." que nos permitem ter sucesso nas nossas vidas públicas, locais de trabalho, lares e outros contextos sociais e contribuir significativamente para a sociedade. Por outro lado, o termo 'aprendizagem social e emocional' foi introduzido pelo Grupo Fizer em 1994 como um quadro conceptual para promover a competência social, emocional e acadêmica dos jovens e para coordenar a programação escola-família-comunidade para abordar esses objetivos educativos (Weissberg *et al.*, 2015).

Outra estrutura de modelo socioemocional é a chamada Blocos de Construção para Aprendizagem – '*Building Blocks for Learning*', focada no desenvolvimento abrangente dos alunos com base científica e orientada para a equidade (Diehl; Gómez, 2020), apresentado na Figura 1. Essa estrutura reconhece a diversidade inicial das crianças e promove competências e mentalidades comprovadas por evidências para sucesso acadêmico, social e pessoal. Ela enfatiza mentalidades e desenvolvimento comportamental, exigindo que habilidades sejam mensuráveis, ajustáveis e comprovadamente impactantes no desempenho acadêmico para serem integradas.

Figura 11 – Blocos de Construção para Aprendizagem

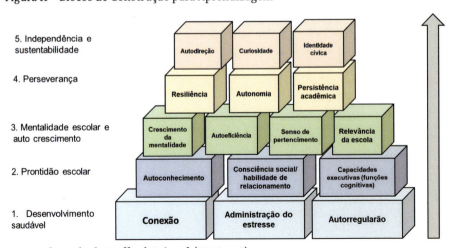

Fonte: adaptado de Stafford-Brizard (2016, p. 5)

Nessa estrutura escalonada, as habilidades básicas na linha de base, como apego e autorregulação, sustentam o desenvolvimento das habilidades sociais e cognitivas na segunda linha, essenciais para a prontidão escolar (autoconsciência, consciência social, relacionamento e funções executivas). Essas habilidades são pré-requisitos para a aprendizagem eficaz na escola e promovem as mentalidades construtivas, autoeficácia e relevância escolar na terceira linha. A combinação dessas habilidades e mentalidades culmina em competências mais avançadas, como resiliência e autodireção na quarta e quintas linhas, respectivamente, permitindo que as crianças tracem e sigam seus próprios caminhos de vida de forma independente (Stafford-Brizard, 2016).

A CASEL, uma organização que promove o desenvolvimento integrado acadêmico, social e emocional de todas as crianças, propõe uma abordagem única ao categorizar as competências socioemocionais em cinco áreas: (I) Autogestão (regulação eficaz de emoções, pensamentos e comportamentos); (II) Autoconsciência (conhecimento de emoções, pensamentos e valores próprios); (III) Consciência social (assumir perspectivas e ter empatia com os outros); (IV) Habilidade de relacionamentos (comunicação clara, cooperação, resolução de conflitos e apoio mútuo); e (V) Tomada de decisão responsável (fazer escolhas éticas, seguras e consideradas, visando ao bem-estar de si e dos outros) (Diehl; Gómez, 2020).

Assim, com base em tudo que já foi apresentado, têm-se, de forma abrangente, três tipos básicos de habilidades socioemocionais: (I) Habilidades não cognitivas; (II) Habilidades de construção de caráter e (III) Aprendizagem socioemocional (Garcia; Weiss, 2016; Jone; Doolittle, 2017). Essas categorias de habilidades socioemocionais são inter-relacionadas e complementares, contribuindo para o desenvolvimento integral das pessoas em diferentes contextos e estágios da vida.

I. **Habilidades não cognitivas** (também chamadas de habilidades não técnicas ou *'soft skills'*): essas aptidões são relacionadas com as competências pessoais e interpessoais que influenciam a maneira como as pessoas interagem, comunicam-se e lidam com situações diversas (Diehl; Gómez, 2020; Duarte; Araújo, 2022), tais como:

- Comunicação eficaz: aptidão de expressar ideias de forma clara e acessível, bem como, de saber escutar ativamente os outros;

- Colaboração: habilidade para trabalhar em equipe, resolver conflitos de forma construtiva e contribuir para objetivos comuns;

- Resiliência: capacidade de enfrentar desafios, superar adversidades e manter uma atitude positiva diante de situações difíceis;

- Pensamento crítico: aptidão para avaliar informações, tomar decisões fundamentadas e resolver problemas de maneira criativa;

- Gestão de emoções: capacidade de reconhecer, compreender e regular as próprias emoções, bem como lidar com as emoções dos outros de maneira empática.

II. **Habilidades de construção de caráter:** estão relacionadas ao desenvolvimento de valores éticos e integridade pessoal, ajudando a modelar o caráter e a individualidade de uma pessoa, influenciando suas ações, escolhas e interações com o mundo ao seu redor (Garcia; Weiss, 2016; Duarte; Araújo, 2022). Alguns exemplos dessas habilidades são:

- Ética: Agir com honestidade, integridade e responsabilidade;

- Empatia: Capacidade de compreender e compartilhar os sentimentos e perspectivas dos outros, demonstrando sensibilidade e preocupação com o bem-estar alheio;

- Altruísmo: Disposição para ajudar e contribuir para o benefício dos outros, sem esperar recompensas;

- Respeito: Valorizar a diversidade, respeitar as diferenças culturais, de opinião e de identidade, e tratar todas as pessoas com dignidade e cortesia.

III. **Aprendizagem socioemocional:** este é um campo específico que se concentra no desenvolvimento das habilidades socioemocionais por meio de estratégias educacionais e práticas intencionais. A aprendizagem socioemocional visa promover a autoconsciência, o autocontrole, as habilidades sociais, o pensamento crítico e outras competências essenciais para o sucesso pessoal e acadêmico (Diehl; Gómez, 2020). Ela é frequentemente integrada ao currículo escolar para apoiar o crescimento holístico dos alunos e prepará-los para os desafios da vida adulta.

CIDADES EDUCADORAS: EXPERIÊNCIAS E POSSIBILIDADES

Ao estimular as três competências descritas anteriormente, os indivíduos adquirem uma maior preparação para lidar com os desafios contemporâneos e para fazer contribuições significativas às suas comunidades e à sociedade como um todo. Quando aplicadas em um contexto urbano, especialmente em cidades que priorizam a educação, essas habilidades se tornam ainda mais relevantes, impactando positivamente na organização social (Abed, 2016).

Uma das principais razões para a ênfase nas habilidades socioemocionais em Cidades Educadoras é a compreensão de que a educação vai muito além do conteúdo acadêmico (Abed, 2016; Gomes, 2022). O desenvolvimento integral dos cidadãos requer a capacidade de gerenciar emoções, tomar decisões éticas, comunicar-se de forma eficaz e trabalhar em equipe. Essas habilidades não apenas fortalecem o indivíduo, mas também contribuem para a construção de comunidades mais coesas com diminuição inclusive da violência.

Ao trazer as habilidades socioemocionais, as Cidades Educadoras investem na formação de cidadãos adaptáveis a um mundo em constante transformação. A resiliência emocional, por exemplo, permite que as pessoas enfrentem adversidades sem desmoronar, encontrando soluções criativas e mantendo uma visão positiva do futuro (Pena; Alves; Primi, 2020). Isso é especialmente relevante em ambientes urbanos, onde a diversidade, a complexidade e os desafios são intensificados. Ao desenvolver a empatia, a capacidade de escuta ativa e o respeito à diversidade, os cidadãos se tornam agentes de mudança positiva em seus contextos locais. Isso se reflete em relações mais saudáveis entre os habitantes, na redução de conflitos e na construção de ambientes mais seguros e acolhedores para todos (Alvarenga; Kuestra; Quaresma, 2003; Carlos, 2024).

O estudo inicial que evidenciou tais conclusões foi o Perry Preschool Project, da década de 1960, um programa de alta qualidade para crianças de baixa renda com pais de baixo QI. Embora não tenha havido benefícios de QI a longo prazo, as melhorias comportamentais e sociais foram notáveis. Estudos mais recentes também mostram que o desenvolvimento socioemocional está relacionado positivamente com sucesso profissional, renda mais alta, segurança financeira, estabilidade no emprego e aumento da produtividade (Jones *et al.*, 2017; Diehl; Gómez, 2020).

Diferentes programas estão adotando a aprendizagem social e emocional em escolas e outros ambientes, incluindo o programa 4Rs (Leitura, Escrita, Respeito e Resolução – '*Reading, Writing, Respect & Resolution*').

Esse programa prioriza a construção de comunidade, o entendimento e manejo de emoções, a escuta ativa, a assertividade, a resolução de problemas, a inclusão e a cooperação. Uma avaliação em um extenso ensaio clínico randomizado, realizado ao longo de três anos, revelou melhorias notáveis em habilidades sociais, desempenho acadêmico e redução de comportamentos problemáticos em alunos em risco. Além disso, observou-se um impacto positivo na qualidade da sala de aula e no suporte educacional (Jones *et al.*, 2017).

Segundo uma revisão realizada por Durlak e colaboradores (2011), os programas de aprendizagem socioemocional evidenciaram impactos positivos significativos em competências socioemocionais específicas, comportamentos pró-sociais, desempenho acadêmico e adaptação dos alunos. Essa melhoria nas habilidades contribui para uma vida mais significativa, sucesso educacional, desenvolvimento de habilidades, estabilidade financeira e cidadania responsável.

Outros estudos demonstram que diversos comportamentos de risco, como o uso precoce ou abuso de substâncias, a delinquência, a agressão, a violência, o bullying, o tabagismo, a gravidez na adolescência, a detenção e o crime, podem ser diminuídos ou evitados por meio do desenvolvimento de habilidades sociais e emocionais. Crianças e jovens que possuem competências sociais e emocionais adequadas possuem maiores chances de evitar comportamentos prejudiciais, reduzir problemas comportamentais e emocionais, de participar de ações positivas e pró-sociais (Weissberg *et al.*, 2015).

Portanto, as habilidades socioemocionais não só aprimoram a educação, mas também moldam o destino das comunidades, impulsionando o bem-estar. Investir na evolução dessas competências é investir no potencial humano e na criação de sociedades mais igualitárias e harmoniosas.

Desenvolvimento Sustentável e Ensino-Aprendizagem da Responsabilidade Social em uma Cidade Educadora

O desenvolvimento sustentável visa atender às necessidades presentes sem comprometer a capacidade das futuras gerações de suprir as suas próprias demandas. Foi popularizado em 1987 pela Comissão Mundial sobre Meio Ambiente e Desenvolvimento da ONU, também conhecida como Comissão Brundtland, em seu relatório intitulado "Nosso Futuro Comum" (Japiassú; Guerra, 2017).

CIDADES EDUCADORAS: EXPERIÊNCIAS E POSSIBILIDADES

Essencialmente, o desenvolvimento sustentável tem três pilares interdependentes: (I) Desenvolvimento Econômico; (II) Preservação Ambiental e Justiça Social (Estender; Pitta, 2008).

O desenvolvimento econômico sustentável tem como objetivo fomentar o crescimento da economia de forma equitativa, proporcionando oportunidades iguais de emprego, reduzindo a pobreza e garantindo acesso justo às oportunidades econômicas para todos. Isso engloba a implementação de práticas financeiras responsáveis, investimentos em infraestrutura sustentável e promoção da inovação tecnológica voltada para soluções que respeitem o meio ambiente (Estender; Pitta, 2008).

A preservação ambiental abarca a defesa e conservação dos recursos naturais, como o ar, a água, o solo e a biodiversidade, assegurando que estejam disponíveis e em condições adequadas para as atuais e futuras gerações. Isso implica adotar práticas que utilizem os recursos de forma sustentável, reduzam a poluição, enfrentem as mudanças climáticas e protejam a diversidade biológica (Trindade, 2017; Purvis; Mao; Robinson, 2019).

O pilar da Justiça Social tem como objetivo assegurar a equidade em direitos, oportunidades e acesso aos serviços essenciais, como educação, saúde, moradia e alimentação, para todos os indivíduos, sem discriminação baseada em características como gênero, etnia, classe social ou outras. Isso envolve também promover a inclusão social, proteger os direitos humanos e combater as disparidades socioeconômicas (Purvis; Mao; Robinson, 2019). O desenvolvimento sustentável reconhece a conexão e dependência mútua entre os aspectos econômicos, sociais e ambientais do progresso humano, visando alcançar um equilíbrio que promova a prosperidade das sociedades a longo prazo, preservando os recursos naturais e o bem-estar das futuras gerações. Esse modelo de desenvolvimento valoriza a integração harmoniosa entre as necessidades humanas, o cuidado com o meio ambiente e a busca pela equidade social (Purvis; Mao; Robinson, 2019). O desenvolvimento sustentável e o ensino-aprendizagem da responsabilidade social são estreitamente entrelaçados, pois ambos têm como objetivo impulsionar comportamentos e ações que favoreçam um futuro mais justo, próspero, ecologicamente consciente. O ensino-aprendizagem da responsabilidade social envolve o processo educacional no qual é trabalhada nos indivíduos a consciência, o comprometimento e as competências essenciais para agirem de maneira ética, solidária e responsável em relação aos outros e ao meio ambiente (Di Gerio; Fiorani; Paciullo, 2020).

O desenvolvimento sustentável e o ensino-aprendizagem da responsabilidade social estão interligados de diversas maneiras, dentre as quais se destacam:

- Consciência Ambiental: o ensino-aprendizagem da responsabilidade social promove a conscientização em relação ao meio ambiente, educando as pessoas sobre a importância de preservar os recursos naturais e encorajando a adoção de práticas que visem à sustentabilidade (Maneia; Cuzzuol; Krohling, 2013);

- Engajamento Cívico: tanto o desenvolvimento sustentável quanto o ensino-aprendizagem da responsabilidade social motivam a participação ativa dos cidadãos em iniciativas e projetos que visam ao benefício coletivo e à preservação do meio ambiente (Guarany, 2003);

- Valores Éticos: ambos os conceitos são fundamentados em princípios éticos universais, como solidariedade, justiça, equidade e respeito, que desempenham um papel fundamental na edificação de uma sociedade mais equilibrada, inclusiva e sustentável. Englobando, portanto, a sensibilização sobre questões sociais, como equidade de gênero, inclusão social, direitos humanos e justiça ambiental. Isso envolve promover uma cultura de respeito mútuo, solidariedade e cooperação para enfrentar desafios globais, como as mudanças climáticas, a pobreza e a desigualdade (Maneia; Cuzzuol; Krohling, 2013);

- Práticas Sustentáveis: o ensino-aprendizagem da responsabilidade social abrange uma ampla gama de práticas sustentáveis que visam não apenas à preservação do meio ambiente, mas também ao desenvolvimento de uma consciência coletiva sobre a importância da sustentabilidade em diferentes áreas da vida. Isso inclui promover o consumo consciente, gerenciar eficazmente os resíduos para minimizar o impacto ambiental, otimizar o uso dos recursos naturais, como água e energia, e incentivar a adoção de fontes de energia renováveis e tecnologias mais sustentáveis (Maneia; Cuzzuol; Krohling, 2013);

- Promoção do Bem-Estar Coletivo: ambos os conceitos têm como objetivo central promover o bem-estar coletivo, seja por meio do desenvolvimento de políticas públicas sustentáveis, da educação para a cidadania ativa ou da promoção de iniciativas de responsabilidade social corporativa (Gomes; Azevedo, 2021);

- Consciência Global: tanto o desenvolvimento sustentável quanto o ensino-aprendizagem da responsabilidade social têm o propósito de fomentar uma consciência global entre as pessoas, incentivando-as a refletir não somente sobre as repercussões locais de suas ações, mas também sobre o impacto em escala global. Isso contribui significativamente para fortalecer a solidariedade e a cooperação internacional, ao enfatizar a interdependência e a importância de abordagens colaborativas na resolução de desafios planetários, como as mudanças climáticas, a pobreza e a desigualdade (Maneia; Cuzzuol; Krohling, 2013; Gomes; Azevedo, 2021).

Essa relação entre desenvolvimento sustentável e ensino-aprendizagem da responsabilidade social é crucial para criar uma Cidade Educadora, onde uma cultura de sustentabilidade e responsabilidade em todas as esferas da sociedade, desde o indivíduo até as instituições governamentais e empresariais seja uma realidade praticada, não apenas pensada ou estruturada em documentos.

Desenvolvimento de Profissionais da Educação Capacitados Para Atuar em uma Cidade Educadora

A formação de profissionais educadores para atuarem no contexto das Cidades Educadoras é um processo complexo e abrangente, que requer uma série de etapas e considerações específicas para garantir o sucesso e a eficácia desse modelo educacional inovador (Moraes, 2009).

Em primeiro lugar, é fundamental que esses profissionais tenham uma compreensão aprofundada dos princípios e valores que norteiam as Cidades Educadoras. Isso implica não apenas conhecer teoricamente esses conceitos, mas também internalizá-los e aplicá-los de forma prática em seu trabalho cotidiano (Gadotti, 2006). Essa compreensão deve incluir a valorização da participação democrática da comunidade na construção de uma educação inclusiva e de qualidade, bem como o reconhecimento da importância do ambiente urbano como espaço educativo.

A formação desses profissionais deve contemplar a aquisição de competências específicas relacionadas à prática pedagógica em um contexto urbano. Isso inclui o desenvolvimento de estratégias para lidar com a diversidade cultural, social e econômica presente nas cidades, a adaptação de metodologias de ensino e aprendizagem para atender às necessidades e realidades locais, e a promoção de práticas educativas que estimulem a participação ativa dos alunos na construção do conhecimento (Bacin *et al.*, 2023).

Outro aspecto crucial da formação de profissionais para atuação em Cidades Educadoras é a capacitação para o trabalho em rede e a colaboração interdisciplinar. Isso envolve o desenvolvimento de habilidades de comunicação, negociação e cooperação com diferentes atores da comunidade, como outras instituições de ensino, órgãos governamentais, organizações não governamentais e empresas locais (Gadotti, 2006).

Ainda a formação de profissionais para atuação em Cidades Educadoras deve considerar a necessidade de atualização constante e aprendizado contínuo. Programas de formação devem oferecer oportunidades para o desenvolvimento profissional continuado, por meio de cursos, workshops, seminários e outras atividades que estimulem a atualização de conhecimentos e práticas pedagógicas (Gemignani, 2013).

Portanto, também a formação de profissionais educadores para atuação em Cidades Educadoras requer uma abordagem holística e integrada, que combine conhecimentos teóricos e práticos, competências técnicas e socioemocionais, e uma visão ampla e crítica do papel da educação no contexto urbano contemporâneo (Bacin *et al.*, 2023).

É indispensável investir em programas de capacitação que ofereçam oportunidades de atualização em metodologias de ensino inovadoras. Isso inclui o uso de tecnologias educacionais, estratégias de ensino ativas e participativas, abordagens interdisciplinares e práticas pedagógicas centradas no aluno. Os educadores devem ser capacitados para utilizar essas metodologias de forma eficaz, adaptando-as às necessidades e características específicas de seus alunos e contextos educacionais (Bacich; Moran, 2017; Bacin *et al.*, 2023). Outro conteúdo que não pode faltar na capacitação dos profissionais do setor educacional é o de desenvolvimento de competências em gestão emocional e liderança educacional. Os educadores precisam estar preparados para lidar com as demandas emocionais dos alunos, promovendo um ambiente de aprendizagem acolhedor, inclusivo e empático (Soares, 2021). Da mesma forma, é importante capacitá-los para assumir papéis de liderança dentro das instituições educacionais, estimulando a inovação, a colaboração e o desenvolvimento de equipes eficazes.

Em resumo, a capacitação contínua dos profissionais do setor educacional deve ser abrangente e multidimensional, englobando não apenas aspectos técnicos e metodológicos, mas também competências emocionais, de liderança e de colaboração. Essa capacitação é fundamental para garantir a qualidade da educação oferecida, promover a inovação e o desenvolvimento pessoal e profissional dos educadores, e contribuir para a construção de uma cidade educativa mais integrada, inclusiva e participativa.

Trabalhando o conceito de Cidade Educadora em Sala de Aula – Exemplos

Trabalhar o conceito de Cidade Educadora em sala de aula pode ser uma abordagem interessante para promover a reflexão dos alunos sobre o ambiente em que vivem, suas relações com a comunidade e o papel da educação na transformação social (Bacin *et al.*, 2023). Assim, algumas questões podem ser utilizadas na abordagem desse tema. Em primeiro lugar, pode-se introduzir o conceito de Cidade Educadora, de forma simples e acessível aos alunos, destacando a ideia de que a cidade pode ser um grande espaço de aprendizado e desenvolvimento para todos.

A observação do entorno pode ser uma aliada nas discussões e debate sobre o tema com os alunos. Assim, pode-se pedir para que os alunos observem o ambiente urbano ao seu redor e identificarem elementos que contribuem para uma cidade educadora, como espaços públicos bem aproveitados, iniciativas culturais e educacionais, convivência harmoniosa, parques, entre outros (Ferreti, 2019).

Outros exemplos de atividades que visam engajar os alunos de forma prática e interativa, incentivando-os a pensar criticamente sobre o ambiente em que vivem, são apresentados a seguir (Ferretti, 2019; Bacin *et al.*, 2023):

- Diálogo com a comunidade: conversas com diversos membros da comunidade, como professores, pais, visando compartilhar ideias e experiências para promover uma cidade mais educadora;

- Visitas e experiências: organizar saídas a espaços educativos da cidade, como museus, bibliotecas e parques, para que os alunos vivenciem na prática o aprendizado além da sala de aula e sua aplicação no dia a dia;

- Registro e apresentação: peça aos alunos para registrar suas descobertas, reflexões e aprendizados ao longo das atividades, e depois apresentar essas informações de forma criativa para a turma ou para a comunidade escolar.

CONSIDERAÇÕES FINAIS

A educação evoluiu significativamente desde a Revolução Industrial, passando de um foco exclusivo em habilidades cognitivas para uma abordagem mais holística, incorporando as habilidades socioemocionais. A atualização do modelo educacional tradicional para contemplar não apenas a aprendizagem acadêmica, mas também o desenvolvimento pessoal e social dos alunos é crucial para prepará-los para os desafios do mundo contemporâneo.

A inclusão das habilidades socioemocionais nas práticas educacionais não só beneficia os indivíduos em termos de bem-estar emocional e sucesso pessoal, mas também contribuem para a construção de comunidades mais coesas, inclusivas e resilientes. Investir na formação de profissionais educadores capacitados para atuarem em um contexto de Cidades Educadoras é fundamental para promover uma educação de qualidade, centrada no desenvolvimento integral dos alunos e alinhada aos princípios de sustentabilidade e responsabilidade social. Conforme indicado por Weissberg e colaboradores (2015), comportamentos de risco, como uso de substâncias, delinquência, agressão e bullying, podem ser reduzidos com habilidades sociais e emocionais, uma vez que indivíduos com essas competências evitam problemas e participam em ações pró-sociais.

Além disso, a integração do desenvolvimento sustentável e da responsabilidade social no contexto das Cidades Educadoras destaca a importância de uma educação que não apenas prepara os indivíduos para o mercado de trabalho, mas também os capacita a serem agentes de mudança positiva em suas comunidades e no mundo.

A formação de profissionais da educação capacitados para atuar nesse contexto é essencial para garantir que as metas e valores das Cidades Educadoras sejam alcançados de maneira eficaz. Isso requer não apenas competências técnicas, mas também uma compreensão profunda dos princípios e práticas que sustentam esse modelo educacional inovador.

Em síntese, a evolução do modelo educacional reflete uma compreensão mais ampla e inclusiva do papel da educação na sociedade, destacando a importância das habilidades socioemocionais, do desenvolvimento sustentável e da responsabilidade social para o bem-estar coletivo e a construção de um futuro mais promissor.

REFERÊNCIAS

ABED, A. L. Z. The development of socio-emotional skills as a path to learning and academic success for basic education students. **Construção psicopedagógica**, v. 24, n. 25, p. 8-27, 2016.

ALVARENGA, A. C. J. R.; KUESTRA, R.; QUARESMA, C. C. Educating Cities: a systematic literature review. **Dialogia**, n. 45, p. e24668-e24668, 2023.

BACICH, L.; MORAN, J. **Metodologias ativas para uma educação inovadora:** uma abordagem teórico-prática. Porto Alegre: Penso Editora, 2017.

BACIN, L. D.; NOGUEIRA, J. Z.; DE CARVALHO, M. N.; TAMARA, M. O.; NUNES, G. A.; DA SILVEIRA PROCHINSKI, J. Cidade educadora na construção da cidadania. **Revista Ibero-Americana de Humanidades, Ciências e Educação**, v. 9, n. 2, p. 567-579, 2023.

CARLOS, A. F. A. **A cidade**. 9. ed. 1ª reimpressão. São Paulo: Contexto, 2013. (Repensando a Geografia).

DI GERIO, C.; FIORANI, G.; PACIULLO, G. Fostering sustainable development and social responsibility in higher education: the case of tor vergata university of rome. **Management Dynamics in the Knowledge Economy**, v. 8, n. 1, p. 31-44, 2020.

DIEHL, K.; GÓMEZ, R. **Socioemotional Development:** the basics and implications. Washington, DC: The Rise Institute, 2020. 26 p.

DUARTE, P. M; ARAÚJO, U. F. Socioemotional competencies and skills: origins, concepts, nomenclatures, and theoretical perspectives. **EccoS – Revista Científica**, n. 63, p. e23287-e23287, 2022.

DURLAK, J. A. *et al*. The impact of enhancing students' social and emotional learning: A meta-analysis of school-based universal interventions. **Child development**, v. 82, n. 1, p. 405-432, 2011.

ESTENDER, A. C.; PITTA, T. T. M. The concept of sustainable development. **Revista Terceiro Setor & Gestão de Anais – UNG**, v. 2, n. 1, p. 22-28, 2008.

FERRETTI, O. E. A Cidade como Espaço Educador: por uma prática pedagógica espacial com estudantes de pedagogia. **Educação & Realidade**, v. 44, p. e77717, 2019.

GADOTTI, M. A escola na cidade que educa. **Cadernos Cenpec| Nova série**, v. 1, n. 1, 2006.

GARCIA, E.; WEISS, E. Making Whole-Child Education the Norm: How Research and Policy Initiatives Can Make Social and Emotional Skills a Focal Point of Children's Education. **Economic Policy Institute**, 2016. 19 p. Disponível em: https://files.epi.org/pdf/107051.pdf. Acesso em 20 de abr. 2024.

GEMIGNANI, E. Y. M. Y. Formação de professores e metodologias ativas de ensino-aprendizagem: ensinar para a compreensão. **Fronteiras da Educação**, v. 1, n. 2, 2013.

GOMES, R. F. D.; AZEVEDO, G. A. N. Integral Education and Educating Cities. **PIXO – Revista de Arquitetura, Cidade e Contemporaneidade**, v. 5, n. 16, p. 92-109, 2021.

GOMES, R. L. R. School, citizenship, and citizen formation. **Revista Docentes**, v. 7, n. 19, p. 57-64, 2022.

GUARANY, G. P. B. **Responsabilidade social e educação para a cidadania**: o caso furnas. Dissertação (Mestrado em Administração Pública) – Escola Brasileira de Administração Pública e de Empresas, Centro de Formação Acadêmica e Pesquisa, Fundação Getúlio Vargas – FGV, Rio de Janeiro, 2003.

HOFFMANN, J. M. L. **Avaliação Mediadora**: uma prática em construção da pré-escola à universidade. Porto Alegre: Educação & Realidade, 1993.

JAPIASSÚ, C. E.; GUERRA, I. F. 30 years of the Brundtland Report: our common future and sustainable development as a Brazilian constitutional guideline. **Revista de Direito da Cidade**, v. 9, n. 4, p. 1884-1901, 2017.

JONES, S. M.; DOOLITTLE, E. J. Social and emotional learning: Introducing the issue. **The future of children**, p. 3-11, 2017.

JONES, S. *et al*. Navigating SEL from the inside out. **Looking inside and across**, v. 25, p. 1-349, 2017.

MANEIA, A.; CUZZUOL, V.; KROHLING, A. Environmental education and socio--environmental responsibility in environmental practices in higher education institutions in Brazil. **Revista Eletrônica em Gestão, Educação e Tecnologia Ambiental**, p. 2716-2726, 2013.

MORAES, S. C. Propostas alternativas de construção de políticas públicas em educação: novas esperanças de solução para velhos problemas?. **Educar em Revista**, n. 35, p. 165-179, 2009.

PENA, A. C.; ALVES, G.; PRIMI, R. Socioemotional skills in current education. **Boletim Técnico do Senac**, v. 46, n. 2, 2020.

PERRENOUD, P. **Dez novas competências para ensinar**. Porto Alegre: Artes Médicas Sul, 2000.

PURVIS, B.; MAO, Y.; ROBINSON, D. Three pillars of sustainability: in search of conceptual origins. **Sustainability Science,** v. 14, p. 681-695, 2019.

SOARES, C. **Metodologias ativas**: uma nova experiência de aprendizagem. São Paulo: Cortez Editora, 2021.

STAFFORD-BRIZARD, K. B. Building blocks for learning: A framework for comprehensive student development. **Turnaround for Children**, p. 1-16, 2016. Disponível em: https://turnaroundusa.org/wp-content/uploads/2016/03/Turnaround-for-Children-Building-Blocks-for-Learningx-2.pdf. Acesso em: 25 abr. 2024.

TRINDADE, A. A. C.; LEAL, C. B. (ed.). **Human rights and the environment**. Fortaleza: Expressão Gráfica e Editora, 2017.

UNESCO, Organização das Nações Unidas para a Educação, a Ciência e a Cultura-Educação 2030 Declaração de Incheon Rumo a uma educação de qualidade inclusiva e equitativa e à educação ao longo da vida para todos. Brasília, 2016. Disponível em: https://unesdoc.unesco.org/ark:/48223/pf0000243278_por. Acesso em: 25 abr. 2024.

WEISSBERG, R. P. *et al.* (ed.). Social and emotional learning: Past, present, and future. *In*: DURLAK, J. A. *et al.* (ed.). **Handbook of social and emotional learning**: Research and practice. New York: The Guilford Press, 2015. p. 3-19.

13

EDUCAÇÃO AMBIENTAL NA PROMOÇÃO DA ECONOMIA CIRCULAR

Alexandre Francisco de Andrade

INTRODUÇÃO

Ensinar sobre sustentabilidade é um desafio, porém fundamental para a construção de um futuro melhor. A Década da Educação para o desenvolvimento sustentável e a integração da sustentabilidade no currículo escolar são marcos importantes nesse processo, pois foi um período instituído pela Lei de Diretrizes e Bases da Educação Nacional (LDB) com o objetivo de estabelecer um conjunto de compromissos para a melhoria da educação no Brasil. A educação continuada é crucial para o desenvolvimento profissional e a atualização de conhecimentos. Alguns passos para construir um futuro sustentável devem ser atendidos.

Vamos iniciar com a educação ambiental. Ela deve desmistificar crenças limitantes e apresentar novas perspectivas, utilizando o pensamento sistêmico para entender a complexidade dos sistemas socioambientais e proporcionando experiências que levem à compreensão dos problemas no nível emocional. A motivação intrínseca é fundamental para o engajamento com a sustentabilidade. A humildade, a colaboração, as mentes jovens e brilhantes e a sala de aula como agente de mudança são elementos essenciais nesse processo.

Nesse sentido o ESG (Ambiente, Social e Governança) surge como uma ferramenta para avaliar o impacto empresarial e promover empresas mais sustentáveis. Nesse sentido, as cidades educadoras são espaços importantes para incentivar a aprendizagem contínua para todos os cidadãos, promovendo a participação social, a sustentabilidade e o desenvolvimento econômico por meio de colaboração entre setores.

Portanto, por meio da educação ambiental e da economia circular podemos construir um mundo mais justo, próspero e resiliente para as presentes e futuras gerações. A educação, a conscientização e a ação coletiva são os pilares para a construção de um futuro sustentável para todos.

A IMPORTÂNCIA DA EDUCAÇÃO AMBIENTAL NA TRANSIÇÃO PARA A ECONOMIA CIRCULAR

> Conforme dispõe o Art. 1.º, Lei n.º 9.795, de 27 de abril de 1999. Entendem-se por educação ambiental os processos por meio dos quais o indivíduo e a coletividade constroem valores sociais, conhecimentos, habilidades, atitudes e competências voltadas para a conservação do meio ambiente, bem de uso comum do povo, essencial à sadia qualidade de vida e sua sustentabilidade (Brasil, 1999).

A educação ambiental transcende a mera conscientização sobre os desafios ambientais. Por meio de um processo dinâmico e engajador que empodera indivíduos e comunidades a explorar questões ambientais, desenvolve soluções inovadoras e toma medidas proativas para a preservação do planeta. A oportunidade na era digital torna essa missão ainda mais crítica e transformadora, pois abre um leque de possibilidades para a construção de um futuro sustentável.

De acordo com Carvalho (2017, p. 159), para uma educação ambiental crítica é preciso atender alguns objetivos. São eles:

- Promover a compreensão dos problemas socioambientais em suas múltiplas dimensões: geográfica, histórica, biológica e social, considerando o meio ambiente como o conjunto das inter-relações entre o mundo natural e o mundo social, mediado por saberes locais e tradicionais, além de saberes científicos;

- Contribuir para a transformação dos atuais padrões de uso e distribuição dos recursos naturais, em direção a formas mais sustentáveis, justas e solidárias de relação com a natureza;

- Formar uma atitude ecológica dotada de sensibilidades estéticas, éticas e políticas atentas à identificação dos problemas e conflitos que afetam o ambiente em que vivemos;

- Implicar os sujeitos da educação na solução ou melhoria desses problemas e conflitos, mediante processos de ensino/aprendizagem formais ou não formais que preconizem a construção significativa de conhecimentos e a formação de uma cidadania ambiental;

- Atuar no cotidiano escolar e não escolar, provocando novas questões, situações de aprendizagem e desafios para a participação na resolução de problemas, a fim de articular a escola com os ambientes locais e regionais onde está inserida;

- Construir processos de aprendizagem significativa, conectando a experiência e os repertórios já existentes com questões e outras experiências que possam gerar novos conceitos e significados para quem se abre à aventura de compreender o mundo que o cerca e se deixar surpreender por ele;

- Situar o educador, sobretudo, como mediador de relações socioeducativas, coordenador de ações, pesquisas e reflexões — escolares e/ou comunitárias — que possibilitem novos processos de aprendizagens sociais, individuais e institucionais.

Fica claro que a educação ambiental se configura como um movimento que busca estabelecer um novo ponto de equilíbrio entre as necessidades sociais e ambientais. Essa nova relação de reciprocidade reconhece a interdependência entre o bem-estar humano e a saúde do planeta, defendendo um modelo de desenvolvimento que concilie o progresso social com a sustentabilidade ambiental. Assim, ações transformadoras para um futuro sustentável devem ser observadas, por exemplo:

- **Diálogo aberto e participativo**: por meio de oficinas, debates e fóruns públicos, a educação ambiental promove o diálogo aberto e transparente sobre os desafios ambientais, dando voz a todos os segmentos da sociedade;

- **Conscientização e sensibilização**: campanhas educativas, utilizando linguagens e canais de comunicação acessíveis, conscientizam a população sobre a importância da preservação ambiental e dos impactos das ações humanas no planeta;

- **Educação crítica e reflexão**: a educação ambiental incentiva o pensamento crítico e a reflexão sobre os modos de produção e consumo, questionando o modelo de desenvolvimento vigente e buscando alternativas mais sustentáveis;

- **Valorização da diversidade cultural e da sabedoria ancestral**: a educação ambiental reconhece e valoriza a riqueza da diversidade cultural e da sabedoria ancestral dos povos tradicionais, integrando seus conhecimentos e práticas na construção de um futuro mais justo e sustentável;

- **Promoção da participação cidadã e do empoderamento social**: a educação ambiental empodera os indivíduos e as comunidades, capacitando-os para tomar decisões informadas e agir em prol da preservação ambiental, fortalecendo a democracia e a participação cidadã.

A educação ambiental se diferencia por não impor um único ponto de vista ou solução pronta para os desafios ambientais. Ao invés disso, ela atua como um farol que ilumina o caminho para a tomada de decisões conscientes e responsáveis. A educação ambiental é mais que informação sobre o meio ambiente, pois: aumenta a conscientização e o conhecimento do público sobre questões ambientais; ensina aos indivíduos o pensamento crítico; melhora as habilidades de resolução de problemas e tomada de decisão dos indivíduos e não defende um ponto de vista específico. Entendemos que a informação ambiental fornece fatos ou opiniões sobre questões ambientais; não ensina necessariamente aos indivíduos o pensamento crítico; não melhora necessariamente as habilidades de resolução de problemas e tomada de decisão dos indivíduos e pode defender um ponto de vista específico.

Para a construção de um futuro mais sustentável, precisamos de conceitos indissociáveis que relacionam educação ambiental e economia circular. A educação ambiental conscientiza indivíduos e comunidades sobre a importância da preservação ambiental, enquanto a economia circular oferece um modelo de desenvolvimento que minimiza os impactos ao meio ambiente. Para Geisendorf e Pietrulla (2018), a economia circular se caracteriza por um sistema cíclico que mantém o valor de produtos e materiais ao longo de todo o seu ciclo de vida, evitando a geração de resíduos e promovendo a reutilização e a reciclagem. Em outras palavras, a economia circular redefine o modelo de negócio tradicional linear (extrair, produzir, descartar) para um sistema mais sustentável e regenerativo (Moktadir *et al.*, 2020).

Falando de sistemas, temos as cidades educadoras que são ambientes onde a aprendizagem é contínua e abrangente, promovendo a participação cidadã, a sustentabilidade e o desenvolvimento local. Por meio da integração dos princípios da economia circular, essas cidades podem otimizar recursos, reduzir resíduos e gerar novos empregos, contribuindo para um futuro mais justo e equitativo, que oferece alguns benefícios como:

- **desenvolvimento de soluções inovadoras**: a combinação da educação com a economia circular estimula a criação de projetos e iniciativas que promovam a sustentabilidade e a eficiência no uso de recursos;

- **fortalecimento da economia local**: a economia circular gera novas oportunidades de negócios, estimula a criação de empregos e reduz a dependência de recursos externos;

- **melhoria da qualidade de vida**: ao reduzir a poluição, preservar recursos naturais e promover a inclusão social, a economia circular contribui para uma melhor qualidade de vida para os cidadãos;

- **conscientização e engajamento**: a educação ambiental, presente nas cidades educadoras, sensibiliza a população sobre a importância da sustentabilidade e incentiva a participação em ações que promovam a economia circular.

A economia circular é uma ferramenta poderosa para construir um futuro mais sustentável, resiliente e próspero para todos, por meio da implementação de práticas sustentáveis desse modelo de forma inclusiva e ponderada, garantindo que os benefícios sejam compartilhados equitativamente, criando um mundo mais justo para as presentes e futuras gerações.

INICIATIVAS EDUCACIONAIS PARA SENSIBILIZAR E CAPACITAR INDIVÍDUOS, EMPRESAS E COMUNIDADES COM AS PRÁTICAS SUSTENTÁVEIS

> A sustentabilidade, "constitui-se num conceito dinâmico, que leva em conta as necessidades crescentes das populações, num contexto internacional em constante expansão" (Sachs, 1993, p. 20).

A sustentabilidade não se trata apenas de proteger o meio ambiente; é um conceito abrangente que engloba questões sociais, econômicas e filosóficas. É sobre criar um mundo melhor para as presentes e futuras gerações, garantindo que as necessidades de todos sejam atendidas de forma justa e equitativa, sem comprometer os recursos naturais do planeta. De acordo com o Relatório

Brundtland (1987)[8], o termo "sustentabilidade" ou desenvolvimento sustentável é definido como "o desenvolvimento que satisfaz as necessidades do presente sem comprometer a capacidade das gerações futuras de satisfazerem as suas próprias necessidades". Essa definição reconhece a interdependência entre os aspectos social, ambiental e econômico da sustentabilidade.

Podemos afirmar que a sustentabilidade se baseia em três pilares fundamentais. São elas:

- **Sustentabilidade social**: promover a justiça social, a equidade e o bem-estar das pessoas, garantindo que todos tenham acesso a recursos básicos como água, alimento, moradia e educação;

- **Sustentabilidade ambiental**: proteger o meio ambiente, preservar a biodiversidade e garantir a saúde do planeta para as próximas gerações;

- **Sustentabilidade econômica**: desenvolver uma economia justa, próspera e sustentável que gere oportunidades para todos, sem comprometer os recursos naturais do planeta.

Para Sachs (2000), os critérios de sustentabilidade poderiam ser as seguintes dimensões: social, territorial, ecológica, cultural, econômica e DS (sustentabilidade empresarial). Para o autor Robinson (2004), propõem os desafios do DS – veja o Quadro 1 a seguir:

Quadro 1 – Desafios do DS. Adaptado de Robison (2004)

Sustentabilidade deve ser um conceito integrado	Deve-se caminhar do conceito à prática	O engajamento social é necessário
•A dimensão social da sustentabilidade deve ser integrada às dimensões biofísicas. As soluções que abordam apenas questões econômicas e ambientais, ou apenas sociais, são insuficientes.	•O conceito de DS é amplo e de difícil operacionalização. Sua característica teórica e completude se tornam um desafio para a completa ação prática, considerando todas as suas dimensões de maneira equitativa.	•A sociedade deve participar ativamente na construção e na decisão do futuro pretendidas para suas comunidades. A multidiversidade de opiniões é rico material a ser considerado no processo de DS, o que torna necessária a expansão de mecanismos que fomentem eficientemente essa participação social.

Fonte: o autor

---

[8] **Relatório Brundtland (1987):** publicação da Comissão Mundial sobre Meio Ambiente e Desenvolvimento. Disponível em: https://www.britannica.com/topic/Brundtland-Report. Acesso em: 22 mar. 2024.

Para que esses desafios sejam ultrapassados, será necessário compreender alguns obstáculos multidisciplinares, pois a sustentabilidade é um campo de estudo multidisciplinar que reúne diversas áreas do conhecimento. É essencial que possamos encontrar soluções mais abrangentes para os desafios complexos que a humanidade enfrenta. Vamos observar dois pontos:

- **Aprendizagem para a sustentabilidade**: significa ir além da mera transmissão de informações, por meio da inspiração no pensamento crítico, do agir de forma responsável e se tornar um agente de mudança. Com projetos práticos, debates e visitas de campo, as pessoas podem desenvolver as habilidades e conhecimentos necessários para construir um futuro mais sustentável;

- **Ter um compromisso coletivo**: significa ter o engajamento de todos os setores da sociedade: governos, empresas, instituições de ensino, ONGs, movimentos sociais e, principalmente, cada cidadão. Por meio da educação, da conscientização e da ação coletiva, podemos construir um mundo mais justo, próspero e sustentável para todos.

Podemos observar que ensinar sobre sustentabilidade pode ser um desafio, pois envolve lidar com temas complexos e emotivos. Para garantir que as pessoas aprendam de forma eficaz e se sintam engajadas, é importante considerar os seguintes pontos, mostrados no Quadro 2 a seguir:

Quadro 2 – Pontos importantes para o engajamento

Equilibrar a gravidade dos problemas com exemplos de sucesso: é apresentar histórias positivas que demonstrem como os desafios ambientais estão sendo superados.
Focar na qualidade de vida: é explorar como estilos de vida mais sustentáveis podem contribuir para a felicidade e o bem-estar, em vez de enfatizar a culpa ou a restrição.
Incentivar o trabalho em grupo e projetos colaborativos: é criar oportunidades para que as pessoas dialoguem, debatam e trabalhem juntos em soluções para problemas ambientais.
Utilizar análise de dados: é permita que as pessoas explorem dados empíricos para desenvolver um entendimento mais profundo de questões ambientais complexas.
Analisar a terminologia ambiental: é explorar a história e os diferentes usos de termos como "sustentabilidade", "ambientalismo" e "natureza", para promover o pensamento crítico.

Discutir o princípio da precaução: é examinar como esse princípio é aplicado em diferentes contextos e como ele influencia decisões sobre o uso de recursos e a proteção ambiental.

Combinar diferentes áreas do conhecimento: é integrar perspectivas das ciências naturais, sociais e humanas para fornecer uma visão holística da sustentabilidade.

Colaborar com outros profissionais: é trabalhar em equipe com colegas de diferentes áreas, convide palestrantes externos e utilize recursos da comunidade para enriquecer o aprendizado.

Fonte: o autor

CONSCIENTIZAÇÃO E EDUCAÇÃO NA MUDANÇA DE MENTALIDADES E COMPORTAMENTOS PARA UM FUTURO MAIS SUSTENTÁVEL

> Em dezembro de 2002, reconhecendo que o desenvolvimento sustentável é uma urgente necessidade social e ecológica e que a educação é indispensável para isso, a Assembleia Geral das Nações Unidas (ONU) declarou a abertura da Década da Educação para o Desenvolvimento Sustentável (Deds) por meio da Resolução n. 57/254 e designou a Organização das Nações Unidas para a Educação, a Ciência e a Cultura (Unesco) como a principal agência para sua promoção. Essa foi uma oportunidade valiosa para os educadores de todos os tipos colaborarem para a criação de um futuro sustentável (Oliveira *et al.*, 2019, p. 132).

Podemos observar que a nova geração demonstra crescente consciência e engajamento com a sustentabilidade. Já é comum observar crianças ensinando adultos sobre reciclagem, por exemplo. Reconhecendo esse potencial, o Pacto Global da ONU, em 2007, destacou o papel crucial da educação na transformação para a sustentabilidade. Sabemos que integrar a sustentabilidade no currículo escolar é um desafio, devido à sua natureza ampla e interdisciplinar. Alguns defendem a integração transversal, incorporando o tema em diversas disciplinas, enquanto outros propõem a criação de um curso específico.

Sobre a integração transversal (metodologia educacional), ela permite as pessoas desenvolverem uma visão sistêmica da sustentabilidade, aplicando-a a diferentes áreas do conhecimento. Isso exigirá mais dos especialistas adaptabilidade e criatividade para incorporar o tema de forma significativa em seus aprendizados. Por meio da autonomia no uso de métodos ou de conteúdo relacionado a sustentabilidade, professores e demais especialistas evitarão as instruções excessivamente rígidas que podem limitar o pensamento crítico e a exploração de novas ideias. As motivações e experiências desses profissionais moldarão o aprendizado das pessoas, tornando a sustentabilidade um aspecto fundamental com a educação continuada.

Segundo o autor (Dessler, 2003), a educação continuada, também conhecida como educação corporativa, surge como um processo fundamental para o aperfeiçoamento e atualização de conhecimentos dos profissionais, por meio de um conjunto de práticas educativas planejadas, que visa aprimorar as capacidades técnicas e culturais dos empregados, preparando-os para atuar de forma mais efetiva e eficaz dentro da organização.

Figura 12– Reflexões para criar uma educação para a sustentabilidade

Como integrar a sustentabilidade de forma transversal num currículo acadêmico ou nas práticas empresariais?

Quais são os recursos disponíveis para apoiar os professores ou empreendedores na implementação da educação para a sustentabilidade?

Como incentivar o diálogo e a colaboração entre professores e empreendedores de diferentes áreas e setores para promover a educação para a sustentabilidade?

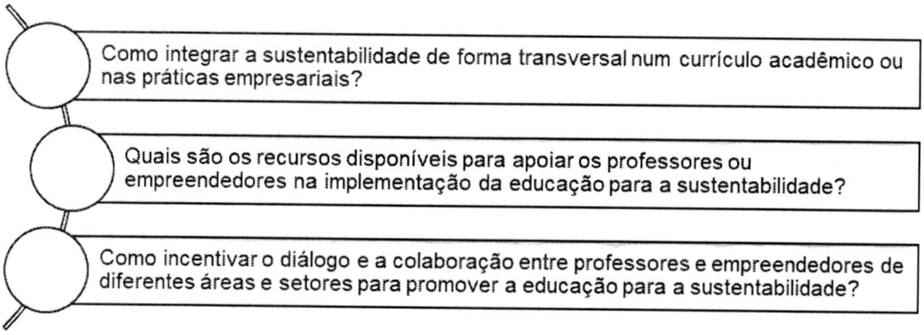

Fonte: o autor

Benefícios da educação continuada para os empregados:

- **Desenvolvimento profissional**: aumento da expertise, atualização com as últimas tendências do mercado e aprimoramento de habilidades técnicas e comportamentais;

- **Motivação e engajamento**: maior satisfação no trabalho, sentimento de valorização e crescimento profissional contínuo;

- **Produtividade e competitividade**: aumento da eficiência individual e da equipe, impulsionando a competitividade da empresa.

Benefícios da educação continuada para as empresas:

- **Retenção de talentos:** investimento na qualificação dos empregados contribui para a redução da rotatividade e fuga de cérebros;

- **Inovação e criatividade:** equipe mais preparada para gerar soluções inovadoras e enfrentar os desafios do mercado;

- **Melhoria do clima organizacional:** ambiente de trabalho mais positivo, colaborativo e propício ao aprendizado contínuo.

Existem três áreas principais que devem ser levadas em consideração na construção de conteúdo que levará qualquer pessoa a alcançar um nível mais elevado de compreensão e a se tornarem agentes de mudança. São elas:

Modelos mentais

De acordo com Johnson-Laird (1983), o modelo mental é uma construção cognitiva que combina elementos visuais, conceituais e simbólicos, formando uma representação interna da realidade que pode ser tanto analógica quanto proposicional. Para uma prática de aprendizagem, podemos escrever as duas primeiras palavras que vêm à mente quando se pensa em sustentabilidade. É um primeiro passo para detectar os modelos mentais iniciais, as crenças e percepções que todos construímos dentro de nós. Notaremos que a palavra número um é "meio ambiente", pois a maioria das pessoas ainda associa essa questão apenas à salvação do planeta ou às alterações climáticas. Claro que o assunto faz parte da sustentabilidade, mas o conceito vai muito além disso.

Então, é primordial fornecer o conhecimento técnico que crie uma base de compreensão das pessoas. Alguns conceitos básicos como o *triple bottom line*[9] e o enquadramento mais recente em torno dos 17 Objetivos de Desenvolvimento Sustentável (ODS) são conhecimentos obrigatórios para qualquer profissional do mundo empresarial. Sabemos que os executivos de alto nível não precisam necessariamente ser especialistas em tudo que gerenciam, pois contam com especialistas para orientação e execução. Entretanto o campo da sustentabilidade exige um nível mais elevado de conhecimento devido à sua complexidade e incerteza.

Você sabia que a maioria dos modelos mentais são, na verdade, inconscientes e não temos consciência do quanto eles podem realmente influenciar as nossas decisões e ações? Então, mais do que testar o quanto

---

[9] **Triple Bottom Line (TBL):** determina que a empresa deva gerir seus resultados, focando não só no resultado econômico adicionado, mas também no resultado ambiental e social adicionado (Oliveira, 2019, p. 12).

uma pessoa aprende tecnicamente, é importante também encontrar formas de detectar essas crenças ocultas que não são necessariamente verdadeiras. Os modelos mentais comuns associados à sustentabilidade incluem que é mais caro, leva mais tempo, é muito difícil e que as ações individuais não fazem realmente diferença. De acordo com Eysenck e Keane (2017, p. 603), "a capacidade das pessoas para construir modelos mentais é limitada pelo alcance restrito da memória de trabalho".

Portanto, as decisões em nosso cérebro passam por processos de previsão, capturando as informações ao nosso redor, comparando-as com modelos neurais internos e decidindo como responder a elas. Podemos ficar presos a experiências e modelos mentais passados, limitando-nos de ver outras perspectivas possíveis e impedindo-nos de agir. Ao identificar essas crenças em um grupo de pessoas, um professor ou empreendedor pode adequar o curso no sentido de desmistificá-las, trazendo exemplos reais e práticos que podem mostrar uma perspectiva diferente.

Pensamento sistêmico

É uma característica sobre as competências necessárias para a sustentabilidade, pois o pensamento sistêmico ainda não é algo natural para a maioria das pessoas, pois fomos educados para ver as coisas de forma linear e mecanicista. Você sabia que o conceito de economia circular começa a desafiar essa visão, fazendo com que as empresas procurem oportunidades para fechar o ciclo dos materiais, encontrando alternativas à reutilização, reparação, refabricação antes mesmo de pensarem na reciclagem, e deixando a eliminação como a última opção? Então, isso tudo é para quebrar o conceito de linearidade, traz a visão da circularidade e de como todos os diferentes atores estão conectados em um sistema. Na economia circular, segundo os autores Jugend *et al.* (2022, p. 71), "o pensamento sistêmico provê a compreensão das conexões entre os sistemas de produção e consumo de recursos".

A visão sistêmica é necessária para o fechamento dos ciclos, pois fornece informações sobre como os sistemas circulares operam para a recuperação de recursos e quais são os atores e barreiras para implementação das estratégias de circularidade (Iacovidou *et al.*, 2021). Um exemplo de aprendizagem prática é em montar um conjunto de cartas inspiradas na natureza com imagens de animais específicos, do sol, da água e outros elementos, e encontrar uma lógica de como essas partes funcionam dentro de um sistema. Os resultados são observados com a complexidade de encontrar apenas uma lógica linear para entendê-la, com a possibilidade de um sistema complexo funcionar em um ciclo no qual não ocorre desperdício no processo.

Essa prática é essencial para captar o conceito de sustentabilidade dentro de um negócio, pois faz parte de um sistema maior e que está interligado com outras partes, cada uma desempenhando um papel importante que, em conjunto, resulta no comportamento de todo o sistema. Por meio da consciência da responsabilidade partilhada para resolver esse problema complexo e num ambiente aberto, as pessoas vão compartilhar suas opiniões, incentivadas a criticar e a criar discussões produtivas. Por meio de exemplos práticos, como estudos de caso, os professores e empreendedores devem trazer luz às mentes das pessoas para verem a sua própria responsabilidade, como profissional de negócios e como indivíduo, principalmente, para projetos reais em colaboração com os setores público e privado.

> **Fique por dentro**
>
> - Objetivo de Desenvolvimento Sustentável - 17: Fortalecer os meios de implementação e revitalizar a parceria global para o desenvolvimento sustentável. https://brasil.un.org/pt-br/sdgs/17

Portanto, o pensamento sistêmico fornece uma base para a arte de gerenciar incertezas e compensações, pois sistemas complexos impõem o desafio de compreender os resultados que uma mudança em apenas uma parte pode gerar. Procurar exemplificar é a solução do que é trabalhar com sustentabilidade, que não pode ser vista como algo estático que um dia você alcança e pronto. É um processo dinâmico que evolui constantemente, no qual as consequências exatas das nossas decisões e ações não podem ser totalmente compreendidas. Saber tomar decisões difíceis que podem impactar positiva e negativamente é uma preparação para saber trabalhar no desenvolvimento sustentável.

Motivação

A motivação humana sempre intrigou estudiosos, que buscam entender os impulsionadores por trás das ações das pessoas, pois no contexto do trabalho essa busca por respostas se torna ainda mais crucial para executivos

CIDADES EDUCADORAS: EXPERIÊNCIAS E POSSIBILIDADES

e gestores, que veem na motivação dos empregados um fator determinante para o sucesso das empresas (Bergamini, 2018). Somos altamente movidos por emoções e buscamos coisas que nos façam sentir inspirados e engajados. Muitas pesquisas apontam para como as pessoas estão se tornando mais conscientes e motivadas para agir em prol da sustentabilidade, mas na prática essa intenção não está sendo traduzida em ação.

Será que a sustentabilidade pode realmente motivar-nos, ativando o nosso sistema de recompensas e gerando emoções produtivas?

Sabemos que as pessoas são diferentes. Por exemplo, alguns de nós podem sentir-se recompensados pelo altruísmo ou pelas interações sociais, embora isso não aconteça com todos. Mais do que levar conhecimento técnico aos nossos futuros líderes, precisamos aprender a proporcionar experiências que levem à compreensão do problema no nível emocional. De acordo com os autores, Nielsen e Ellström (2012), a aprendizagem no trabalho acontece no dia a dia, por meio de rotinas, desafios e interações sociais, mediante um processo contínuo e contextualizado, que transforma experiências em conhecimento.

Nosso cérebro também tem limitações para se conectar a problemas distantes de nós, por isso a mensagem precisa ser levada a um nível pessoal e de como todos fazemos parte desse mesmo sistema. É necessário desenvolver formas novas e inovadoras de conseguir isso, proporcionando experiências imersivas, por exemplo, a gamificação e a realidade virtual podem ser ótimas formas de criar oportunidades para isso. Para Izquierdo (2018, p. 29), "nosso cérebro possui milhões de memórias e fragmentos de memórias. É sobre essa base que formamos ou evocamos outras memórias".

A memória é um processo cognitivo que engloba a aquisição (aprendizagem), o armazenamento e a recuperação de informações, ou seja, a aprendizagem é o ato de codificar novas informações, o armazenamento refere-se à conservação dessas informações no cérebro e a recuperação é a capacidade de acessá-las quando necessário. Em suma, a memória é a capacidade de guardar e lembrar aquilo que aprendemos (Izquierdo, 2018, p. 1).

Ao mesmo tempo, a ambição de ter todos motivados pelos mesmos ideais é demasiado utópica, e é necessário desenvolver estratégias paralelas, pois nos nossos processos de tomada de decisão o custo de cada ação é levado em consideração e precisamos também de investir na procura de formas de reduzir a complexidade na integração da sustentabilidade. Por exemplo, apresentar para as pessoas um desafio mais simplificação, um exercício da resolução de problemas que envolva a criatividade. Lembrando que não existe uma solução única para um desafio tão amplo. A evolução da sustentabilidade depende de: aprendizado contínuo, humildade, colaboração, engajamento da juventude e transformação das salas de aula em agentes de mudança.

Portanto, é imperativo para as empresas modernas e sustentáveis ter o ESG (Ambiente, Social e Governança), pois não é apenas uma boa prática, mas um meio importante para avaliação do impacto empresarial. O ESG fornece um quadro para avaliar o impacto das operações de uma empresa em seu ambiente natural, nas comunidades e na sociedade como um todo. É uma evolução crescente ao longo dos anos e tem a sustentabilidade como base, para integrar com todos os aspectos da estratégia empresarial. Ao adotar o ESG, as empresas podem: melhorar sua reputação e imagem pública; atrair e reter talentos; acessar capital de investimento; reduzir riscos e gerar valor para todos os *stakeholders*.

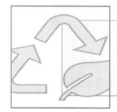
O ESG é a chave para um futuro mais sustentável para as empresas e para o planeta.

CONSIDERAÇÕES FINAIS

O texto apresentado oferece uma visão abrangente e aprofundada sobre a importância da educação ambiental na construção de um futuro mais sustentável. Ao longo da discussão, foram evidenciados diversos pontos cruciais, como:

A **educação ambiental como ferramenta de transformação**: ao promover a conscientização, o pensamento crítico e o engajamento, a educação ambiental capacita indivíduos e comunidades a tomar decisões mais conscientes e a agir em prol da preservação do meio ambiente.

A **interconexão entre educação ambiental e economia circular**: a economia circular, com seus princípios de redução, reutilização e reciclagem, oferece um modelo de desenvolvimento mais sustentável e alinhado com os objetivos da educação ambiental.

O **papel das escolas e instituições de ensino**: as escolas desempenham um papel fundamental na formação de cidadãos conscientes e engajados com as questões ambientais, ou seja, a integração da sustentabilidade no currículo escolar é essencial para garantir que as futuras gerações estejam preparadas para enfrentar os desafios do século 21.

A **importância da educação continuada**: a educação continuada é fundamental para a atualização de conhecimentos e o desenvolvimento de habilidades para atuar em um mundo cada vez mais complexo e interconectado.

A **necessidade de uma abordagem multidisciplinar**: a sustentabilidade é um tema complexo que exige uma abordagem multidisciplinar, envolvendo diversas áreas do conhecimento, como ciências naturais, sociais e humanas.

O **papel da motivação e do engajamento**: a motivação intrínseca é fundamental para o engajamento com a sustentabilidade, pois é preciso criar experiências que despertem o interesse e a curiosidade das pessoas, levando-as a agir de forma proativa.

Notamos que, apesar dos avanços significativos, ainda existem desafios a serem superados para garantir a efetividade da educação ambiental. A falta de recursos, a resistência a mudanças e a complexidade dos problemas ambientais são alguns dos obstáculos a serem enfrentados. No entanto as oportunidades também são muitas. A crescente conscientização sobre as questões ambientais, o avanço da tecnologia e a mobilização da sociedade civil são fatores que podem impulsionar a transformação para um futuro mais sustentável e, para construir isto, é fundamental: (1) **investir em educação** (a educação ambiental deve ser priorizada em todos os níveis de ensino, desde a educação infantil até a educação superior); (2) **promover a pesquisa e a inovação** (é preciso investir em pesquisas que busquem soluções inovadoras para os desafios ambientais, como o desenvolvimento de tecnologias limpas e a criação de modelos de negócios mais sustentáveis); (3) **fortalecer a parceria entre os diferentes setores da sociedade** (a colaboração entre governo, empresas, instituições de ensino e sociedade civil é fundamental para a construção de um futuro mais sustentável); (4) **conscientizar e mobilizar a sociedade** (é preciso promover campanhas de conscientização e mobilização da sociedade, incentivando a participação de todos na construção de um futuro mais justo e equitativo).

A educação ambiental é um processo contínuo e transformador que exige o engajamento de todos. Ao investir na educação ambiental, estamos investindo em um futuro mais sustentável para as próximas gerações. A construção de um mundo mais justo, equitativo e sustentável depende da nossa capacidade de aprender, de nos adaptar e de agir em conjunto.

REFERÊNCIAS

BERGAMINI, C. W. **Motivação nas Organizações**. 7. ed. Rio de Janeiro: Grupo GEN, 2018. E-book.

BRASIL. **Lei n.º 9.795, de 27 de abril de 1999.** Dispõe sobre a educação ambiental, institui a Política Nacional de Educação Ambiental e dá outras providências. 1999. Disponível em: https://www.planalto.gov.br/ccivil_03/Leis/L9795.htm. Acesso em: 22 mar. 2024.

CARVALHO, I. C. de M. **Educação ambiental**: a formação do sujeito ecológico. São Paulo: Cortez, 2017. E-book. (Coleção docência em formação: saberes pedagógicos).

DESSLER, G. **Administração de recursos humanos**. São Paulo: Prentice Hall, 2003.

EYSENCK, M. W.; KEANE, M. T. **Manual de psicologia cognitiva**. Porto Alegre: Grupo A, 2017. E-book.

GEISENDORF, S.; PIETRULLA, F. The circular economy and circular economic concepts – a literature analysis and redefinition. **Thunderbird International Business Review**, v. 60, n. 5, p. 771-782, 2018. Disponível em: https://doi.org/10.1002/tie.21924.

IACOVIDOU, E.; HAHLADAKIS, J. N.; PURNELL, P. *A systems thinking approach to understanding the challenges of achieving the circular economy*. **Environmental Science and Pollution Research**, p. 24785-24806, 2021.

IZQUIERDO, I. **Memória**. Porto Alegre: Grupo A, 2018. E-book.

JOHNSON-LAIRD, P. N. **Mental models**. Cambridge, MA: Harvard University Press, 1983. 513 p.

JUGEND, D.; BEZERRA, B. S.; SOUZA, R. G. de. **Economia Circular**: Uma rota para a sustentabilidade. São Paulo: Grupo Almedina, 2022. E-book.

MOKTADIR, M. A. et al. Circular economy practices in the leather industry: A practical step towards sustainable development. **Journal of Cleaner Production**, v. 251, p. 119737, 2020. Disponível em: https://doi.org/10.1016/j.jclepro.2019.119737.

NIELSEN, P.; ELLSTRÖM, P.-E. Fostering practice-based innovation through reflection at work. *In*: MELKAS, H.; HARMAAKORPI, V. (ed.). Practice-based innovation: insights, applications and policy implications. **Heidelberg**. Berlin: Springer-Verlag, 2012.

OLIVEIRA, S. V. W. B. de; LEONETI, A.; CEZARINO, L. O. **Sustentabilidade**: princípios e estratégias. Barueri: Editora Manole, 2019. E-book.

ROBINSON, J. Squaring the circle? Some thoughts on the idea of sustainable development. **Ecological Economics**, v. 48, n. 4, p. 369-384, 2004. Disponível em: https://doi.org/10.1016/j.ecolecon.2003.10.017.

SACHS, I. **Estratégias de transição para o século XXI**: desenvolvimento e meio ambiente. São Paulo: Studio Nobel/Fundap, 1993.

SACHS, I. **Caminhos para o desenvolvimento sustentável**. Rio de Janeiro: Garamond, 2000.

14

CIDADES UBÍQUAS E INTELIGENTES: O CASO DE SONGDO

André Ricardo Antunes Ribeiro
Alex Rocha

INTRODUÇÃO

Com a disseminação da internet, houve uma revolução na forma como nos comunicamos, impactando tanto nossas relações pessoais quanto profissionais por meio da conectividade moderna. É evidente que com o uso de aparatos tecnológicos nos tornamos mais ágeis como emissores e receptores em ambientes digitais, compartilhando informações de interesse mútuo e realizando diversas atividades com as tecnologias disponíveis.

Além da internet, há uma compreensão robusta de que as Tecnologias Digitais (TD), por meio de dispositivos como computadores, tablets, smartphones, *wearables* (roupas equipadas com sensores) e outros recursos como inteligência artificial (IA), realidade virtual (RV), Internet das Coisas (IoT) e computação em nuvem, modificaram atividades consideradas rotineiras, como leitura, escrita, pesquisa, compras e entretenimento.

As inovações tecnológicas, com as redes móveis, trouxeram diversas possibilidades acessíveis, uma vez que, com a modernização da interface *touchscreen*, interagimos com outros usuários, simulamos cenários por meio de recursos de realidade aumentada, virtual ou estendida, conversamos com avatares impulsionados por inteligência artificial, entre outras possibilidades. Dentro desse espectro digital e virtual, o advento da rede móvel 5G certamente aumentou o potencial de conectividade entre objetos, utilizando o conceito de Internet das Coisas (IoT).

Por exemplo, a automação de funções básicas em uma residência, como a gestão de energia e água, já oferece resultados positivos nesse contexto, tudo controlado por meio de aplicativos móveis específicos.

Entretanto isso não implica que o uso das Tecnologias Digitais (TD) seja a solução para todos os problemas. Segundo Lévy (1999), realizamos as mesmas tarefas rotineiras de forma diferente, não necessariamente melhor ou pior. No entanto as TD têm produzido resultados concretos e relevantes para a sociedade.

A computação em nuvem, por sua vez, é apenas um dos aspectos da revolução digital que estamos testemunhando. A integração com a tecnologia 5G trouxe novas possibilidades de expansão da Internet das Coisas (IoT), como as casas inteligentes e os veículos autônomos. Essas inovações promovem conceitos suplementares, como a sustentabilidade, segurança e autonomia para seus usuários.

Sendo assim, como objetivo propomos um recorte de pesquisa, com o objetivo de explorar como as inovações tecnológicas influenciam o desenvolvimento de cidades inteligentes, investigando seus impactos sociais, econômicos e ambientais, com base na perspectiva de diferentes autores.

A pesquisa se justifica pela importância crescente das TD na transformação urbana em direção a cidades mais inteligentes e sustentáveis. Compreender as visões de diferentes autores sobre esse tema pode fornecer insights valiosos para planejadores urbanos, gestores públicos e empresas interessadas em desenvolver soluções tecnológicas para as cidades do futuro.

Como problema de pesquisa, entendemos que, apesar da eficiência nos serviços, impulsionados pela automação promovida por inovações tecnológicas, fazem-se presentes divergências éticas (aumento da desigualdade social; invasão de privacidade) e culturais (perpetuação de hábitos antigos em detrimento das inovações disponíveis), vivenciadas por partes significativas de habitantes dessas *smart cities*.

Desse modo, lançamos o seguinte questionamento: como as inovações tecnológicas digitais estão impactando a qualidade de vida, a sustentabilidade e as relações coletivas nas cidades inteligentes, considerando o exemplo de Songdo?

Para explorar essa questão e como aporte metodológico, realizaremos um recorte de uma pesquisa qualitativa, utilizando uma breve revisão sistemática da literatura. Uma amostra de autores os quais consideramos relevantes quanto à temática de cidades inteligentes será selecionada, considerando suas contribuições significativas e pontos de vista diversificados. Consideramos a pesquisa qualitativa necessária, reconhecendo que

> A realização da análise em estudos qualitativos é tarefa desafiadora pelo menos por duas razões. A primeira relaciona-se ao propósito da análise, que pode ser definido como formação de significados a partir da observação de acontecimentos – ou relatos de sujeitos — sobre experiências que ocorrem em cenários sociais (Lima; Ramos; De Paula, 2019, p. 17).

A análise será conduzida por meio de uma revisão temática, identificando os principais tópicos e argumentos presentes nas pesquisas escolhidas.

Os resultados serão debatidos à luz das teorias pertinentes e comparados para identificar pontos construtivos e de discordância em relação ao exemplo prático apresentado, nesse caso sobre a *smart city* de Songdo. Algumas ideias serão exploradas em maior profundidade, enquanto outras serão apenas mencionadas brevemente. As perspectivas divergentes sobre esse assunto complexo tornarão a discussão instigante.

A partir de agora, vamos explorar um pouco mais como as TD impactaram nossas atividades na sociedade moderna.

As TD e alguns fatores de impacto na sociedade moderna

Sabemos que o uso adequado de ferramentas tecnológicas pode gerar diversos impactos na sociedade atual. Nesse contexto, observamos os seguintes aspectos relacionados ao avanço das TD:

- Autonomia: O uso de dispositivos móveis, pelo fato de estar constantemente acessível para uso, proporciona uma autonomia significativa para nos expressarmos nas mídias sociais. No entanto essa liberdade também pode ser utilizada para disseminar conteúdos contraditórios, como discursos de ódio ou notícias falsas (*fake news*). Outra área impactada positivamente foi a Educação a Distância (EaD), a qual tem permitido que nos tornemos mais autônomos na construção do conhecimento, acessando materiais de estudo em formatos hipertextuais em ambientes virtuais de aprendizagem (AVA) por meio de computadores e outros dispositivos móveis;

- Interconexão: Com o potencial de interconexão aumentado, como no caso do modelo 5G, espera-se uma maior eficiência na utilização de recursos de inteligência artificial (IA) para o reconhecimento de conteúdos maliciosos proporcionados pela identificação de padrões por meio de algoritmos treinados;

- Sustentabilidade: Com o uso de recursos tecnológicos mais sofisticados, é possível obter ganhos significativos nos sistemas de geoprocessamento para ações de preservação ambiental, por meio de um monitoramento de dados mais rápido. Além disso, esses recursos podem garantir mais eficiência em projetos de tratamento de resíduos, reciclagem, coleta seletiva, economia de água e energia;

- Segurança: Recursos de segurança são beneficiados, seja por meio de sistemas biométricos, sensores de proximidade, câmeras, reconhecimento facial e de voz, ou com recursos específicos de segurança cibernética, como o reconhecimento de padrões por meio de algoritmos treinados.

Esses são apenas alguns exemplos das mudanças trazidas por tecnologias disruptivas, como o 5G, carros autônomos e casas inteligentes. A partir de agora, vamos compreender um pouco mais sobre a IoT, cuja aplicação é fundamental para o funcionamento desses objetos inteligentes, conforme conversamos anteriormente.

A Internet das Coisas, o conceito *smart* e a arquitetura de referência

Segundo Mancini (2017), o termo foi criado em 1999 por Kevin Ashton, cofundador e diretor executivo do Auto-ID Center, que durante um evento para a empresa Procter & Gamble buscou causar impacto positivo junto aos executivos presentes na palestra, colocando no título da sua apresentação, a expressão *Internet of Things (IoT)*.

Essa apresentação propôs um novo modelo de tecnologia RFID, as conhecidas etiquetas de identificação de produtos por radiofrequência, utilizadas no rastreio de produtos, e cuja solução foi amplamente aceita e é muito utilizada atualmente.

Apesar da popularização do termo no ano de 1999, o primeiro dispositivo integrado ao conceito de IoT aconteceu nove anos antes, em 1990, por meio de uma torradeira conectada à internet apresentada por John Romkey na Universidade de Cambridge. A partir de então, outras experiências foram concebidas como "uma cafeteira que capturava imagens e enviava para um aplicativo que atualizava o usuário sobre o volume de café que havia na jarra" (Kolbe Junior; Telles, 2022, p. 21).

Diante de mais experiências posteriores a essa envolvendo pesquisadores e a indústria da tecnologia, representada pelas chamadas *big techs* como a Google utilizando esse conceito, Morais *et al.* (2018) já destacavam que, com a iminente expansão da IoT, encontramos sensores, chips e dispositivos correlacionados em todas as direções. Todos esses componentes demandam conectividade. Com a adoção da tecnologia de endereçamento de rede IPv6, a qual proporciona um vasto número de endereços para os dispositivos, conectar esses elementos não será difícil.

Para Kolbe Junior e Telles (2022), fato é que essa possibilidade de interconexão de objetos inteligentes baseado em eficiência e facilmente controlados por meio de um aplicativo integrado a um dispositivo móvel nos leva a um conceito conhecido como *smart*. Nesse sentido temos percebido exemplos de objetos que carregam esse termo, que pode ser compreendido como "inteligente" apesar de a tradução para o idioma português não indicar de modo literal: *smart homes* (casas inteligentes); *smartphones* (telefones inteligentes); *smart watches* (relógios inteligentes); *smart cities* (cidades inteligentes) e assim sucessivamente (Figura 1).

Figura 13 – Possibilidades de uma *smart city*

Fonte: Pixabay. Disponível em: https://pixabay.com/pt/illustrations/computador-tecnologia-conectado-8045000/. Acesso em: 1 abr. 2025

Basicamente um sistema dessa natureza se utiliza de uma arquitetura de referência capaz de facilitar e guiar o desenvolvimento, a padronização e a evolução dos sistemas de IoT, possuindo assim três componentes principais: percepção/atuação; rede e aplicação (CodeIOT, s.d.):

- Componente de Percepção/Atuação: são componentes do sistema de IoT que visam interagir com o mundo físico. Nesse caso, são dispositivos que influenciam o ambiente;

- Componente de Rede: é responsável por selecionar o modelo de conexão com a internet para um sistema de IoT. Existem vários tipos de redes, entre as quais, PAN (Rede de Área Pessoal): Facilita a comunicação entre diversos dispositivos em um espaço restrito. Exemplo: Bluetooth; LAN (Rede Local): Dispositivos são interligados dentro do mesmo espaço físico. É o formato mais comum atualmente; MAN (Rede Metropolitana): A interconexão entre dispositivos ocorre em diferentes redes dentro de um raio de dezenas de quilômetros de distância entre cada uma. Exemplo: escritórios dispersos pela mesma organização em várias cidades; WAN (Rede de Longa Distância): Similar à MAN, mas com milhares de quilômetros de distância entre os dispositivos. Exemplo: escritórios da mesma organização distribuídos em cidades de países diferentes, utilizando a rede Wi-Fi como conexão em larga escala;

- Componente de Aplicação: é a parte da arquitetura que provê serviços para o público em geral. Seus resultados podem ser observados em estruturas projetadas para casas inteligentes (*smart homes*), cidades inteligentes, cuidados de saúde domiciliares (*homecares*), agronegócio, indústria 4.0, entre outros (CodeIOT, s.d.).

Vamos entender na prática como esses componentes se integram, de modo que seja concebido um sistema de IoT. Como exemplo, vamos utilizar o caso de uma geladeira inteligente. Assim, temos os seguintes itens:

- Componente de Percepção/Atuação: Um sensor da geladeira detecta a escassez de alimentos e envia esses dados para um sistema de entrega de um supermercado, com o objetivo de realizar uma nova compra;

- Componente de Rede: refere-se à conexão de internet sem fio em modelos que podem variar entre PAN (Rede de Área Pessoal) e WAN (Rede de Longa Distância), que, entre outras possibilidades, serve para se comunicar com redes de supermercados que se utilizam de sistemas de compras on-line.

- Componente de Aplicação, dividido em dois aspectos: o Gerenciador de Produtos, que monitora a quantidade de alimentos, e uma análise de hábitos alimentares, que identifica os produtos consumidos em grande quantidade e envia dados para instituições de pesquisa alimentar.

Agora que compreendemos o funcionamento de um sistema IoT em um eletrodoméstico, vamos entender como é possível implementar um projeto em larga escala, interconectando uma cidade inteira, utilizando o exemplo prático de Songdo, uma *smart city* sul-coreana.

Songdo: uma cidade inteligente e ubíqua

É conhecido, mesmo que de modo superficial, que a Coreia do Sul, um dos chamados Tigres Asiáticos, possui peculiaridades que a tornam um país fascinante. Seja na cultura, com suas cidades organizadas unindo a arquitetura tradicional do Oriente com suas estruturas dotadas de design futurista, seus polos tecnológicos, suas empresas conhecidas mundo afora, entre outras curiosidades.

Dentro desse país, "se você alguma vez se perguntou como serão as cidades do futuro, uma delas já existe — e é Songdo" (Orgaz, 2021, s/p).

A cidade de Songdo (Figura 2) está localizada a cerca de 50 quilômetros do centro de Seul, a capital cultural, econômica e política da Coréia do Sul. Songdo também faz parte da Zona Econômica Livre de Incheon (Shin, 2017, s/p, tradução nossa).

De modo geral, segundo a ITU (2014), uma cidade inteligente e sustentável (Figura 2) é uma cidade inovadora que emprega tecnologias da informação e comunicação (TIC) e outros recursos para aprimorar a qualidade de vida, a eficiência da operação e dos serviços urbanos, além de aumentar a competitividade. Essas cidades buscam atender às necessidades das gerações atuais e futuras, considerando aspectos econômicos, sociais, ambientais e culturais.

Pode-se considerar que projetos dessa magnitude priorizam educação de qualidade, o que pode colocar cidades como essa no rol de "cidades educadoras". Com o apoio de uma tríade envolvendo iniciativa privada, governo e cidadãos, as escolas são preparadas para um processo contínuo de inovação, tornando-se um instrumento para a futura qualificação e formação cidadã dos jovens estudantes.

"Tornar visível o compromisso dos governos locais e outros agentes sociais (organizações da sociedade civil, setor privado, cidadania, etc.) com a educação" (Aice, 2024) certamente é um dos pilares das cidades educadoras.

Figura 14 – Vista panorâmica da cidade de Songdo (Coreia do Sul)

Fonte: Pexels. Disponível em: https://www.pexels.com/pt-br/foto/arranha-ceus-modernos-ao-longo-do-canal-urbano-29141965/. Acesso em: 1 abr. 2025

No caso de Songdo, ela está classificada também como uma cidade ubíqua. Esse termo resulta da palavra "ubiquidade", que significa onipresença, ou estar em todos os lugares ao mesmo tempo. Isso se relaciona diretamente com as conexões de redes de internet disponíveis para os habitantes e empresas, alocados nesta cidade inteligente. "Pode-se observar que o uso intensivo dos recursos tecnológicos é o alicerce das cidades inteligentes, especialmente, da TIC. Esta possibilita conectar os diferentes atores do espaço urbano e suportar os serviços digitais provisionados pelas organizações públicas e privadas" (Silva, 2016, p. 5).

Uma *smart city* como Songdo foi idealizada de modo que os recursos tecnológicos integrados aos serviços públicos, como no caso da mobilidade urbana, pudessem trazer resultados mais eficientes, com menos congestionamentos, acidentes etc., tudo devidamente monitorado por uma central de controle. E para que isso fosse possível, nada mais natural do que a emissão de massivos volumes de dados. De certa forma, isso causa o que pode ser chamado de "desterritorialização", e a partir de então inovadoras formas de *e-governance*.

Sendo assim, a disseminação das informações territoriais por meio dos novos sistemas de tecnologia de informação e comunicação deve promover a formação de comunidades participativas, bem como serviços de governo eletrônico mais ágeis, transparentes e eficientes, por meio do compartilhamento de informações. Em outras palavras, as cidades inteligentes têm o potencial de melhorar a qualidade de vida urbana, oferecendo serviços avançados tanto na cidade formal quanto nas novas oportunidades nos territórios informais (Leite; Awad, 2018).

Segundo Silva e Prestes (2019), a crise generalizada nos países europeus e nos Estados Unidos entre os anos 2006-2009 coincidiu com projetos ambiciosos de construção de cidades, como Songdo. No entanto a Gale International[10], a CISCO[11] e seus parceiros[12] conseguiram avançar e garantir a continuidade de um possível projeto internacional de Cidades Inteligentes, do qual todos esses atores são beneficiários, direta ou indiretamente.

A Songdo International City, construída do zero em uma vasta área aterrada, é inspirada em Nova York e nos canais de Veneza; contudo, não possui gôndolas, mas sim táxis aquáticos. Esse é um dos maiores projetos de desenvolvimento imobiliário público-privado do mundo. O custo inicialmente previsto era de US$ 40 bilhões, quando a construção da ilha artificial começou em 2003. O plano diretor foi elaborado pelo renomado escritório de arquitetura Kohn Pedersen Fox (KPF) (Orgaz, 2021, s/p).

Segundo Shin (2017, s/p, tradução nossa), a concepção de edificar uma cidade inteiramente nova a partir do zero, buscando estabelecer

---

[10] Empresa privada do ramo imobiliário sediada na cidade de Nova York (EUA). Especializada em grandes empreendimentos de escala urbana, comerciais e de uso misto, atua principalmente em países da América do Norte e Ásia.

[11] A Cisco Systems Inc. é uma multinacional estadunidense localizada em San Jose, Califórnia, que além de ser líder mundial no desenvolvimento e comercialização de equipamentos de rede e telecomunicações, também atua como fornecedora de soluções no campo da Segurança Cibernética, Computação em Nuvem e instalação/manutenção de Data Centers.

[12] A Cisco possui diversos parceiros como no caso de provedores e desenvolvedores. Alguns deles são bem conhecidos (caso da IBM) e outros menos conhecidos, como a Verizon Services Corporation.

um centro urbano integrado à natureza, à tecnologia da informação e ao comércio internacional, possui raízes profundas na história do planejamento territorial do país, abarcando várias décadas.

Orgaz (2021, s/p) destaca que na região central de Songdo encontram-se o centro de controle, a prefeitura e o novo Centro de Artes, entre outros edifícios notáveis. As residências monitoram o consumo de eletricidade em tempo real, refletindo-o em um painel. Um grande número de câmeras permite monitorar o tráfego na ponte que leva à cidade, enquanto o tráfego é gerenciado a partir de um centro de controle. Além disso pode-se destacar a Escola Internacional, uma referência nacional, a qual segue um padrão de ensino idealizado para que essa cidade se tornasse cosmopolita. Esse orgulho em torno da educação torna Songdo uma cidade educadora, seguindo uma tradição conhecida na própria Coreia do Sul, proprietária de altos índices educacionais.

O planejamento urbano da cidade é inspirador. A cidade é caracterizada por sua abundância de áreas verdes, topografia plana e facilidade de locomoção de bicicleta, o que a torna um local atraente para famílias. Songdo foi concebida com uma abordagem clássica, enfatizando seu caráter verde, sua tecnologia avançada e seu status de zona franca e internacional. Algumas de suas inovações, como estações de recarga para carros elétricos e a proibição do uso de água potável em banheiros de escritórios, estiveram à frente de seu tempo. O sistema de reciclagem da cidade também é notável (Orgaz, 2021, s/p).

Seu sistema de coleta de lixo segue um padrão de preservação do meio ambiente, em um exemplo claro de sustentabilidade. Seu sistema de reciclagem parte do princípio de "um mecanismo que aspira os resíduos diretamente das cozinhas, e os leva por meio de uma vasta rede subterrânea de túneis até o centro de processamento. Por isso não se vê caminhões de lixo ou grandes contêineres na cidade" (Orgaz, 2021, s/p).

Basicamente o exemplo sul-coreano segue um modelo de sustentabilidade idealizado por diversos países, incluindo a União Europeia.

Contradições: o exemplo (im)perfeito de Songdo

Apesar da aparente perfeição na otimização dos recursos naturais, na preocupação com a sustentabilidade, na eficiência e na disponibilização dos recursos tecnológicos em prol de benfeitorias a serviço da sociedade local, Songdo apresenta algumas contradições. Algumas já conhecidas das metrópoles tradicionais espalhadas pelo mundo.

O primeiro fator está centrado no sistema de coleta de lixo, que foi cuidadosamente planejado para ser um sistema eficiente. Dez anos após sua implementação, o sistema de coleta de lixo por sucção nas ruas de Songdo nem sempre está funcionando. As máquinas oferecem instruções (em coreano) para não depositar o lixo nelas, e a solução adotada pelas pessoas, consiste em colocar o lixo ao lado das máquinas. Outro motivo para contornar as regras da cidade é a exigência de um cartão de acesso ao equipamento e o pagamento pelo uso dos 56 km de tubulações que conduzem o lixo para sete locais de coleta (Silva; Prestes, 2019).

Nesse sentido, segundo os autores, o tratamento do lixo e dos dejetos produzidos pelos habitantes são direcionados para usinas afastadas do centro de negócios da cidade. "No processo de criação de Songdo, o aterro feito no mar custou a vida da biodiversidade local, da sobrevivência dos pescadores e da atividade tradicional da pesca" (Silva; Prestes, 2019, p. 62).

Outro fator mencionado é que Songdo, antes de ser concebida, recebeu volumosos investimentos provenientes de empresas privadas, o que tornou grande parte de suas áreas públicas, "demarcadas e restritas", o que a torna menos inclusiva (Silva; Prestes, 2019).

Segundo Shin (2017), o direito à cidade em Songdo ainda é privilegiado para os estrangeiros, já que serviços como educação e saúde pública não são acessíveis para os coreanos, mas sim para os internacionais. Num futuro próximo, a cidade de Songdo continuará a ser um espaço exclusivo e segregado, atendendo às demandas das classes privilegiadas e se tornando uma versão de utopia urbana.

Para efeito de comparação, é importante frisarmos que tanto o sistema educacional quanto o de saúde possuem serviços públicos e privados, o que invariavelmente torna os serviços distintos. No caso das Escolas Internacionais, estas oferecem infraestrutura e recursos avançados que às vezes destoam das públicas. E no caso dos serviços de saúde, hospitais e clínicas privadas dispõe de tecnologias avançadas e serviços adicionais que fazem diferença em relação ao serviço público (Shin, 2017).

Dessa forma, Shin (2017) considera que Songdo "tornou-se uma zona de 'exceção' onde as regras são distorcidas e tratamentos preferenciais são oferecidos a um grupo de partes interessadas privilegiadas".

E isso vai ao encontro do que acontece na ocupação das cidades em geral, pois "as contradições sociais emergem, na paisagem, em toda a sua plenitude; os contrastes e as desigualdades de renda afloram. O acesso a um pedaço de terra, o tamanho, o tipo e material de construção espelham nitidamente as diferenciações de classe" (Carlos, 2019, p. 77).

Outra questão que envolve aspectos que podem ser considerados contraditórios é o fato de Songdo, por meio de sua central de controle, monitorar diversas ações de seus habitantes. Seja no trânsito, seja no deslocamento dos pedestres, seja na solicitação via aplicativo móvel de algum pedido envolvendo necessidades básicas como alimentação ou referente aos serviços públicos, esses dados também são emitidos e analisados. E esse é um fator que envolve uma certa preocupação, pois, além da invasão de privacidade dos seus habitantes, como se estivessem participando de um reality show, também há a questão do perigo da manipulação desse volume gigantesco de dados cair em mãos erradas (Orgaz, 2021).

Seguindo nessa mesma linha de contradições, nota-se que os habitantes preferem não se comunicar em outro idioma que não seja o coreano, seja por questões de tradição, como por questões de dificuldade na comunicação. Tanto que diversos meios de comunicação como outdoors, placas etc. dentro da cidade seguem essa premissa de manter a língua pátria como oficial. Isso vai ao contrário da proposta de um projeto inicial que visava tornar essa cidade um modelo internacional. Outro fator relevante que atualmente tem sido modificado gradativamente no decorrer dos anos, é o modelo excludente do ponto de vista artístico. Até pouco tempo, apenas para mencionar alguns exemplos, não havia bares, museus ou espetáculos (Orgaz, 2021).

CONSIDERAÇÕES FINAIS

Conforme as investigações que realizamos, dentro da pesquisa de natureza qualitativa proposta e que estão relacionadas aos impactos das tecnologias digitais nas cidades inteligentes, consideramos que respondemos a pergunta norteadora: como as inovações tecnológicas digitais estão impactando a qualidade de vida, a sustentabilidade e as relações coletivas nas cidades inteligentes, considerando o exemplo de Songdo?

Após análise das pesquisas relacionadas e descritas no tópico **"Songdo: uma cidade inteligente e ubíqua"**, verificamos que esses impactos tecnológicos, como a IoT, tem se tornado significativamente eficiente e positivo do ponto de vista da automação de serviços como no caso da coleta de lixo, respeitando aspectos como a preservação do meio ambiente por conta da otimização dos recursos naturais disponíveis, como a água por exemplo, além de outros aspectos como a gestão energética e de resíduos, mobilidade urbana e de segurança.

A melhoria nos índices de qualidade de vida dos habitantes, também pode ser considerada, pois algumas cidades inteligentes e ubíquas como Songdo possuem um sistema de iluminação pública automatizado, além de uma gestão de tráfego considerada eficiente e monitoramento da qualidade do ar, o que beneficia diretamente seus moradores.

Outro impacto positivo é a facilidade de acesso a uma variedade importante de serviços e informações por meio de dispositivos móveis e sistemas de monitoramento, o que resulta no que é conhecido como participação cidadã, ou seja, isso promove feedback imediato em relação aos serviços oferecidos e engajamento por parte dos cidadãos que estão conectados, na tomada de decisões por parte da estrutura governamental da cidade.

Além é claro, do aspecto da inovação e do desenvolvimento. Uma cidade com essa infraestrutura tecnológica organizada como no caso de Songdo acaba atraindo novos talentos e investimentos, beneficiando diretamente o progresso de toda a região.

Entretanto experiências inovadoras como essa também resultam em aspectos negativos, nem sempre previstos em projetos dessa magnitude. Um deles trata de questões éticas relacionadas à privacidade dos seus cidadãos, resultante da coleta gigantesca de dados que são manipulados por sua central de controle.

Outra questão é a exclusão digital, pois nem todos os habitantes (e isso é uma realidade também no resto do mundo) preferem acionar serviços no meio digital, principalmente as pessoas mais idosas, as quais invariavelmente questionam sobre dificuldades no manuseio das TD. Isso resulta em outra consequência que é a desigualdade social, pois o acesso a recursos tecnológicos fica restrito a uma amostra pequena da população, e sendo assim, todos os serviços automatizados ficam inacessíveis para parte dos cidadãos.

Além disso, temos o fator cultural, no qual os habitantes ignoram o aspecto de Songdo ter sido planejada como uma cidade internacional, não utilizando o idioma inglês como oficial, mas sim o coreano. Certo, mas qual a relação tecnológica com esse fato? A questão é que as *big techs* como no caso da Cisco, que participaram da construção da infraestrutura dessa cidade, desenvolvem sistemas inteligentes utilizando o idioma inglês, e basicamente isso pode acabar afetando a usabilidade de uma parcela significativa de usuários desses recursos, por conta das dificuldades da compreensão do idioma.

Com base nesses pontos positivos e negativos resultantes desta revisão bibliográfica, proporcionado pelo recorte desta pesquisa qualitativa, constatamos que apesar dos benefícios promovidos pelas TD no acesso aos serviços e melhoria da qualidade de vida dos seus habitantes, os problemas gerados trazem uma contradição importante que demanda mais estudos sobre o planejamento e concepção de modelos ubíquos como Songdo.

De certa forma, podemos considerar que a disseminação de recursos tecnológicos e sua consequente integração em uma determinada localidade, ainda está longe de resultar na solução de todos os problemas que podem surgir, para seus habitantes.

Esperamos que esta pesquisa possa colaborar com outros pesquisadores e entusiastas da temática das TD, cidades inteligentes e/ou ubíquas, de modo que em um futuro próximo possamos utilizar recursos tecnológicos com ainda mais eficiência e assertividade, minimizando impactos negativos que possam surgir.

REFERÊNCIAS

AICE, ASSOCIACIÓN INTERNACIONAL DE CIUDADES EDUCADORAS. **La Ciudad Educadora como laboratorio de aprendizajes, ciudadanía y transformación social**. 2024. Disponível em: https://www.edcities.org/wp-content/uploads/2024/06/GUIA-DIA-2024-ES-FINAL.pdf. Acesso em: 6 ago. 2024.

CARLOS, A. F. A. **A cidade**. 9. ed. São Paulo: Contexto, 2019.

CODEIOT. **Introdução à Internet das Coisas**. Disponível em: https://codeiot.org.br/courses/course-v1:LSI-TEC+IOT101+2020_O2/course/. Acesso em: 22 jan. 2022.

ITU, INTERNATIONAL TELECOMMUNICATIONS UNION. Smart sustainable cities: an analysis of definitions. **Focus Group on Smart Sustainable Cities**, 2014. Disponível em: www.itu.int/en/ITU-T/focusgroups/ssc/Pages/default.aspx. Acesso em: 28 abr. 2024.

LEITE, C.; AWAD, J. C. M. **Cidades sustentáveis, cidades inteligentes**. Porto Alegre: Bookman, 2018.

LÉVY, P. **Cibercultura**. São Paulo: Editora 34, 1999.

LIMA, V. M. R.; RAMOS, M. G.; DE PAULA, M. C. **Métodos de análise de pesquisa qualitativa**: releituras atuais. Porto Alegre: EDIPUCRS, 2019.

MANCINI, M. Internet das coisas: história, conceitos, aplicações e desafios. **Project Management Institute – PMI**, 2017. Disponível em: https://www.researchgate. net/publication/326065859_Internet_das_Coisas_Historia_Conceitos_Aplica-coes_e_Desafios. Acesso em: 25 abr. 2024.

MORAIS, I. S. *et al.* **Introdução ao Big Data e Internet das Coisas**. Porto Alegre: Sagah, 2018.

ORGAZ, C. J. Como é Songdo, a 'cidade do futuro' criada do zero na Coreia do Sul. **BBC News**, 20 jun. 2021. Disponível em: https://www.bbc.com/portuguese/ internacional-57228646. Acesso em: 29 abr. 2024.

SHIN, H. B. Envisioned by the state: entrepreneurial urbanism and the making of Songdo city, south Korea. *In*: DATTA, A.; SHABAN, A. (ed.). **Mega-urbanization in the global south**: fast cities and new urban utopias of the postcolonial state. London: Routledge, 2017. Disponível em: https://eprints.lse.ac.uk/66949/1/ Shin_Envisioned%20by%20state_2016.pdf. Acesso em: 28 abr. 2024.

SILVA, A. K. **Cidades inteligentes e sua relação com a mobilidade inteligente**. 2016. Disponível em: https://ediscilinas.usp.br/pluginfile.php/1918002/ mod_folder/content/0/Artigo%20-%20Mobilidade%20Inteligente.pdf. Acesso em: 19 nov. 2019.

SILVA, P. C.; PRESTES, J. D. Songdo - smart and clean: criando um espaço urbano distópico. **Revista de Estudos Universitários - REU**, Sorocaba, v. 45, n. 1, 2019. Disponível em: https://periodicos.uniso.br/reu/article/view/3632. Acesso em: 28 abr. 2024.

TELLES, A.; KOLBE JUNIOR, A. **Smart IoT**: a revolução da internet das coisas para negócios inovadores. Curitiba: Intersaberes, 2022.

CONSIDERAÇÕES FINAIS DA OBRA

Ao abordar de forma ampla e multidisciplinar o papel das cidades e a educação na construção de sociedades mais sustentáveis, inclusivas e conscientes, esta obra contribuiu significativamente para o debate sobre as cidades educadoras. Ao longo dos capítulos, exploramos como a urbanização, a tecnologia, a economia circular, a educação ambiental, a saúde pública e os espaços públicos se interligam e se influenciam mutuamente, moldando comunidades resilientes e prósperas. Essa interconexão revela a complexidade e a importância de integrar essas áreas no planejamento e na gestão urbana contemporânea.

Diante deste manuscrito, percebeu-se como as cidades educadoras têm o potencial de enfrentar os desafios contemporâneos, como a desigualdade social, a exclusão e o desequilíbrio ambiental. Ao integrar a educação em políticas públicas, o planejamento urbano e a gestão de espaços públicos, as cidades se tornam agentes ativos na promoção de sociedades mais justas, inclusivas e sustentáveis. O papel das instituições educacionais, dos espaços culturais e das políticas de participação cidadã foi amplamente discutido, mostrando como essas forças colaboram para criar uma cidade que educa em todos os sentidos.

Além disso, parte dos autores enfatizaram a importância da colaboração entre diferentes agentes sociais — governo, empresas, organizações não governamentais e cidadãos — na construção de cidades educadoras e inteligentes. A participação ativa da comunidade é essencial para que as políticas educacionais sejam efetivas e para que os gestores possam responder de maneira ágil e inovadora às necessidades de seus habitantes. O conceito de educação ao longo da vida, central neste modelo, surge como um instrumento poderoso para preparar os cidadãos para os desafios de um mundo em constante transformação.

Por fim, esta obra convida os leitores a refletirem sobre suas próprias cidades e a pensarem em como podem contribuir para que eles se tornem espaços mais educadores. A integração de políticas públicas eficazes, a participação ativa da sociedade e a inovação são elementos fundamentais para alcançar esse objetivo. Assim, esperamos que este livro sirva como um guia e uma inspiração para que cidades ao redor do mundo possam se tornar verdadeiros agentes de mudança social, promovendo o desenvolvimento humano, a inclusão e a sustentabilidade em suas mais diversas formas.

SOBRE OS AUTORES

Adriane da Silva Schmidt

Doutoranda em Educação e Novas Tecnologias no Centro Universitário Internacional – Uninter. Mestra em Educação e Novas Tecnologias pelo Centro Universitário Internacional – Uninter/ PR. Graduada em Pedagogia pela Uninter. Especialista em Educação Infantil e Séries Iniciais com Ênfase em Gestão, Orientação e Supervisão Escolar pela Associação Catarinense de Ensino (2012).

Orcid: 0000-0003-3103-1849

E-mail: adrischmidt870@gmail.com

Alceli Ribeiro Alves

Doutor em Geografia pela Universidade Federal do Paraná (UFPR). Mestre em Geografia pela Queen Mary University (QMUL), Universidade Federal de Londres. Graduado em licenciatura e bacharelado em Geografia pela UFPR. É professor titular do Programa de Pós-Graduação em Educação e Novas Tecnologias (PPGENT). Mestrado e Doutorado Profissional do Centro Universitário Internacional UNINTER. Membro representante junto à Cátedra Unesco (Organização das Nações Unidas para a Educação, Ciência e Cultura) de "Cidades que educam e transformam" (Cátedra Unesco UniTwin).

Orcid: 0000-0002-2256-2915

E-mail: alceli.a@uninter.com

Alex Rocha

Mestre em Engenharia de Produção pela Universidade Federal de Santa Catarina. Graduado em Engenharia Elétrica com habilitação em Telecomunicações pela Pontifícia Universidade Católica do Paraná. Atua como coordenador dos cursos de Pós-graduação na área de Tecnologia da informação no Centro Universitário Internacional UNINTER.

Orcid: 0009-0007-9909-9387

E-mail: arocha03.ar@gmail.com

Alexandre Francisco de Andrade

Mestre em Engenharia de Produção (UFPR). Pós-Graduado com Especialização em Formação Docente para EaD (Uninter); especialista em MBA em Logística (Unifacear). Especialista em Educação Superior (Unifacear). Especialista em Gestão Estratégica da Produção (UTFPR). Graduado em Ciências Contábeis (Uninter) e graduado em Administração (UTP).

Orcid. 0000-0001-8503-4936

E-mail: alexandre.an@uninter.com

Aline Mara Gumz Eberspacher

Doutora em Sociologia pela UM3 – Université de Montpellier III França. Mestre em Sociologia, Liens Sociaux – Liens Symboliques pela UM3 França. Especialista em Desenvolvimento das Competências Gerenciais pela PUCPR. Especialista em Neuromarketing: Neurociência do Consumidor, pela Uninter. Especialista em Formação Docente para EaD, pela Uninter. Graduada em Administração pela FAE. É coordenadora de Cursos de Pós-Graduação na área de negócios, do Centro Universitário Internacional Uninter.

Orcid: 0000-0002-9330-2109

E-mail: alinemge@gmail.com

Alvaro Crovador

Mestre em Educação e Novas Tecnologias (Centro Universitário Internacional Uninter). Licenciatura em Física pela Universidade Federal do Paraná. Especialização em Formação Pedagógica do Professor Universitário para atuar no contexto presencial e on-line pela PUC-PR. Especialização em Robótica Educacional (Centro Universitário Internacional Uninter). Atualmente é coordenador de Curso EaD Uninter.

Orcid: 0009-0002-9472-1249

E-mail: alvarocrovador@gmail.com

Ana Paula Weinfurter Lima Coimbra de Oliveira

Possui graduação em Farmácia pela Universidade Federal do Paraná (2002), especialização em Citologia Clínica (2005-ASPAFAR/CRF-PR) e mestrado em Ciências Farmacêuticas pela Universidade Federal do

Paraná (2005). Atualmente atua como coordenadora de alguns cursos de pós-graduação da área de saúde do Centro universitário Internacional (Uninter).

Orcid: 0009-0003-4548-8353

E-mail: ana.l@uninter.com

André Ricardo Antunes Ribeiro

Doutorando em Ensino nas áreas de Ciências e Matemática na Universidade Tecnológica Federal do Paraná (UTFPR). Mestre em Ensino nas áreas de Ciências e Matemática na Universidade Tecnológica Federal do Paraná (UTFPR). Pós-graduado em MBA em Gestão de Tecnologia da Informação pelo IBPEX (2007) e Formação Docente para EaD pela Uninter (2022). Graduado em Tecnologia em Marketing e Propaganda pela Faculdade de Tecnologia Internacional (2006).

Orcid: 0000-0002-1951-594X

E-mail: aribeiro1075@gmail.com

Andressa Muñoz Slompo

Mestranda em Educação e Novas Tecnologias (Uninter). Especialista em Administração Pública e Gestão de Cidades Inteligentes pela Uninter (2024). Formação Docente para EaD (2023). MBA em Arquitetura de Interiores, Iluminação e Paisagismo pelo Centro Universitário Internacional – Uninter (2023). Arquitetura Sustentável pela PUCPR (2021). Graduada em Arquitetura e Urbanismo pela PUCPR (2017). Atualmente é coordenadora do Centro Universitário Internacional – Uninter.

Orcid: 0009-0005-3199-0793

E-mail: andressa_munoz@hotmail.com

Caroline Vieira de Macedo Brasil

Doutoranda em Sustentabilidade Ambiental Urbana (UTFPR). Possui especialização Lato Sensu em Gestão em Logística pelo Instituto Brasileiro de Pós-Graduação e Extensão (2006), com complementação para o Ensino Superior e em Formação Docente para EaD pela Uninter (2019), e é bacharel em Administração pelo Centro Universitário Franciscano do Paraná – FAE (2004). Atua na coordenação de Pós-Graduação Lato Sensu do Centro Universitário Internacional – Uninter.

Orcid: 0000-0002-4782-3560

E-mail: carolinevmb@gmail.com

Celso Giancarlo Duarte de Mazo

Mestrando em Administração pela Universidade Tecnológica Federal do Paraná. Especialista em Gestão do Conhecimento pelo Centro Universitário Internacional – Uninter (2014). Bacharel em Administração pela ESIC – Escola Superior de Gestão Comercial e Marketing (2009). Atua como coordenador de Extensão e Assuntos Comunitários no Centro Universitário Internacional – Uninter.

Orcid: 0000-0001-6441-6361

E-mail: giancarlo.mazo@gmail.com

Cláudia Patrícia Garcia Pampolini

Doutorado em Administração pela Universidade do Vale do Itajaí – Univali, no Programa de Doutorado em Administração. Mestrado pelo Centro Universitário Franciscano – FAE e especializações lato sensu em Marketing e em Educação a Distância. Graduada em Administração. Atua na coordenação de Pós-Graduação Lato Sensu do Centro Universitário Internacional – Uninter.

Orcid: 0009-0000-6316-617X

E-mail: claudiagpampolini@gmail.com

Cristiane Adriana Ripka

Pós-graduada em MBA em Administração do Conhecimento Uninter (2014). Especialização em Formação de Docentes e Tutores Uninter (2012) e graduação em Administração de Empresas pela Facinter – Faculdade Internacional de Curitiba (2010). Atualmente desenvolve atividades na Tutoria Acadêmica dos cursos de EaD do Centro Universitário Internacional – Uninter.

Orcid: 0009-0006-7590-476X

E-mail: cristiane.ri@uninter.com

Daniel de Christo

Graduado em Farmácia e Indústria pela Universidade Federal do Paraná (1998). Especialista em Formação Docente para EaD pelo Centro Universitário Internacional – Uninter (2021). Mestre em Genética pela Universidade Federal do Paraná (2002). Atualmente é professor do Centro Universitário Internacional Uninter.

Orcid: 0009-0009-7789-9441

E-mail: daniel.c@uninter.com

Emerson Liomar Micaliski

Doutorando em Educação Física pela Universidade Federal do Paraná. Mestre pela PUCPR. Especialista em Educação Física Escolar. Especialista em Formação Docente para EaD, ambas pelo Centro Universitário Internacional – Uninter. Possui Graduação em Educação Física pela PUCPR. Atualmente atua na coordenação de Pós-Graduação Lato Sensu do Centro Universitário Internacional – Uninter.

Orcid: 0000000313539235

E-mail: emicaliski@hotmail.com

Gabriel Vergara

Doutorando em Engenharia Mecânica e de Materiais pela Universidade Tecnológica Federal do Paraná na área de concentração de Engenharia Térmica. Mestre (2016) e graduado (2013) em Engenharia Mecânica pela Universidade Federal do Paraná. Atualmente é professor universitário nível II do Centro Universitário Internacional – Uninter.

Orcid: 0009-0000-2900-9621

E-mail: gabrielvergara2020@gmail.com

Joice Martins Diaz

Graduada em Pedagogia pelo Centro Universitário – Uninter (2011). Especialista em Gestão Educacional (2013) e Formação docente para EaD (Uninter) pelo Centro Universitário – Uninter. Mestre em Educação e Novas Tecnologias pelo PPGENT, do Centro Universitário Uninter. Atualmente atua como coordenadora de cursos EaD Uninter.

Orcid: 0000-0003-3543-0652

E-mail: joice.t@uninter.com

Luciana da Silva Rodrigues

Mestre em Educação Profissional e Tecnológica pelo Instituto Federal do Paraná ProfEPT (2021). Graduada em Pedagogia e habilitada em Administração Escolar pelo Centro Universitário – Uniabeu (2005). Especialista em Gestão Educacional (2013) e em Formação Docente para EaD (2020), ambos pelo Centro Universitário – Uninter. Atualmente é docente nos cursos de Pós-graduação (lato sensu) da área educacional no Centro Universitário Internacional – Uninter.

Orcid: 0000-0002-0665-0480

E-mail: luciana.r@uninter.com

Paloma Herginzer

Mestranda em Educação e Novas Tecnologias, no Centro Universitário Internacional – Uninter. Licenciada em Educação Física, pelo Centro Universitário Internacional – Uninter. Especialista em Educação Especial e Inclusiva e Formação Docente para EaD. Atualmente é professora do Centro Universitário Internacional – Uninter.

Orcid: 0009-0009-1847-2456

E-mail: paloma.h@uninter.com

Marcelo Paranhos

Possui graduação em Engenharia Mecânica pela Universidade Tuiuti do Paraná (2011). Mestrado em Formação Científica, Educacional e Tecnológica pela Universidade Tecnológica Federal do Paraná (2019). Especialista em Formação Docente para EaD (2019) pelo Centro Universitário Uninter. Atualmente é professor do Centro Universitário Internacional – Uninter.

Orcid: 0000-0002-0620-3162

E-mail: paranhos.marcelo2016@gmail.com

Márcia Cristiane Kravetz Andrade

Doutoranda no Programa de Pós-Graduação em Sustentabilidade Ambiental Urbana pela Universidade Tecnológica Federal do Paraná. Possui graduação em Tecnologia em Gestão Ambiental pela Faculdade de Tecnologia Camões (2008). Especialização em Ecologia Urbana: Construindo a Cidade Sustentável, pela PUCPR (2010). Mestre em Ciência e Tecnologia Ambiental pela Universidade Tecnológica Federal do Paraná (UTFPR). Atualmente é professora do Centro Universitário Internacional – Uninter.

Orcid: 0000-0002-5923-865X

E-mail: marciacriskra@hotmail.com

Milena Silveira dos Santos

Especialista em Comércio Exterior e Marketing Internacional (2022). Especialista em Direito Educacional e Gestão de Instituições Educacionais (2021). Especialista em Formação Docente para EaD (2019). Especialista em Gestão Escolar (2018) pelo Centro Universitário Internacional – Uninter. Graduada em Pedagogia pelas Faculdades Integradas Santa Cruz de Curitiba (2016). Atualmente é professora do Centro Universitário Internacional – Uninter.

Orcid: 0009-0002-3235-2644

E-mail: milena10silveira@gmail.com

Neliva Terezinha Tessaro

Doutoranda em Educação e Novas Tecnologias PPGENT. Mestre em Desenvolvimento de Tecnologia pelo IEP/LACTEC. Especialista em Administração Empresarial pelo ISPG (1995). Engenharia de Produção, com ênfase em Gestão Rural e Agroindustrial pela UFSC (1999-2000). Gestão Empresarial em Ambiente Globalizado pela Universidade Positivo (2003). Prática Docente pela Unisul (2005). Profissionalização Docente em EaD, pela Unindus (2007). Tutoria em EaD, pela Faculdade Internacional de Curitiba – Facinter (2008). Formação de Docentes e Orientadores Acadêmicos em EaD, pelo Centro Universitário Internacional – Uninter. Graduada em Pedagogia pela Universidade Tuiuti do Paraná (1993). Atualmente é coordenadora do Centro Universitário Internacional – Uninter.

Orcid: 0000-0001-5430-3806

E-mail: neliva.t@uninter.com

Nelson Pereira Castanheira

Possui graduação em Matemática pela PUCPR, graduação em Desenho Geométrico pela PUCPR, graduação em Eletrônica pela Universidade Federal do Paraná, graduação em Física pela PUCPR. Mestrado em Gestión de Recursos Humanos – Universidad de Extremadura (2002) e doutorado em Engenharia de Produção pela Universidade Federal de Santa Catarina (2008). Atualmente é pró-reitor de Pós-Graduação e Pesquisa e Professor do Centro Universitário Internacional – Uninter. Atua como delegado na cátedra de Cidades que Educam e Transformam, da Unesco – United Nations Educational, Scientific and Cultural Organization. Ocupa a cadeira patronímica n.º 35 da Academia de Letras José de Alencar, com sede em Curitiba/PR.

Orcid: 0000-0002-5936-2917

E-mail: nelson.c@unnter.com

Paula Cristiane Oliveira Braz

Possui graduação em Administração pela Faculdade Dom Bosco (2017). Especialização em Agronegócio, Gestão Empresarial e Inteligência Competitiva pela Faculdade Metropolitana do Estado de São Paulo (2020). Especialista em Formação Docente para EaD (2023) pelo Centro Universitário – Uninter. Atualmente é professora do Centro Universitário Internacional – Uninter.

Orcid: 0009-0006-3521-3294

E-mail: paula.c.braz82@gmail.com

Pricila de Souza

Possui licenciatura em Ciências Biológicas e bacharel em Biologia pela PUC/PR, bacharel em Administração de Empresas e especialista em Gestão de Projetos, Vigilância Sanitária, Saúde Única e Formação de Docentes para EaD pelo Centro Universitário Internacional – Uninter. Atualmente é professora do Centro Universitário Internacional – Uninter.

Orcid: 0009-0006-7319-7416

E-mail:pricila.s@uninter.com

Relly Amaral Ribeiro

Mestra em Serviço Social e Política Social pela Universidade Estadual de Londrina (2015/2017). Pós-graduada em Metodologia do Ensino Superior pela Unopar (2008) e Formação Docente em EaD (2023). Bacharela em Serviço Social pela Universidade Estadual de Londrina (2004). Atualmente é professora do Centro Universitário Internacional – Uninter.

Orcid: 0000-0003-2735-8160

E-mail: relly.r@uninter.com

Sandra Maria Lopes de Souza

Doutoranda no Programa de Pós-Graduação em Gestão Ambiental (PPGAMB), pela Universidade Positivo (UP). Mestra em Gestão Ambiental pela Universidade Positivo-Pr (UP) (2008). Especialista em Gestão em Serviços de Saúde – FESP-Pr (2001), Metodologia do Ensino Superior FESP-Pr (2001). Especialista em Gestão em Responsabilidade e Marketing Socioambiental Universidade Candido Mendes – RJ (2018). Especialista em Formação Docente para EaD pelo Centro Universitário Internacional – Uninter (2022). Graduada em Administração de Empresas pela Sociedade Paranaense de Ensino Informática – Pr (2000) e em Formação Pedagógica em Geografia pelo Centro Universitário Internacional – Uninter (2021). Atualmente é coordenadora do Centro Universitário Internacional – Uninter.

Orcid: 0009-0007-3896-8016

E-mail: sandra.ambiental2010@gmail.com

Valentina Daldegan

Doutora em Música pela Universidade Federal do Paraná com cotutela em Scienze Pedagogiche na Università di Bologna – Itália e período sanduíche na Lund University – Suécia. Mestre em Música pela Universidade Federal do Paraná (2009). Graduada no Curso Superior de Instrumento – flauta transversal, pela Escola de Música e Belas Artes do Paraná (1993) e Licenciada em Letras-Inglês, pela Universidade Federal do Paraná (1997). Especialista em Formação Docente para EaD pelo Centro Universitário Internacional – Uninter (2022). Atualmente é coordenadora do Centro Universitário Internacional – Uninter.

Orcid: 0000-0002-1049-9736

E-mail: valentina.d@uninter.com

Viviane Oliveira de Melo

Possui graduação em Tecnologia em Radiologia, pela UTFPR (2011). Especialização em Biotecnologia, pela UEM (2015), em Neuroaprendizagem (2016), pela Faculdade São Brás, em Psicomotricidade (2019), em Educação a Distância com Ênfase na Formação de Tutores (2019), em Especialização em Transtorno do Espectro Autista – TEA (2023), pela UNNA, em Práticas Integrativas e Complementares em Saúde, Famesp (2023), em Neuropsicopedagogia, pela Unina (2023), em Distúrbios de Aprendizagem pela Unina (2023).Técnica em massoterapia (2014), formada pelo Instituto Federal do Paraná (2014). Atualmente é professora do Centro Universitário Internacional – Uninter.

Orcid: 0000-0002-9330-2109

E-mail: melo.viviane6@gmail.com

Willian Barbosa Sales

Possui graduação em Ciências Biológicas. Graduação em CST em Gestão em Vigilância em Saúde. Especialização em Análises Clínicas. Especialização em Anatomia Funcional. Especialização em Ensino Digital em Saúde. Especialização em Formação Docente para EaD. Especialização em Saúde Única. Mestrado em Saúde e Meio Ambiente. Doutorado em Saúde e Meio Ambiente. Atualmente é coordenador dos cursos de pós-graduação da área de saúde do Centro Universitário Internacional – Uninter.

Orcid: 0000-0003-2367-8271

E-mail: willian.s@uninter.com

Willian Pereira Maia

Especialização em Educação Física Escolar pela Faculdade Dom Bosco (2016). Especialização em Formação Docente para EaD pela Uninter (2021). Graduação em Educação Física pela Faculdade Dom Bosco (2013). Atualmente é professor do Centro Universitário Internacional – Uninter.

Orcid: 0009-0000-5538-2008

E-mail: profwmaia@gmail.com